冶金工业信息标准研究院建院 60 周年纪念
（1963—2023）

中国钢铁工业高质量发展新格局

The New Pattern of High Quality Development for the Chinese Steel Industry

张龙强　著

北　京
冶　金　工　业　出　版　社
2023

内 容 提 要

本书通过回顾和分析国内外钢铁产业结构调整、转型升级的历程，重点针对产能置换、产量调控、兼并重组、市场分析、标准引领、绿色低碳、智能制造和资源保障等方面进行了分析，探索以标准为引领，以绿色低碳、智能制造为关键抓手，以兼并重组为重要路径的钢铁产业新格局，持续推进钢铁工业高质量发展。全书分为 7 个篇章，共 44 篇文章，对行业重大课题、热点问题、发展难题分析客观务实，研判科学前瞻，具有重要的参考价值。

本书可供冶金企事业单位领导及从事标准化、战略规划、专项咨询、金融投资等经营管理人员和科研技术人员阅读，也可供高等院校冶金相关专业师生参考。

图书在版编目（CIP）数据

中国钢铁工业高质量发展新格局／张龙强著．—北京：冶金工业出版社，2023. 3

ISBN 978-7-5024-9420-9

Ⅰ．①中…　Ⅱ．①张…　Ⅲ．①钢铁工业—工业发展—研究—中国　Ⅳ．①F426. 31

中国国家版本馆 CIP 数据核字（2023）第 033924 号

中国钢铁工业高质量发展新格局

出版发行　冶金工业出版社　　**电　　话**　（010）64027926
地　　址　北京市东城区嵩祝院北巷 39 号　　**邮　　编**　100009
网　　址　www. mip1953. com　　**电子信箱**　service@ mip1953. com

责任编辑　杜婷婷　美术编辑　彭子赫　版式设计　孙跃红
责任校对　李　娜　责任印制　窦　唯
北京捷迅佳彩印刷有限公司印刷
2023 年 3 月第 1 版，2023 年 3 月第 1 次印刷
710mm×1000mm　1/16；18 印张；1 插页；284 千字；276 页
定价 188. 00 元

投稿电话　（010）64027932　投稿信箱　tougao@cnmip. com. cn
营销中心电话　（010）64044283
冶金工业出版社天猫旗舰店　yjgycbs. tmall. com
（本书如有印装质量问题，本社营销中心负责退换）

序

党的十九大报告指出，我国经济已由高速增长阶段转向高质量发展阶段，并在党的二十大报告中进一步强调，高质量发展是全面建设社会主义现代化国家的首要任务。如何完整、准确、全面贯彻新发展理念是钢铁工业高质量发展的关键环节。张龙强院长具有钢铁企业一线生产工作经历，又长期从事钢铁产业政策、发展规划、产业布局、结构调整以及近年来钢铁标准化研究工作，通过对钢铁行业产能置换等数十项产业政策解读、数百项标准和咨询项目、上百篇专业文章和采访持续发声，为钢铁工业高质量发展不断努力探索。

对工业化和现代化进程的客观规律、我国国情和钢铁产业结构特点的客观研究，实时跟踪行业动态、市场变化并发现主要矛盾和重点问题，是制定和完善产业政策的必要工作，关乎企业生存、行业转型升级和健康发展。《中国钢铁工业高质量发展新格局》一书汇编了2020年以来张龙强院长数十篇钢铁产业政策解读、产业布局、市场分析、标准引领、兼并重组、绿色低碳、智能制造、资源研究的专业文章和采访，对新时代钢铁工业高质量发展的见解较为客观务实，对行业研究有较高的参考价值。近几年的行业发展也验证了他的研究和判断，很多工作建议被最新产业政策采纳，也使冶金工业信息标准研究院在行业有了更强的影响力，发挥了更大的作用。

参与产业政策的研究和制修订工作，最能体现研究者的站位是否体现国家战略高度，是否立足行业、企业发展实际，是否具备科学客观的分析能力，更进一步地讲，是否保持积极促进全行业整体健康高质量发展的初心。2020年初，国家发展和改革委员会、工业和信息化部联合印发的《关于完善钢铁产能置换和项目备案工作的通知》暂停了钢铁项目产能置换和备案工作后，张龙强院长高度重视产能置换相关政策，克服疫情影响，创新工作方式，第一时间通过撰写文章、网络视频直播等方式对政策进行解读、分析，并提出方向性建议，后续又主动承担政策修订意见和建议的征集工作，为新版政策的修订、完善和解读做了大量重要工作，体现了行业智库的价值，为钢铁行业企业高质量发展作出了应有贡献。

“十三五”时期，钢铁行业积极落实中央供给侧结构性改革等重大部署，去产能、调结构、促升级取得明显成效，产能严重过剩矛盾有效缓解，经营效益大幅回升，市场信心显著增强，企业市场竞争力明显提升，为实现高质量发展打下坚实基础。尤其是2020年突如其来的新冠疫情对国民经济造成了很大冲击，钢铁工业发挥了关键的“压舱石”作用。“十四五”是钢铁工业高质量发展的重要转型时期，钢铁工业聚焦绿色低碳和智能制造两大发展主题，同时着重解决产能扩张、资源安全等问题，迈上钢铁强国的中国式现代化发展道路。在这样的背景下，希望张龙强院长及其团队继续发挥冶金工业信息标准研究院在情报信息、标准引领、政策研究和世界金属导报媒体的独特作用，不忘初心，砥砺前行，为新时期钢铁工业高质量发展作出更大贡献。

中国工程院院士 

前　言

习近平总书记指出，制造业是国家经济命脉所系，要坚定不移把制造业和实体经济做强做优做大，加快建设制造强国。党的十八大以来，习近平总书记多次强调要大力发展制造业和实体经济，深刻阐明制造业是实体经济的基础，是构筑未来发展战略优势的重要支撑，为我国从制造大国向制造强国迈进指明了方向、明确了路径。

1949 年，中国粗钢产量仅为 15.8 万吨，缺钢少铁的困境严重制约新中国的发展。钢铁人勇挑重担，在近乎一片废墟的神州大地上通过艰苦卓绝的努力，历经近半个世纪，在 1996 年中国粗钢产量突破 1 亿吨，攀升至全球第一产钢大国。21 世纪以来的 20 年，中国钢铁实现跨越式发展，粗钢产量快速达到 10 亿吨量级，量变带来了质变，如今的中国已经是钢铁强国，拥有了世界上最完整、最大规模的钢铁工业体系，配备了世界最先进的装备、工艺和技术，向世界提供着最丰富、最齐全的钢铁产品，在工艺装备、科技创新、品种质量、绿色智能等方面不断提升和突破，为实现高质量发展奠定了坚实基础。

钢铁工业是国民经济的重要基础产业，是建设现代化强国的重要支撑，是实现绿色低碳发展的重要领域。钢铁人如何完整、准确、全面理解和贯彻落实高质量发展的内涵、任务和举措，是关乎企业生存、行业转型升级和地方经济健康发展的紧迫任务。

本书是在冶金工业信息标准研究院（以下简称“信息标准院”）建院60周年之际，为了更好地与业内同仁探讨钢铁高质量发展面临的形势、问题和解决之道，甄选了作者成稿于2020—2022年的44篇文章，研究分析国内外钢铁产业结构调整、转型升级的历程，重点针对产业政策、产量调控、兼并重组、市场分析、标准引领、绿色低碳、智能制造和资源保障等方面的议题进行分析，探索以标准为引领，以绿色低碳、智能制造为关键抓手，以兼并重组为重要路径的钢铁产业新格局，加快推进行业高质量发展。

六十载风雨同舟，新征程砥砺前行。60年来，信息标准院始终以国家需要和行业发展为己任，扎根和服务于钢铁工业和产业链上下游，为我国钢铁工业发展作出了重要贡献。60年来，信息标准院始终与钢铁行业同向同行，一起见证了中国从缺钢少铁到自给自足，一起见证了中国从“洋钉”进口到供给全球，一起见证了中国钢铁开启绿色低碳智能并引领全球发展的新征程。

同舟共济扬帆起，乘风破浪万里航。展望未来，信息标准院将不忘初心、牢记使命，在行业发展新阶段，抓住机遇，迎接挑战，发扬干事创业不断进取的奋斗精神，充分利用我院国家冶金文献资源优势、冶金行业标准化技术归口科研优势、世界金属导报行业权威媒体优势和综合咨询专家队伍优势，以“唯一、第一、专业、权威”的核心竞争力，更好地服务政府、行业和企业，为钢铁工业的高质量发展贡献更大力量！

衷心感谢所有对本书给予指导和帮助的领导和专家，感谢所有为之付出的同事和朋友们！本人学浅，书稿难免有需商榷完善之处，恳请广大钢铁同仁和读者不吝指教，我将虚心学习，不断提高，继续为行业贡献绵薄之力。

冶金工业信息标准研究院
党委书记、院长　张龙强

目　录

综　合　篇

产业布局篇

市场分析篇

标准引领篇

绿色低碳篇

智能制造篇

资源研究篇

综合篇

百年征程波澜壮阔　百炼成钢书写辉煌①

张龙强

2021年，中国共产党迎来百年华诞，这是包括钢铁人在内，全党全国各族人民的一件大事。当前，全党上下正在开展党史学习教育，学习党史、新中国史、改革开放史、社会主义发展史。忆百年峥嵘岁月，中国钢铁工业作为我国经济建设的重要基础原材料产业，历经百年沧桑巨变，拥有了世界上最完整、最大规模的钢铁工业体系，配备了世界最先进的装备、工艺和技术，向世界提供着最丰富、最齐全的钢铁产品，是真正的国之重器、钢铁脊梁，更是中国优势产业的代表。展望第二个百年奋斗目标新征程，中国钢铁人不忘初心、牢记使命，正豪情满怀地以新理念、新格局迈向绿色低碳高质量发展的新阶段。

一、忆建党百年钢铁辉煌历程

欲知大道，必先为史。中国共产党成立的100年，也是中国钢铁工业在中国共产党领导下，红色革命点火种、艰苦奋斗创辉煌、锐意进取开新局的100年。

（一）红色革命点火种

翻开历史的卷轴，1921年秋，刚刚成立不久的中国共产党即派林育英来到大冶钢铁厂传播马克思主义；1922年春，共产党员许白昊到汉阳钢铁厂开展工人运动；同期，钢铁产业工人队伍中最早的党组织之一——中共大冶钢铁厂组成立，钢铁行业革命的火种由此点燃。1946年2月，中国共产党创建的第一个铁厂——故县铁厂正式动工，1948年1月投产，从根本上改变了当时解放区军事工业的生产状况，引领了“太行山上的工业革命”；新中国成立后，故县铁厂的生产任务

① 本文2021年6月29日发表在《世界金属导报》头版，有删节。

也逐渐转移到了社会主义建设中，后更名为长治钢铁厂，钢铁红色基因从革命时期传承到社会主义建设时期。

（二）艰苦奋斗创辉煌

新中国成立后，在中国共产党的领导下，中国钢铁人用青春、用智慧、用汗水、用奋斗砥砺前行。1949 年，被誉为“共和国钢铁工业长子”的鞍钢突破千难险阻率先恢复生产，擎起中国钢铁工业的半壁江山；被誉为“共和国功勋企业”的本钢，为抗美援朝创造了国产第一支枪和第一门炮等多个第一；1952 年，太钢成功冶炼出新中国第一炉不锈钢；同年，唐钢在国内率先试验成功侧吹碱性转炉炼钢技术，成为我国转炉炼钢的发祥地；1953 年，以大型轧钢厂、无缝钢管厂和七号高炉组成的鞍钢“三大工程”竣工，为全国钢铁工业的进一步发展奠定了基础，也成为社会主义工业化建设的标志性事件；1955 年，我国开始建设第一个特大型钢铁联合企业武钢，开创了我国系统引进国外钢铁技术的先河；1956 年，冶金工业部提出“三大、五中、十八小”的战略布局；同年，抚顺特钢成功试炼出我国第一炉高温合金，结束了我国不能生产高温合金的历史，为新中国的航空航天、国防军工等高科技事业的发展作出卓越贡献；60 年代开始“三线”建设，主要在西南和西北地区建设了攀钢、长城特钢、水钢等企业，我国资源依托型钢铁产业布局框架基本形成，作为“三线”建设历史物证的攀钢，曾一度创造了中国钢铁工业的传奇；1960 年，毛泽东代中央起草批示，将鞍钢实行的“两参一改三结合”的管理制度称作“鞍钢宪法”，要求在工业战线加以推广；同年，包钢 1 号平炉顺利出钢，撑起了中国钢铁塞北一角；1964 年，我国第一个直径 840mm 热轧辗钢整体车轮在马钢成功轧制，结束了我国车轮轮箍长期依赖进口的历史，成为当时与大庆油田、万吨水压机、原子弹并称的我国工业战线四大成就之一。

1978 年，党的十一届三中全会胜利召开，改革的春风吹遍祖国大地。全会闭幕第二天，宝钢工程打下了第一桩，标志着我国钢铁现代化制造和沿江沿海布局正式开启；同年，曾经号称我国“轧机之王”的舞钢 4200mm 宽厚板轧机建成投产，一举结束了中国不能生产特宽特厚钢板的历史；1981 年，首钢作为国家经济体制改革试点企业，试行承包制，形成了提高产量和增加效益的强大动力，科研成果遍地开花；同年，武钢引进国外先进技术、先进装备的一米七轧机工程正式交付生产；1988 年，天津大无缝打下第一根桩，开启了国内大规模的石油管材生产；进入 90 年代，大胆改革创新，推行“模拟市场核算，实行成本否决”经营机制的邯钢，曾被国务院树立为“工业战线上的一面红旗”；武钢第一个通过了 ISO 9000《质量管理和质量保证》系列标准认证，走上质量效益型发展道路；宝钢认真吸收借鉴国外钢铁企业管理方式方法，成为全国推进企业管理现代化的突出典型；中信泰富投资成立兴澄特钢，曾经名不见经传的市属集体小钢厂如今已发展成为全球极具竞争力的特钢企业集团；1996 年，中国钢产量首次突破 1 亿吨，成为世界最大产钢国，全球钢铁进入中国时代。

（三）锐意进取开新局

进入 21 世纪，党的十六大确立了全面建设小康社会的具体目标，开创了建设中国特色社会主义事业新局面，国民经济进入快速发展时期。作为重要的基础原材料产业，中国钢铁工业迎来高速发展的机遇，有力地支撑了国家基本建设快速发展的需要，强力挺起了大国重器的脊梁，为经济社会发展贡献了不可或缺的力量。在此期间，民营钢铁企业也在不断发展壮大，涌现出建龙、沙钢、德龙等一批优秀民营企业，引领中国民营钢铁企业规模屡创新高。粗钢产量连续突破 2 亿吨、3 亿吨、4 亿吨，2005 年，中国结束了多年钢材净进口的历史；此后，鞍钢鲅鱼圈、首钢京唐、山钢日照精品基地、宝武湛江钢铁四大沿海钢铁基地陆续开工建设，钢铁工业沿海布局基本形成；整合了原中国五矿和中冶集团两个世界 500 强企业的中国五矿集团，成为全球金属矿产行业名副其实的“航空母舰”。2017 年，中国粗钢产量占全球比重首次超过 50%，开启中国钢铁占比全球半壁江山新时代。

昂首新世纪，中国钢铁企业孕育出一系列关键钢材品种和金属材料，支撑中国制造行稳致远，百米重轨、高钢级油气管线用钢贯穿东西南北；高性能汽车钢、高等级硅钢、高级不锈钢、核电用钢、笔尖钢、折叠屏手机用手撕钢遍布天涯海角；南京长江大桥、港珠澳大桥、“西气东输”、青藏铁路通途天堑；三峡工程、巨型天眼、“鸟巢”屹立全球；“蓝鲸一号”下洋取冰，万吨驱逐舰、094 晋级导弹核潜艇、山东号航母战斗群驻守“蓝色”，“奋斗者”号深潜万米；“长征”系列运载火箭、“神舟”系列飞船、载人航天工程、探月工程、火星探测、中国空间站天和核心舱笑傲苍穹……这些举世瞩目的伟大工程，每一笔浓墨重彩，都镌刻着一代又一代钢铁人的红色印记，书写了中国钢铁的辉煌篇章！

党的十八大以来，中国钢铁行业深入学习贯彻落实习近平新时代中国特色社会主义思想和党的路线、方针、政策，牢固树立和贯彻落实“创新、协调、绿色、开放、共享”的发展理念，推动钢铁行业供给侧结构性改革，以壮士断腕的勇气，成功化解过剩钢铁产能 1.5 亿吨，取缔地条钢 1.4 亿吨；以实际行动打赢蓝天保卫战，中国钢铁正在推行世界钢铁史上最为严苛的污染物排放标准、最大规模的超低排放改造，同时，钢铁企业旧貌换新颜，一大批花园式工厂、清洁生产环境友好型工厂相继涌现，已有 12 家生产厂区被评为 3A 级、4A 级景区；以联合重组持续优化产业结构，亿吨宝武横空出世，成为世界第一大钢铁集团，一批具有世界影响力的钢铁企业集团站上世界之巅；以对外开放推进国际产能合作，河钢收购塞尔维亚钢铁和青山印尼工业园区、敬业集团收购英钢等钢铁投资硕果累累，中国钢铁国际地位显著提升。

新冠疫情发生以来，中国钢铁在以习近平同志为核心的党中央坚强领导下，面对国内外复杂而严峻的形势，面对疫情的严重冲击，以钢铁般的意志英勇抗疫，率先复产并保持平稳运行，成为国民经济的“稳定器”和“压舱石”，再次诠释了中国钢铁始终是支撑我国经济发展的中流砥柱，为脱贫攻坚、全面建成小康社会，完成第一个百年奋斗目标的决胜贡献了钢铁力量。

百年风雨兼程，见证了中国共产党不断发展壮大；百年艰苦卓绝，见证了中国从缺钢少铁到自给自足；百年矢志不渝，见证了中国从“洋钉”进口到供给全球；百年砥砺奋进，见证了中国工业化、信息化、城镇化和农业现代化的光辉历程。

二、启绿色低碳智慧钢铁征程

鉴往知来，向史而新。党的十九届五中全会审议通过了《中共中央关于制定国民经济和社会发展第十四个五年规划和二〇三五年远景目标的建议》，开启了全面建设社会主义现代化国家新征程。征程已启，中国钢铁要传承百年红色基因，坚决做到完整、准确、全面贯彻新发展理念，坚持深化供给侧结构性改革，在构建新发展格局中走在前列，如期实现2030年前碳达峰、2060年前碳中和的目标，建成以高水平科技自立自强为主要特征的钢铁强国。

（一）绿色钢铁新时代

习近平总书记在党的十九大报告、全国生态环境保护大会中明确提出："建立健全绿色低碳循环发展的经济体系"，国家生态环境部等五部委联合发布《关于推进实施钢铁行业超低排放的意见》，坚持推动实施钢铁行业超低排放，实现全流程、全过程环境管理，有效提高钢铁行业发展质量和效益，大幅削减主要大气污染物排放量，促进环境空气质量持续改善，为打赢蓝天保卫战提供有力支撑。

钢铁作为一种生产资料，在人类发展进程中发挥了巨大作用，深深地影响着社会生产和生活的各个方面，促进了社会经济的发展与繁荣。在新时代高质量发展背景下，不断实现人民对美好生活的向往是钢铁工业的使命，人们对钢铁工业也有着更高的期待。应用角度，人们期待钢材产品低成本、物美价廉、经济耐用、高质量、绿色环保、无害、节能、高可靠性、长寿命和易回收，能源用钢耐高温、耐腐蚀，建筑用钢防火抗震，汽车用钢高强度轻量化，机械用钢长寿命耐磨损，厨具餐饮用钢不锈抗菌等。生产角度，人们期待钢铁生产不再"烟囱林立、铁花四溅、热浪滚滚、烟气熏人"，进出钢厂的大货车不再"尘土飞扬"，钢铁行业不再是傻大黑粗的"高污染、高能耗的夕阳产业"，不再是媒体报道中造成环境污染的重点，钢厂和周边环境更优美，空气更清新等。

跨越百年，中国经济不断创造辉煌的过程是中国钢铁不断实现突破和持续进步的过程。今天，中国建成了世界最完整、最齐全的钢铁工业体系，使用了世界先进的工艺、装备、流程和技术，正在推行世界钢铁史上最为严苛的污染物排放标准，低消耗、低污染、低排放的绿色制造取得突破性进步。钢铁行业节能环保水平进入世界先进行列，一大批钢铁企业能效已达到世界先进水平。超低排放正在钢铁行业有力推行，废水、二氧化硫和氮氧化物等排放已达到国际领先水平，中国宝武、首钢等一大批钢铁企业成为清洁工厂、花园工厂、绿色工厂。

展望未来，新时代中国特色社会主义生态文明建设的过程正是中国钢铁砥砺前行建设绿色钢铁的实践过程。新时代，新钢铁，新理念，中国钢铁将深入推进绿色制造体系建设，提升能源资源利用效率和绿色化水平。大力推进城市生活污水、雨水、海水、矿井水等非常规水源利用，减少新水取用量；加快推广应用减少工业固废产生、降低工业固废危害性的生产工艺和设备，提高钢渣等固废资源利用效率；推动信息技术与先进节能环保技术紧密结合，实现产品从设计、生产、应用到回收的闭环追溯；鼓励钢铁企业引入产品全生命周期绿色发展理念，建立健全钢铁绿色设计产品评价体系，大力推广绿色设计产品，为下游用户提供绿色用钢解决方案，引导下游产业用钢升级，促进优质、高强、长寿命、可循环的钢铁产品应用。中国钢铁将努力成为绿色发展的践行者、绿色产品的倡导者、生态环境的保护者、绿色产业的奠基者。

未来的中国钢铁企业，能源利用效率显著提升，资源利用水平明显提高，清洁生产水平大幅提升，绿色钢铁产品大幅增长，绿色供应链、绿色物流、绿色产品等绿色制造体系基本建立，钢厂生态链与城镇社区生态链共生共荣，钢铁企业成为循环经济、超低排放、环境友好的绿色梦工厂。

（二）低碳钢铁新征程

2020 年 9 月 22 日，在第 75 届联合国大会一般性辩论上，习近平主席郑重宣布，中国将提高国家自主贡献力度，采取更加有力的政策和措施，二氧化碳排放力争于 2030 年前达到峰值，努力争取 2060 年前实现碳中和。在全球低碳发展的背景下，习近平主席的郑重宣布为全球应对气候变化及钢铁行业绿色低碳发展明确了方向，钢铁行业“碳达峰、碳中和”将开启低碳发展新征程。

钢铁工业在生产制造过程中消耗了大量化石能源，其碳排放量占全国碳排放总量约 15%，是落实碳减排目标的重要责任主体，未来将面临巨大的低碳转型压力。近年来，随着我国钢铁工业生产结构调整、节能减排技术应用普及和管理水平的提高，能源消耗得到进一步下降，部分钢铁企业的能源利用效率已达到世界先进水平。但钢铁产量基数大且长流程为主的特点，决定了我国钢铁工业碳排放总量仍处于高位。无论是应对全球气候变化，还是支撑中国制造高质量发展，钢铁行业需要加快低碳转型，尽早实现碳达峰，为持续深度降碳奠定良好基础，为如期实现碳中和贡献钢铁力量。

当前，低碳高质量发展已成为钢铁行业广泛共识，全行业积极贯彻落实国家决策部署，推进低碳发展转型。中国钢铁工业协会发布《钢铁担当，开启低碳新征程——推进钢铁行业低碳行动倡议书》，指出钢铁行业将面临从碳排放强度的“相对约束”到碳排放总量的“绝对约束”，加快推进低碳转型并提前实现碳达峰是国家建设的需要，是行业转型升级、高质量发展的重要标志。截至目前，中国已有四家钢铁企业提出碳达峰时间表：中国宝武率先提出2023年力争实现碳达峰，随后，河钢集团提出2022年实现碳达峰，包钢集团同样提出力争于2023年实现碳达峰，鞍钢集团承诺2025年前实现碳排放总量达峰。

作为“双碳”行动的行业主体，钢铁企业既面临严峻挑战，也迎来了低碳转型发展的重要机遇，“双碳”目标将对钢铁工业的变革产生深远影响。在“双碳”行动中，中国钢铁将低碳转型作为推动企业高质量发展的重要引擎，以“3060”愿景为牵引，深刻理解和领会政策要求和导向，推进钢铁工业碳达峰目标提前实现，研究和制定达峰后的深度减碳实施路径。全行业将继续传承钢铁红色基因，发扬钢铁担当精神，坚决响应国家号召，严控钢铁产能，持续优化产业结构，同时加强对氢能冶炼、非高炉炼铁以及碳捕获、利用与封存等低碳冶炼技术的研发应用力度，并发挥标准引领作用。构建钢铁生产全过程碳管控监测与评估集成创新体系，推进钢铁行业碳排放权市场化交易。积极推进钢铁与建材、电力、化工、有色等产业的耦合发展，争做实现“双碳”目标的先行者，为实现第二个百年奋斗目标贡献钢铁力量。

（三）智慧钢铁新未来

习近平总书记强调：“我们要顺应第四次工业革命发展趋势，共同把握数字化、网络化、智能化发展机遇。”智能制造是新一代信息技术与先进制造技术的深度融合，是数字化、网络化和智能化等的共性使能技术，在制造业产品设计、生产、物流、服务等价值链各环节中的扩散和应用，是贯彻新发展理念、引领高质量发展的重要实践。

未来钢铁行业的竞争将不再是价格的竞争，而是效率和质量的竞争，以智能制造赋能高质量发展，成为中国钢铁企业迈向高端的“催化剂”。数字化、智能化技术的应用，为钢铁企业在技术、产品、环保、能源效率等方面实现更多改善，更能不断满足客户端日新月异的个性化需求，将给钢铁行业的发展创造更加美好的未来。新冠疫情发生后，数字化、智能化技术成为中国钢铁企业应对危机的重要选项和手段。钢铁企业利用远程操作和远程诊断技术，高度的自动化和信息化减少了人员聚集，为远程监控、操作和维护，以及客户端、供应链的线上交易提供了有力支撑。在此过程中，数字化、智能化技术充分显示出了优越性，也让钢铁企业遭受了最小的损失，体现出了较强的韧性。

“十四五”期间，中国钢铁将推动数字产业与钢铁产业深度融合，开展钢铁行业智能制造行动计划，推进 5G、工业互联网、人工智能、区块链、商用密码等技术在钢铁行业的应用，突破一批智能制造关键共性技术，遴选一批推广应用场景，形成一批高水平专业化系统解决方案供应商，培育一批智能制造系统解决方案服务商。开展智能制造示范推广，发挥行业骨干企业示范引领作用，打造一批具有自感知、自学习、自决策、自执行能力的标杆工厂。建设钢铁行业大数据中心，开展数据价值评估和价值挖掘，探索数据要素共享机制，提升数据资源管理和服务能力。依托龙头企业推进多基地协同制造，在工业互联网框架下实现全产业链优化，推动上下游信息共享、资源共享、设计共享、生产共享。构建钢铁行业智能制造标准体系，积极开展基础共性、关键技术和行业应用标准研究，制定一批钢铁行业智能制造标准。

未来的钢铁企业，钢铁制造实现全流程在线检测-监测数字化、智能化，钢铁制造和服务一体化，钢铁制造流程物质流、能量流、信息流协同动态调控，高性能钢铁产品实现定制化、减量化生产，高性能钢铁产品实现全生命周期智能化设计、制备加工……

三、领世界钢铁百年再铸辉煌

以史为鉴，启迪未来。十九届五中全会明确指出，“十四五”期间，我国发展仍然处于重要战略机遇期，但面临的国内外环境正在发生深刻复杂变化，新时代新阶段的发展必须贯彻新发展理念，必须是高质量发展，必须以深化供给侧结构性改革为主线，坚持质量第一、效益优先，切实转变发展方式，推动质量变革、效率变革、动力变革，构建以国内大循环为主体、国内国际双循环相互促进的新发展格局。坚持扩大内需，畅通国内大循环，形成强大的国内市场，促进国内国际双循环；

优化投资结构，保持投资合理增长；推进“两新一重”重大工程建设；建设制造强国、建筑强国、造船强国、交通强国、能源强国等都需要钢铁强力支撑。新形势下，中国钢铁工业将迎来全面达峰、全面建成钢铁强国、全面引领世界钢铁的关键期①。

（一）中国钢铁全面达峰

未来十年，中国钢铁工业将迎来钢材消费、污染物和碳排放全面达峰关键期。一是碳达峰和碳中和倒逼钢铁行业减量调整再升级。中国钢铁工业必须通过持续优化钢铁制造流程、全面实施绿色低碳工程、加快推进科技创新、适度降低粗钢产量等一系列措施，才能更好地实现碳排放目标。二是经济稳步增长带动钢材消费升级并逐步达峰。随着我国转变经济发展方式的推进和产业结构的调整，第二产业占国民经济比重将持续下降到一定比例，钢材消费强度将不断下降，投资对经济增长的拉动作用也将逐步减弱，单位 GDP 钢材消费强度将呈波动下降趋势。三是人均粗钢表观消费水平显示我国钢材消费峰值将至。随着我国进入工业化后期，人均粗钢表观消费量将达到阶段高点并开始下降，综合考虑中国历史传统等实际情况，我国人均粗钢表观消费量距峰值点越来越近，未来十年将达到峰值。

（二）全面建成钢铁强国

新中国成立以来，钢铁工业实现了由小到大、由弱渐强的转变，特别是进入 21 世纪以来，中国钢铁在装备水平、自动化信息化水平、绿色化水平以及产品质量、创新、服务、竞争力、海外布局等方面都有了明显进步。时至今日，中国钢铁已经进入世界钢铁强国序列，但仍有较大进步空间，未来十年，是中国全面建成钢铁强国的关键期。

一是在产业规模上，中国将持续保持世界第一钢铁大国地位，产业规模将是中国全面建成钢铁强国的长期优势。二是在产业基础上，中国正在实施世界钢铁发展史上最大规模的产能更新计划，产业基础高级化是提升中国钢铁工业全球竞争力，全面建成钢铁强国的必要条件。三是在品种质量上，“十四五”期间，钢铁行业将通过先进钢铁材料标准体

① “三个全面”论断详见本书第 43 页《中国钢铁将迎来“三个全面”的关键十年》。

系建设，倡导质量分级分类评价，深入推进服务型制造等举措，钢材实物质量达到国际先进水平的比例要超过60%，实现产品质量和效益双提升。四是在劳动生产率上，钢铁企业将通过技术创新、产业升级、智能制造等手段持续提高产品的质量和生产效率。五是世界级钢铁企业支撑中国全面建成钢铁强国，中国宝武剑指两亿吨，中信特钢正努力成为全球最具竞争力的特钢企业，还有更多具有全球竞争力的中国钢铁企业正在奋进的路上，他们是全面建成钢铁强国的中坚力量。六是在资源保障上，钢铁行业将充分利用国内国际两个市场两种资源，建立多元化、多渠道、多方式稳定可靠的国内外原料供应基地，推进国家矿产资源战略储备等，弥补短板，提升话语权，确保钢铁产业安全。

（三）全面引领世界钢铁

21世纪以来，中国钢铁工业在部分领域已经实现全球引领。产业规模、产业基础方面，中国钢铁工业已经引领全球，未来还将继续引领；绿色发展方面，中国钢铁正在推行世界钢铁史上最为严苛的污染物排放标准，超低排放升级改造工作正在全面稳步推进，部分企业排放指标已经引领全球；智能制造方面，中国钢铁已将智能制造定位为高质量发展的主要方向之一，“智慧工厂”正在助力中国钢铁走向智能引领时代；工程建设方面，以中冶集团为代表的全流程主要单元核心技术已迈入世界先进行列；人才队伍方面，中国钢铁工业现有200多万钢铁从业人员，20余家大专院校及科研院所，拥有全球最大的技术和管理人才群体、最完备的钢铁专业学科，持续支撑中国钢铁工业全面引领世界。

未来十年，我国钢铁工业将以问题为导向，坚持新发展理念、坚持改革开放、坚持市场导向、坚持统筹协调等原则，加快构建现代化的钢铁产业体系，推进两业融合和产品深加工，提高钢铁服务能力，建立多元化、多渠道、多方式稳定可靠的资源保障，横纵向多维度延伸产业链，促进钢铁行业质量效益全面提升，为实现高质量发展奠定坚实基础。在党的坚强领导下，在第二个百年奋斗目标指引下，再有两个五年发展期，中国钢铁一定能实现对世界钢铁的全面引领，跨度将超百年。

1921—2021年，中国共产党走过整整百年历程。这是用鲜血、汗水、泪水、勇气、智慧、力量书写的百年；是筚路蓝缕、披荆斩棘、艰苦创业、砥砺前行、充满艰险、充满神奇的百年；是苦难中铸就辉煌、挫折后毅然奋起、探索中收获成功、失误后拨乱反正、转折中开创新局、奋斗后赢得未来的百年。

今天，站在中国共产党百年华诞新的历史起点上，中国钢铁人将以庆祝建党百年为契机，坚持党的领导，以更加饱满的工作热情、求真务实的工作作风、干事创业的钢铁精神，开拓创新，锐意进取，为中国钢铁全面达峰、全面建成钢铁强国和全面引领世界钢铁，实现绿色低碳高质量发展作出新的更大贡献，为实现“两个一百年”奋斗目标、实现“3060”愿景、实现中华民族伟大复兴的中国梦，贡献钢铁力量！

把握“三定位” 推进“三变革”更好地促进钢铁工业高质量发展[①]

张龙强

2022年2月7日，工业和信息化部、国家发展和改革委员会和生态环境部联合印发《关于促进钢铁工业高质量发展的指导意见》（以下简称《指导意见》），部署钢铁工业“十四五”发展新格局，即布局结构合理、资源供应稳定、技术装备先进、质量品牌突出、智能化水平高、全球竞争力强、绿色低碳可持续的高质量发展格局。《指导意见》要求坚持创新发展、总量控制、绿色低碳和统筹协调四项原则，明确了12项主要任务，努力实现五大发展目标，是“十四五”时期促进我国钢铁工业高质量发展的根本遵循和顶层设计。

《指导意见》对钢铁工业给予了三大最新定位，即国民经济的重要基础产业、建设现代化强国的重要支撑和实现绿色低碳发展的重要领域，既是对钢铁工业功能地位的充分肯定，更展现了钢铁工业肩负的责任和担当。《指导意见》要求立足新发展阶段，加快推进钢铁工业质量、效率、动力三大变革，保障产业链供应链安全稳定，促进质量效益全面提升。可以看出，实现钢铁工业更好地高质量发展的目标和路径是清晰的。笔者重点从以下五方面进行分析。

一、创新驱动是钢铁工业高质量发展的主引擎

“十三五”时期，我国钢铁工业创新体系不断完善，创新能力不断提升，创新成果不断涌现，钢铁工业共获得国家科学技术奖30余项，先后有410个项目获得冶金科学技术奖，全行业有效发明专利由2015年的9800余件增加到2020年的2.16万件。“十四五”时期，钢铁工业

① 本文2021年2月15日发表在《世界金属导报》F01版，有删节。

仍存在原创性成果不足、基础研究有待加强、部分关键技术缺失等问题。《指导意见》提出，增强创新发展能力，强化企业创新主体地位，重点围绕关键共性技术及通用专业装备和零部件加大创新资源投入，加强标准技术体系建设。依靠创新驱动，全面推动钢铁工业高质量发展。

二、优化结构是钢铁工业高质量发展的必然要求

“十三五”时期，在产能产量方面，1.5 亿吨钢铁去产能目标提前完成，但“十三五”后期粗钢产量快速增长导致行业利润总体出现较大幅度下滑，同时也带来能源消耗总量、污染排放总量高位徘徊等多重问题；在兼并重组方面，钢铁行业取得一定进展，但前十家钢铁企业粗钢产量仅占全国比重40%左右；在电炉短流程方面，我国电炉冶炼粗钢产量占比仍在 10%左右，其中包括兑加铁水的电炉钢产量。《指导意见》强调“两个严格”，严禁新增钢铁产能；明确“三鼓励一不得”，优化产业布局；列明多项举措，持续推进企业兼并重组；提出工艺结构优化目标，提升电炉钢产量占比至15%以上等。通过持续改善产业结构合理化水平，扎实推动钢铁行业高质量发展。

三、绿色低碳是钢铁工业高质量发展的必然选择

“十三五”时期，钢铁行业在节能减排方面成效显著。2020 年，中国钢铁工业协会重点统计企业吨钢综合能耗达到 545kgce，较 2015 年下降 4.7%左右。截至目前，全国 240 多家企业约 6.8 亿吨粗钢产能已完成或正在实施超低排放改造。2021 年，党中央、国务院相继印发了《关于完整准确全面贯彻新发展理念做好碳达峰碳中和工作的意见》和《2030 年前碳达峰行动方案》，明确提出了全国 2025 年、2030 年、2060 年三个阶段的目标任务。钢铁行业作为污染物和二氧化碳排放重点行业之一，面临着减污降碳的双重压力。《指导意见》提出，统筹推进减污降碳协同治理，加快低碳冶金技术的研发应用，参与全国碳排放权交易，开展节能诊断提高绿色能源使用，全面推动超低排放改造，积极推进产业耦合发展，提高资源综合利用，建立健全钢铁绿色设计产品评价

体系。通过不断加快钢铁企业绿色低碳转型，切实推动钢铁工业高质量发展。

四、智能制造是钢铁工业高质量发展的关键抓手

“十三五”时期，钢铁工业把智能制造作为“两化深度融合”的主攻方向，一批智能制造关键共性技术在钢铁生产场景的应用取得显著成效，9 个项目被工业和信息化部评为智能制造试点示范项目，10 个项目被工业和信息化部评为工业互联网试点示范项目，钢铁行业数字化、网络化、智能化发展的路径清晰。但是，钢铁生产具有流程连续、工艺复杂、产品多样化的行业特点，而且企业之间的两化融合水平不均衡，推动全行业的智能化升级需要制定差异化的发展路径。《指导意见》提出，遴选一批智能制造关键共性技术推广应用场景，打造一批智能制造示范工厂，建设钢铁行业大数据中心，依托龙头企业推进多基地协同制造，在工业互联网框架下实现全产业链优化，构建钢铁行业智能制造标准体系。通过遴选示范标杆、推广关键技术应用，进一步推动钢铁工业高质量发展。

五、资源保障是钢铁工业高质量发展的重要基石

“十三五”时期，国产铁矿石原矿产量从 2015 年的 13.81 亿吨降至 2018 年的 7.63 亿吨，之后逐步恢复至 2020 年的 8.67 亿吨；国产铁矿石对我国铁产量铁元素贡献度位于 9.2%～19.4%；铁矿石对外依存度连续 5 年在 80%左右。随着废钢使用量增加和国内铁矿石生产保持稳定，我国铁素资源供给及结构逐步优化。但铁矿石对外依存度依然较高，议价能力弱的根本性问题没有改变，铁矿石资源保障问题仍然是影响我国钢铁行业安全稳定运行和健康发展的首要问题。《指导意见》提出，强化国内矿产资源的基础保障能力，加强国际铁矿石资源开发合作，完善铁矿石合理定价机制，钢铁工业利用废钢资源量达到 3 亿吨以上等。通过大幅改善铁素资源保障能力，不断夯实钢铁工业高质量发展的基石。

此外，《指导意见》还提出加强组织实施、政策协同、舆论宣传等保障措施，为《指导意见》的目标和主要任务顺利实现创造良好环境。

“十四五”时期，各地有关部门将加强统筹协调，有关企业需结合自身发展实际务实推进相关工作，共同着力解决钢铁工业产能压力过大、产业安全保障能力不足、绿色低碳水平不高、产业集中度偏低等重点问题，进一步深化钢铁工业供给侧结构性改革，加快形成《指导意见》提出的钢铁工业发展新格局，实现绿色低碳高质量发展。

规划引领　创新驱动　加快推进钢铁行业高质量发展①

张龙强

2021年12月21日，工业和信息化部等三部门联合印发《“十四五”原材料工业发展规划》（以下简称《规划》）。《规划》贯彻《中华人民共和国国民经济和社会发展第十四个五年规划和二〇三五年远景目标纲要》，是统领未来五年石化化工、钢铁、有色金属、建材等行业的根本遵循和行动指南，对原材料工业定位更高、要求更高。《规划》以“创新引领、市场主导、供需协调、绿色安全”为基本原则，明确目标要求，提出“五化”任务和五大工程，着力提升原材料工业发展质量和效益。笔者就《规划》中钢铁行业的政策导向及未来重点工作进行分析，供读者参考。

一、原材料工业是赢得国际竞争优势的关键领域，创新是构建钢铁工业竞争优势的第一动力

（一）健全创新体系，打造创新能力梯次布局

《规划》统筹考虑国家重点实验室、国家制造业创新中心、省级创新中心、产业共性技术研究平台，以及国家重点新材料中试平台等各类创新载体，旨在打造基础研究能力、工程化能力梯次布局。钢铁行业优势企业应积极参与各类创新载体建设，尤其要重视创新平台载体，积极参与国家新材料科研设施公用平台，健全创新体系，强化创新能力。

（二）提高产品质量，强化标准和品牌建设

《规划》提出攻克关键技术、突破关键材料、加强质量管理和过程

① 本文2021年1月11日发表在《世界金属导报》F01版，有删节。

管控、推进产品标准和品牌建设等任务，促进产业供给高端化。我国钢铁行业在技术创新、产品升级等方面走在原材料工业前列。在推动供给高端化方面，应统筹考虑攻克关键技术、突破关键材料等任务，重点提升产品质量，开展质量分级评价，加强材料标准体系建设，强化品牌发展战略。

（三）加快数字化转型，积极推进智能示范项目

《规划》提出加快制造过程智能化、夯实数字化支撑基础等重点任务，建设100个以上智能制造示范工厂、10家以上工业互联网平台，不断提高数字化、网络化、智能化水平。钢铁行业要主动作为，积极参与智能工厂（车间）试点示范、共建工业互联网服务平台、完善智能制造标准体系建设，抢抓数字化赋能工程机遇。

二、原材料工业是产业基础再造的主力军，结构优化是夯实钢铁工业产业基础的关键举措

（一）巩固去产能成果，严禁新增产能

《规划》提出，新建项目严格落实产能置换相关政策，粗钢产能只减不增，研究建立产能长效约束机制。“十三五”后期，粗钢产量快速增长导致行业利润总体出现较大幅度下滑，同时也带来了能源消耗总量、污染排放总量高位徘徊等多重问题。钢铁企业要科学论证拟建项目的必要性、可行性，严格按照产能置换、项目备案、环评、能评等有关政策规定，有序开展项目建设。

（二）优化产业布局，推进集群化发展

《规划》提出，鼓励钢铁冶炼项目依托具备条件的现有钢铁冶炼生产厂区集聚建设，引导钢铁行业依托城市矿山建设分布式短流程钢厂。有关地方和企业应抓住国家支持短流程炼钢发展的窗口期，发挥区域资源优势，依托城市矿山建设区域性的废钢原料基地、区域性的建材销售市场、区域性的与城市和谐的短流程钢厂，打造短流程炼钢生态产业链。

（三）推进兼并重组，做大做强龙头企业

《规划》提出，对于完成实质性兼并重组的钢铁等行业企业给予产能置换政策支持，培育钢铁行业产业链领航企业。当前，钢铁行业兼并重组取得一定进展，但前十家钢铁企业粗钢产量占全国比重仅40%左右。钢铁行业应持续加快推进兼并重组，参考“145N”重组总体格局等行业研判，加快区域性和跨区域、跨所有制企业整合，进一步提高产业集中度。

三、原材料工业是工业绿色发展的主战场，绿色安全是实现钢铁工业绿色制造的重要抓手

（一）实施节能低碳行动，加强行业节能监察

《规划》提出钢铁行业吨钢综合能耗降低2%的目标要求，强化碳效率发展理念，加强节能监察，贯彻强制性单位产品能耗限额标准，关注氢能利用。在“双碳”目标约束、能耗双控加严背景下，钢铁企业应开展碳规划编制、碳标准制修订、碳资产评估、管理与运营等工作，做好能源审计和监察、节能诊断和规划、能效评估和提升，积极推进低碳制造试点工程。

（二）践行美丽中国建设，推进超低排放改造

《规划》提出，推进实施钢铁行业超低排放改造和清洁生产，加强固废资源综合利用，持续改善生态环境，提升资源综合利用水平。截至2021年7月，全国超过230家钢铁企业6.5亿吨粗钢产能已完成或正在实施超低排放改造。钢铁企业应持续推进超低排放改造，重点区域钢铁企业要加快实现超低排放，积极创建绿色工厂、绿色园区，推动钢铁、建材、煤化工等产业耦合发展，促进能源资源梯级利用。

（三）保障铁素资源安全，统筹两个市场两种资源

《规划》提出，积极开展现有矿山深部及外围找矿，鼓励开展境外资源勘探开发，支持优势企业建立大型废钢回收基地和产业集聚区。截至2020年，我国铁矿石对外依存度连续5年在80%左右，钢铁积蓄达

到百亿吨级。钢铁企业应强化顶层规划设计，统筹国内外两个市场，统筹铁矿石、废钢铁两种资源，确保钢铁产业链安全。

四、结语与建议

《规划》作为“十四五”时期原材料工业发展的纲领性文件，通过促进产业向供给高端化、结构合理化、发展绿色化、转型数字化、体系安全化发展，加快构建新发展格局，持续提升原材料工业发展质量和效益。

建议钢铁行业有关各方深入学习领会《规划》精神，落实相关工作要求，强化标准和品牌建设，推进智能示范项目建设，以创新驱动企业发展；严格落实产能置换政策，准确把握短流程政策机遇，持续优化产业结构；全面推进超低排放改造、全力做好“三碳一能一氢”，加快推进钢铁行业绿色转型发展；统筹国内国外两个市场、统筹铁矿石和废钢两种资源，提升资源安全保障能力，加快推进钢铁行业绿色低碳高质量发展。

坚持深化供给侧结构性改革 加快推动钢铁行业绿色低碳发展[①]

——关于国家发展和改革委员会、工业和信息化部2021年钢铁去产能“回头看”、粗钢产量压减等工作部署解读

张龙强

2021年4月1日，国家发展和改革委员会、工业和信息化部联合发布了关于2021年开展钢铁去产能“回头看”、粗钢产量压减等工作的信息。从信息内容看，钢铁去产能“回头看”和粗钢产量压减工作将是2021年钢铁行业重点工作。“十四五”开局之际，国家有关部门开展钢铁去产能“回头看”和粗钢产量压减工作，充分表明了国家要钢铁行业继续深化供给侧结构性改革的决心。全行业必须高度重视，全力组织，精心谋划，共同完成2021年的两项重点工作。

一、开展去产能“回头看”，巩固提升钢铁行业“十三五”去产能成果

2016年2月，国务院发布《关于钢铁行业化解过剩产能实现脱困发展的意见》（国发〔2016〕6号，以下简称6号文件），开启钢铁行业供给侧结构性改革。截至2018年底，钢铁去产能超过1.5亿吨、出清“地条钢”超过1亿吨，提前两年完成“十三五”去产能上限目标任务，行业实现扭亏，企业经营效益好转，市场经营秩序持续改善。但如何持续巩固提升去产能成果也成为行业共同关注的难题。

（1）去产能“回头看”是巩固提升去产能成果的有力措施。在“十三五”时期去产能过程中，各地区按照去产能任务，关停退出了大量的低效、无效产能，但仍有部分地区存在涉嫌新增钢铁冶炼产能的问

① 本文2021年4月6日发表在国家发改委网站，有删节。

题。同时，在新旧产能置换过程中，存在一些项目手续不完善、“打擦边球”借机扩大产能等情况。通过钢铁去产能“回头看”，将有力夯实2016年以来各地去产能工作及相关整改落实情况，巩固提升钢铁去产能成果。

（2）去产能“回头看”是供给侧结构性改革的阶段性总结。“十三五”时期钢铁去产能工作取得了显著成效，化解了过剩产能、出清了“地条钢”，行业效益实现大幅回升。通过钢铁去产能“回头看”，各地区将对“十三五”钢铁去产能工作进行自查自纠，部际联席会议成员单位赴实地指导和检查，各有关方面全力合作，系统梳理总结钢铁去产能工作，提炼形成好的经验做法，不断改进工作措施。

（3）去产能“回头看”是继续推进供给侧结构性改革的重要保障。“十三五”时期，国内钢铁产能总量总体减少，但新建或技改后的冶炼装备与置换退出的旧装备相比，生产效率更高，一定程度上加剧了国内粗钢产量的快速增长，行业面临新一轮供需失衡的风险。通过钢铁去产能“回头看”，一方面，巩固提升去产能成果，继续严控钢铁产能总量；另一方面，坚决抑制粗钢产量的不合理增长。

二、压减粗钢产量，推动钢铁行业率先实现碳达峰

“十四五”是中国实现碳达峰、碳中和的关键时期。钢铁行业作为我国制造业碳排放的重点行业，开展粗钢产量压减工作，将有效推动行业绿色低碳转型高质量发展，加快实现钢铁行业碳达峰。

（1）压减粗钢产量是助力钢铁行业实现碳达峰的重要举措。我国二氧化碳排放要力争2030年前达峰、2060年前实现碳中和，钢铁行业作为二氧化碳排放大户，必须尽早采取有力政策和措施，加大力度推动绿色低碳发展。开展粗钢产量压减工作，积极推进短流程炼钢、非高炉炼铁和氢冶金等工艺流程结构优化和新技术应用，大幅减少二氧化碳排放量，为钢铁行业尽快实现碳达峰奠定基础。

（2）压减粗钢产量是深化供给侧结构性改革的必要举措。从“十三五”时期开始，钢铁行业供给侧结构性改革的政策措施始终不断深化和向前推进。通过6号文件“严禁新增冶炼产能”，确保钢铁产能总量不增长；通过《关于完善钢铁产能置换和项目备案工作的通知》（发改电〔2020〕19号，以下简称19号文件）“暂停钢铁产能置换和项目

备案”，严控钢铁项目无序建设。开展粗钢产量压减工作是供给侧结构性改革的进一步深化，将有力促进行业加快绿色低碳转型高质量发展。

（3）压减粗钢产量是推动企业转型升级、加快兼并重组的有效举措。“十三五”钢铁去产能成效显著，但行业流程结构调整、转型升级和兼并重组进展缓慢，前十家钢铁企业粗钢产量占全国比重仍未突破40%。开展粗钢产量压减工作，通过全国统筹和强化顶层设计，按照各地区环境敏感程度、企业环保水平和能耗水平高低分类施策，将有效加快企业转型升级和行业兼并重组进程，提升产业集中度。

实现碳达峰、碳中和是一场广泛而深刻的经济社会系统性变革。“十四五”时期，中国即将进入新发展阶段，钢铁行业必须在新发展理念引领下加快构建新发展格局。对于2021年，钢铁行业应做好钢铁去产能“回头看”、粗钢产量压减工作，结合未来发布的钢铁行业碳达峰方案，积极有序推进行业供给侧结构性改革，大力推进绿色低碳转型发展，持续调整流程结构和能源消费结构，不断推进碳减排，加速推动钢铁行业向碳达峰和高质量发展同步迈进。

钢铁行业企业要积极做好2021年粗钢产量压减工作[①]

张龙强

2021年4月1日，国家发展和改革委员会、工业和信息化部联合发布信息，将钢铁去产能“回头看”、粗钢产量压减列为2021年钢铁行业重点工作，并对相关工作进行部署。4月中旬，国家统计局发布数据，2021年一季度全国累计生产粗钢2.71亿吨，同比增长15.6%。粗钢产量的快速增长，再一次引发了全行业的重点关注。在应对全球气候变化新要求，国家提出碳达峰、碳中和的背景下，开展粗钢产量压减工作，体现了国家推动钢铁行业继续深化供给侧结构性改革的决心。钢铁行业企业要深刻领会、全面理解、准确把握国家相关部门提出开展粗钢产量压减工作的重要意义，在坚持严禁新增产能前提下，主动做好粗钢产量压减工作，共同促进行业绿色低碳转型高质量发展。

一、严禁新增产能是进一步深化供给侧结构性改革的基础和前提

严禁新增产能是钢铁行业“十三五”供给侧结构性改革的重要内容，近年来一直在持续推进，强化落实。早在2016年2月，国务院发布的《关于钢铁行业化解过剩产能实现脱困发展的意见》（国发〔2016〕6号，以下简称6号文件）明确提出“各地区、各部门不得以任何名义、任何方式备案新增产能的钢铁项目”。严禁新增产能是“十三五”钢铁行业供给侧结构性改革取得显著成效的重要保障措施，“十四五”时期钢铁行业必须一以贯之地继续坚持执行，为2021年开展粗钢产量压减工作、深化钢铁行业供给侧结构性改革创造有利条件。

① 本文2021年4月29日发表在冶金工业信息标准研究院公众号，有删节。

二、严格执行产能减量置换是进一步巩固提升去产能成果的重要措施

为化解钢铁过剩产能，实现钢铁行业脱困发展，6 号文件提出了“十三五”期间的去产能目标任务 1 亿~1.5 亿吨。截至 2018 年底，钢铁去产能超过 1.5 亿吨、出清“地条钢”超过 1 亿吨，提前两年完成“十三五”去产能上限目标任务，钢铁行业实现了粗钢产能的快速、大幅度压减，行业效益持续好转，去产能取得了显著成效。“十四五”期间，钢铁行业将按照工业和信息化部即将发布的新版《钢铁行业产能置换实施办法》继续严控产能置换范围、提高置换比例，通过实施更加严格的减量置换措施，实现粗钢产能的进一步压减，持续巩固提升去产能成果，为进一步深化供给侧结构性改革提供保障。

三、压减粗钢产量是推进绿色低碳发展、实现碳达峰碳中和的着力点

二氧化碳排放要力争 2030 年前达峰、2060 年前实现碳中和，是中国对世界的郑重承诺。为确保目标如期实现，相关部门正在加快研究钢铁行业低碳发展路线图，积极制定行动方案。2021 年，钢铁行业将以压减粗钢产量为着力点，通过压减粗钢产量进一步优化原料、工艺和能源结构，创新发展绿色低碳工艺技术，有效推动行业逐步建立以碳排放、污染物排放、能耗总量等为依据的产量约束机制，加快推进钢铁行业绿色低碳转型发展，落实国家碳达峰、碳中和目标要求。

四、压减粗钢产量是维护企业效益和行业平稳运行的有效措施

“十三五”期间，钢铁行业通过去产能实现了行业效益大幅回升，但粗钢产量快速增长也导致潜在的市场供需矛盾不断积累。2018 年，国内粗钢产量达到 9.28 亿吨，中国钢铁工业协会重点统计钢铁企业实现利润 2862 亿元，销售利润率 6.92%；2020 年粗钢产量 10.65 亿吨，重点统计钢铁企业实现利润 2074 亿元，销售利润率 4.41%。钢铁企业不断增产不仅没有给企业带来利润，反而导致行业利润总体出现较大幅度下滑。压减粗钢产量，将有效维护行业效益和企业利润水平，缓解粗

钢产量过快增长带来的能源消耗、污染排放等多重问题。

在中国经济稳定复苏、下游用钢需求持续增长情况下，国家相关部门以压减粗钢产量为着力点，推动钢铁行业严格实施钢铁产能和产量“双控”，即“能量双控”，将成为2021年钢铁行业进一步深化供给侧结构性改革的重要特征。特别是国家提出碳达峰、碳中和的目标要求后，钢铁行业必将不断推进“能量双控”，加快行业绿色低碳转型高质量发展。对于钢铁企业，要主动配合国家相关部门，积极做好2021年粗钢产量压减工作，高质量完成压减任务，坚定不移贯彻新发展理念，积极推进企业绿色低碳转型发展，加快适应我国钢铁行业进入深化供给侧结构性改革阶段的全新要求。

发达国家粗钢产量达峰后发展历程分析①

张龙强

当前，我国钢铁工业正处于粗钢产量达峰的关键时期，冶金工业信息标准研究院组织研究发达国家（本文指美国、日本、德国、英国、法国）粗钢产量达峰前后，特别是达峰后的发展历程，总结和分析达峰背景、面临的困难、调整应对措施及发展规律，以期对我国钢铁工业达峰后实现高质量发展提供借鉴和参考。

一、美国粗钢产量达峰后发展历程

1973 年，美国粗钢产量达到历史峰值 1.37 亿吨，随后其钢铁工业主要经历了一次减量、峰后复苏和平稳发展三个阶段，目前粗钢产量保持在 8000 万吨左右水平，1949—2021 年美国粗钢产量变化如图 1 所示。

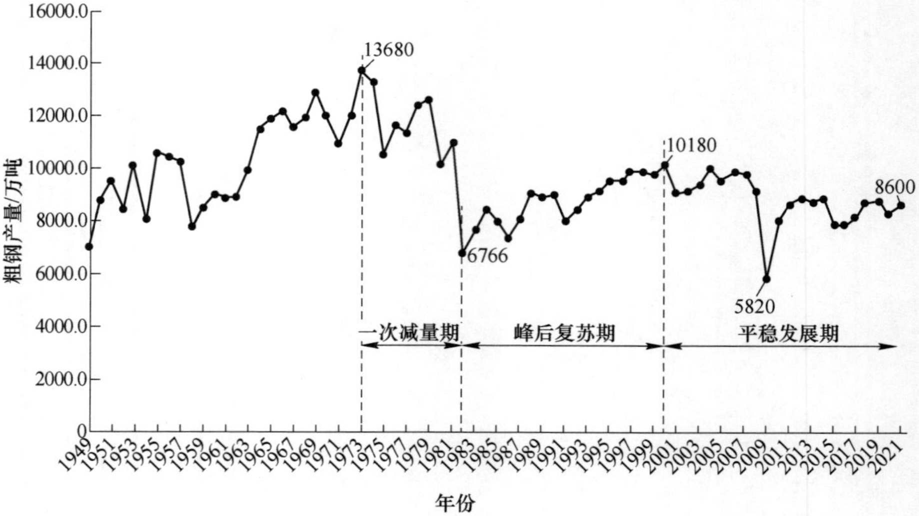

图 1 1949—2021 年美国粗钢产量变化

① 本文 2022 年 12 月 13 日发表在《世界金属导报》第 47 期头版，有删节。

（一）达峰时间和达峰背景

1973 年，美国工业化基本完成，其粗钢产量和表观消费量达到历史峰值，分别为 1.37 亿吨和 1.50 亿吨，炼钢工艺流程为电炉、转炉和平炉，比例分别约为 18.2%、55.4%和 26.4%。达峰前的 15 年是美国钢铁工业较快发展时期，需求快速增长拉动钢铁产能和产量加速提升，大部分长流程冶炼装备在此期间建设完成，粗钢产能增幅高达 17%，粗钢产量年均增速达 3.9%。

（二）达峰后发展历程

1. 1974—1982 年，一次减量期

第一次石油危机爆发后，美国国内产业开始转向以微电子技术为主的低能耗技术密集型产业，而以高能耗、高污染为特征的钢铁、造船、化工等资本密集型产业逐步向以日本为代表的发达国家和亚洲新兴经济体转移。

在此期间，大量石油炼铁企业被迫关停并转，长流程设备改造滞后，并不再新建高炉和转炉。随着环保投入大幅增加，生产成本上涨较快，加上来自日本、西欧等进口钢铁产品的冲击，美国钢铁产业竞争力逐渐降低，粗钢产量从 1973 年峰值的 1.37 亿吨下降到 1975 年的 1.06 亿吨，随后逐步恢复至 1979 年的 1.26 亿吨，但仍需进口 10%以上的钢铁产品满足国内需求。第二次石油危机爆发后，美国钢铁需求锐减，生产成本增加，钢铁工业开始长达 10 年的实质性去产能历程，粗钢产量跌到 1982 年的 6766 万吨。

这一阶段，平炉因难以与连铸匹配逐步退出，废钢资源逐渐富余，电炉流程开始发展。1982 年，电炉钢比例提升至约 31%，转炉钢比例约 61%，平炉钢比例降至约 8%。

2. 1983—2000 年，峰后复苏期

20 世纪 80 年代，美国钢铁工业开始艰难转型。首先陆续关闭二三十年代建设的钢铁厂和 70 年代建设的一些竞争力弱的电炉钢厂，同时加大连铸和轧钢设备投入，积极探索薄板坯连铸连轧等新技术，生产效率明显提升；大力减少非生产人员以降低人工成本，从业人数由 1979 年约 44 万人减少到 1988 年约 21 万人，美国粗钢产量在波动中回升到

1988 年的 9065 万吨。

20 世纪 90 年代，美国经济持续复苏，建筑用钢需求快速增长，Minimill 钢厂以其独有的成本优势带动电炉流程蓬勃发展，助推美国钢铁工业实现达峰后复苏，粗钢产量快速增至 2000 年的 1.02 亿吨。平炉在 1992 年完全被淘汰，2000 年电炉钢比例进一步提升至约 47%，转炉钢比例约 53%。

3. 2001 年至今，平稳发展期

这一时期，美国粗钢产量呈阶梯式减量，但总体保持平稳态势。21 世纪初，美国实施贸易保护政策抵御进口钢材冲击，钢铁工业得以喘息，粗钢产量保持在 9000 万吨量级，到 2009 年受国际金融危机影响，产量大幅下降至 5820 万吨，创历史新低，此后在持续的贸易保护政策下，粗钢产量保持在 8000 万吨量级。目前，美国电炉钢比例约 70%，转炉钢比例约 30%。

在此期间，纽柯钢铁进一步整合上游废钢资源并向下延伸产业链，凭借电炉炼钢的技术和成本优势，持续开展 20 多次收购，布局遍布全美，跃居美国第一大钢企，推动产业集中度（CR3）由 1973 年达峰时约 46%提升到 2021 年的约 60%，为美国钢铁工业阶梯式减量、避免直线快速下跌和实现平稳发展提供了有力支撑。

二、日本粗钢产量达峰后发展历程

1973 年，日本粗钢产量首次达到峰值 1.19 亿吨，短暂减量后进入平稳发展期，粗钢产量保持在 1 亿吨左右，其中 1992—1995 年为全球第一大产钢国；2000 年开始，粗钢产量较快增长，2007 年达到 1.2 亿吨的二次峰值，此后再次减量并进入平稳发展期，粗钢产量仍保持约 1 亿吨。1949—2021 年日本粗钢产量变化如图 2 所示。

（一）达峰时间和达峰背景

第二次世界大战后，日本政府确定以煤炭、钢铁为优先发展产业，到 1965 年粗钢产量达 4116 万吨，仅次于美国和苏联，但仍以平炉冶炼为主。20 世纪 60 年代初期，日本钢铁工业基于废钢依赖进口且供应不稳的实际，确定了以转炉炼钢为重点的发展方向，迎来了高速发展时期。1973 年，日本粗钢产量达到 1.19 亿吨的历史峰值，其中，电炉钢

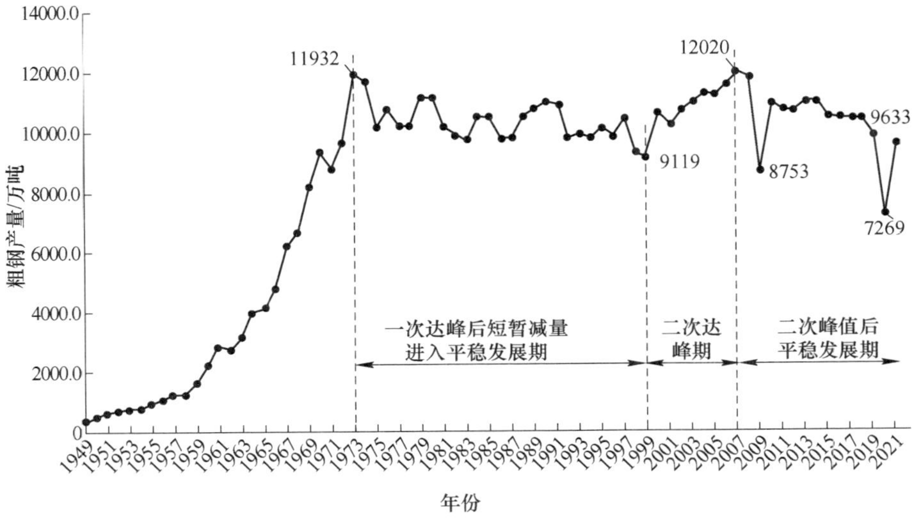

图2　1949—2021 年日本粗钢产量变化趋势

比例约 17.9%，转炉钢比例约 80.6%，平炉钢比例约 1.5%。

（二）达峰后发展历程

1. 1974—1999 年，一次达峰后短暂减量进入平稳发展期

第一次石油危机后，受日美贸易摩擦持续、日元升值、国内通货膨胀等多因素影响，日本产业发展重心由原材料基础工业向汽车等高端制造业转移，钢铁工业在制造业中地位逐渐降低。1975 年，粗钢产量降至 1.02 亿吨，此后长达 20 多年围绕 1 亿吨上下波动。1975 年开始，随着粗钢产量下降和废钢产生量增加，以及环保约束升级，日本电炉炼钢发展较快，产量持续增长至 1990 年的最高点 3465 万吨，占粗钢比例为 31.4%，1996 年达到历史峰值为 33.3%，产量为 3290 万吨。

在此期间，日本钢铁工业继续推进产业结构调整，彻底淘汰平炉，实施高炉减量化、大型化和制造基地集约化，电炉减量化和现代化，淘汰落后产能，提升设备运行效率；贯彻技术立国战略，以科学技术驱动钢铁工业发展，大力支持节能和工艺技术创新，降低资源能源消耗，提高环保水平和降低生产成本；同时，优化产品结构，提高钢材深加工比例，增强产品竞争力；实施海外合资建厂和下游产业布局，培育和稳定钢材出口份额。上述措施进一步夯实了日本钢铁产业基础，为二次达峰

储备了动能。

2. 2000—2007 年，二次达峰期

21 世纪初，亚洲经济的迅速发展（尤其是中国经济）及海外资金对于制造业的投资刺激了日本经济。日本制造业钢材消费以年均 4%的速度增长，2002—2007 年，国内钢材需求由 7400 万吨增长到 8600 万吨，钢材出口保持在 3300 万吨左右，占产量的比重约 30%。在国内外需求拉动下，日本粗钢产量持续增长，2007 年二次达峰（1. 2 亿吨），与一次峰值 1. 19 亿吨相当。电炉钢产量仍有 3100 万吨，但因粗钢总产量增幅更大，占比降至 25. 8%。

在此期间，日本钢铁工业转型升级的重点是企业重组、产能优化（主要指产线升级、淘汰落后、新建技改等）和效率提升。日本钢管与川崎制铁重组成立 JFE，新日铁、住友金属、神户制钢和日新制钢实施交叉持股和战略结盟。通过企业重组关闭了部分产线，2007 年日本粗钢产能减少至 1. 3 亿吨，产能利用率超过 90%。同时，钢铁企业继续实施高炉转炉大型化、集约化，提高生产效率，为日本粗钢产量二次达峰提供支撑。

3. 2008 年至今，二次峰值后平稳发展期

2009 年，受国际金融危机冲击，日本粗钢产量降至 8753 万吨，为 1973 年第一次达峰以来的最低点，随后快速恢复至 1. 1 亿吨并进入二次峰值后平稳发展期，出口量进一步增长至 4000 万吨左右，占比近 40%，明显高于危机前水平。2015 年以来，日本钢材出口开始减少，到 2019 年出口减量约 768 万吨，带动粗钢产量同步减少近 600 万吨。2020 年受新冠疫情冲击，日本粗钢产量进一步下滑至新低点 7269 万吨，2021 年恢复至 8622 万吨。

在此期间，日本钢铁工业着重推进企业重组、全球化和效率提升。2012 年，新日铁与住友金属重组，一方面通过重组加速全球化战略，加强向全球用户提供解决方案的能力，扩张海外制造和加工基地；另一方面通过重组整合资源和协同优势业务，关闭和重新配置部分生产基地和设备，进一步提升运营效率。2019 年，新日铁住金、日新制钢、山阳制钢和瑞典奥沃科等多家公司重组，合并后正式更名为日本制铁公司，产业集中度进一步提高。2021 年，日本制铁、JFE 和神户制钢三家企业占日本粗钢产量约 86%，增强了日本钢铁工业平稳发展能力。此

外，2010—2019 年，日本电炉钢产量一直稳定在 2400 万～2600 万吨之间（建材需求相对稳定），受粗钢总量下降影响，电炉钢比例由 21.8%增长至 25.4%。

三、德国粗钢产量达峰后发展历程

1974 年，德国[①]粗钢产量达到峰值 5323 万吨，随后在波动中减量至 1983 年的 3573 万吨；1984—2007 年，德国粗钢产量在波动中持续增长，2007 年迎来第二个小高峰，粗钢产量为 4855 万吨；2008 年至今，德国钢铁工业坚持高端化发展，始终保持较高的钢材出口份额，粗钢产量稳定在 4000 万吨左右，占欧盟粗钢产量 1/4，一直是欧盟第一大产钢国。1949—2021 年德国粗钢产量变化如图 3 所示。

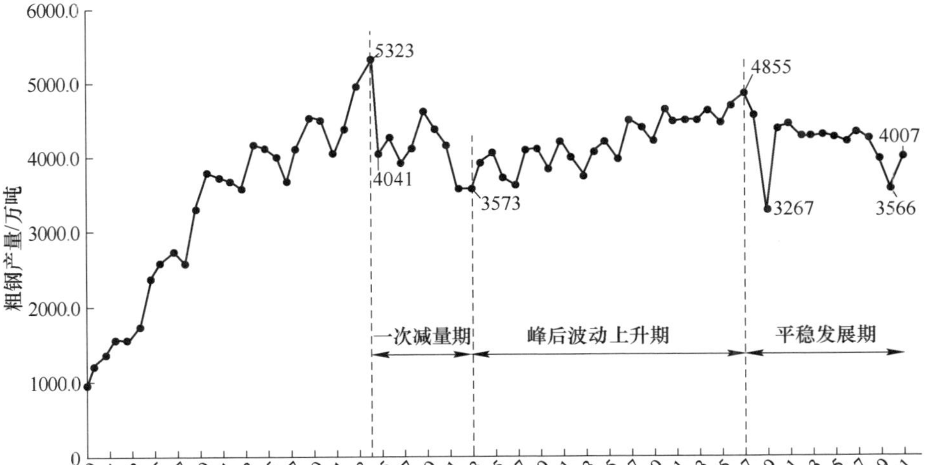

图 3　1949—2021 年德国粗钢产量变化趋势

（一）达峰时间和达峰背景

第二次世界大战后，德国东部地区的部分钢铁生产设备被搬迁到苏联地区，西部地区则在“马歇尔计划”的扶持下开始复苏。1952 年，在法国倡议下成立欧洲煤钢联盟，监控并确保德国钢铁工业有序发展。

① 本文中德国统一前数据均为西德数据，未考虑东德情况，下同。

1957 年，德国粗钢产量达到 2740 万吨，恢复至第二次世界大战前水平。1974 年，粗钢产量达到峰值 5323 万吨，其中电炉钢比例约 10.8%，转炉钢约占 68.8%，平炉钢约占 17.4%，贝塞麦-托马斯转炉钢约占 3%。

（二）达峰后发展历程

1. 1975—1983 年，一次减量期

1975 年，德国粗钢产量在第一次石油危机影响下，由峰值急剧下降至 4041 万吨，跌幅达 24%。随后的政府补贴和 20 世纪 80 年代煤钢联盟的生产配额制度造成市场调控失灵，大量中小型钢铁企业因失去生产配额而破产或被兼并，大型钢铁企业在补贴和配额保护下市场竞争力下降，在第二次石油危机影响下，德国粗钢产量进一步跌至 1983 年的 3573 万吨，为达峰以来的最低点。

2. 1984—2007 年，峰后波动上升期

20 世纪 80 年代，德国政府通过供给侧改革推进产业结构升级，对于钢铁、煤炭、造船、纺织等“收缩部门”和“停滞部门”，进行“有秩序地适应”，严格控制财政补助金，缩减产量、人员和设备。德国钢铁工业开始调整优化，将生产向效益高、竞争力强的厂区和生产设备集中，淘汰效率低、能耗高的老设备；采用新技术，提高生产自动化水平，提升产品竞争力，减少环境污染。德国粗钢产量在波动中恢复到 4000 万吨以上，出口量稳定在 1900 万吨左右。

20 世纪 90 年代初，欧洲经济不景气，德国钢铁产能过剩，开始实施重组和去产能计划，21 家大型钢企合并为 8 家，占德国粗钢产量 90%以上。1997 年，克虏伯与蒂森板材业务率先重组，随后组建蒂森·克虏伯集团，产业集中度进一步提高。1997—2007 年，德国粗钢产量在 4500 万吨左右，出口量稳定在 2500 万吨左右，并以高端产品为主。2007 年，粗钢产量 4855 万吨，为达峰后的最高点，电炉钢占比提升至约 30%，转炉钢约占 70%（平炉被淘汰），至今仍保持该比例。

3. 2008 年至今，平稳发展期

在 2009 年国际金融危机影响下，德国粗钢产量大幅下降至 3267 万吨，为达峰后最低值，出口量大幅下降至 2078 万吨，为 21 世纪以来最低值。随着德国经济振兴计划等措施的实施，粗钢产量重回 4000 万吨以上，出口恢复至 2500 万吨左右。2018 年以来，德国粗钢产量持续下

降，2020 年跌至 3566 万吨，2021 年恢复至 4007 万吨。

在此期间，德国发达的建筑业和制造业有力支撑了钢材消费总量，并促进钢铁产品向高端化和制品化发展，带动大量高附加值钢材直接和间接出口，有效提升钢铁工业国际竞争力，钢材出口份额始终处于高位，占粗钢产量比例超过 50%，为粗钢产量保持在 4000 万吨量级作出重要贡献。

四、英国粗钢产量达峰后发展历程

1970 年，英国粗钢产量达到峰值 2783 万吨。达峰后主要受原料供给影响，英国钢铁工业开始减量发展，到 1979 年粗钢产量已减至 2146 万吨；20 世纪 80 年代，通过淘汰落后产能、提高产品附加值、促进私有化，英国钢铁工业峰后复苏；1989 年至今，受国内需求下降和全球化竞争冲击，英国钢铁工业持续减量。1949—2021 年英国粗钢产量变化如图 4 所示。

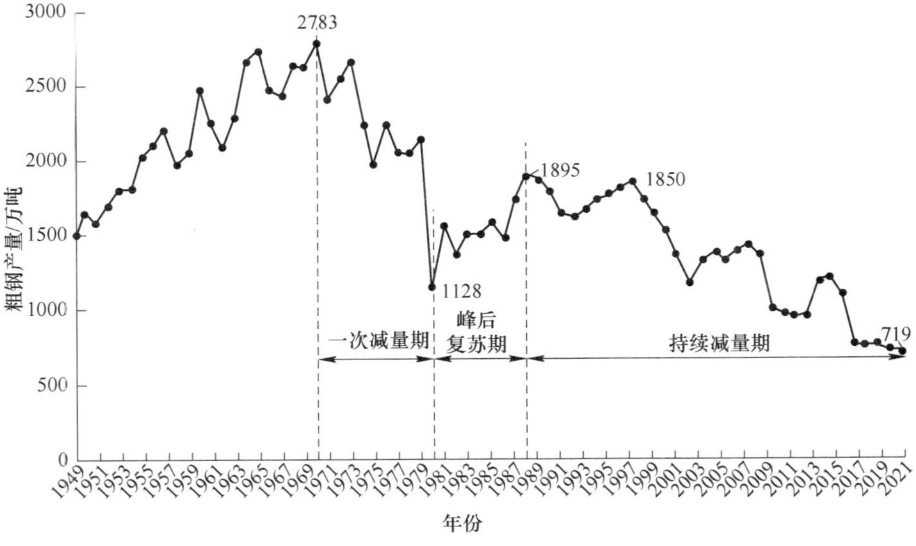

图 4　1949—2021 年英国粗钢产量变化趋势

（一）达峰时间和达峰背景

第二次世界大战后，英国钢铁产量逐年递增，1951 年英国实施钢铁国有化法令，政府投资兴建钢厂，一定程度上改善了产业布局过于分散的问题。1955 年，英国粗钢产量首次超过 2000 万吨，此后至 20 世纪 60 年代，英国钢铁产量在波动中稳步上升，到 1970 年粗钢产量为 2783 万吨，达到历史峰值。

（二）达峰后发展历程

1. 1971—1980 年，一次减量期

20 世纪 70 年代，主要受原燃料供给影响，英国钢铁工业发展陷入瓶颈。至 1970 年高品位铁矿已基本开采殆尽，优质煤资源储量大幅下降，铁矿和煤炭生产成本上升，加上 70 年代后期英国经济恶化，钢铁投资受挫，占英国粗钢产量 70%的英国钢铁扩大钢铁投资规模的十年计划未能全部实施。到 1980 年，英国粗钢产量已减少到 1128 万吨，其中电炉钢比例约占 40. 6%，转炉钢约占 59. 3%，其他工艺约占 0. 1%。

2. 1981—1988 年，峰后复苏期

20 世纪 80 年代，淘汰落后产能、提高产品附加值、促进私有化成为英国钢铁工业发展的主旋律。英国钢铁工业开始复苏，粗钢产量从 1980 年的 1128 万吨波动增长到 1988 年的 1895 万吨，此后再也没有突破该阶段性高点。炼钢工艺方面，电炉和转炉逐步替代了其他工艺，1988 年两种工艺粗钢的产量占比分别为 26. 1%和 73. 9%。此后至今，电炉钢比例稍有下降，但仍保持在 20%左右。

3. 1989 年至今，持续减量期

20 世纪 90 年代，全球经济一体化，英国钢铁工业竞争力不足的弱点被进一步放大。另外，英国国内钢铁需求呈下降趋势，1990 年粗钢表观消费量和人均表观消费量分别为 1637 万吨和 284kg，到 2020 年进一步降至 975 万吨和 144kg，产业竞争力下降和需求萎缩促使英国钢铁工业持续减量发展。

五、法国粗钢产量达峰后发展历程

1974 年，法国粗钢产量达到历史峰值 2702 万吨。1975—1983 年，受两次石油危机影响，法国粗钢产量波动下降至 1758 万吨；1984—2007 年，法国钢铁工业通过淘汰落后装备、提高产品附加值和产业集中度，实现峰后平稳发展，粗钢产量保持在 1900 万吨左右；2008 年至

今，受 2009 年国际金融危机影响，法国钢铁工业进一步减量后实现二次平稳发展，粗钢产量稳定在 1500 万吨左右。1949—2021 年法国粗钢产量变化趋势如图 5 所示。

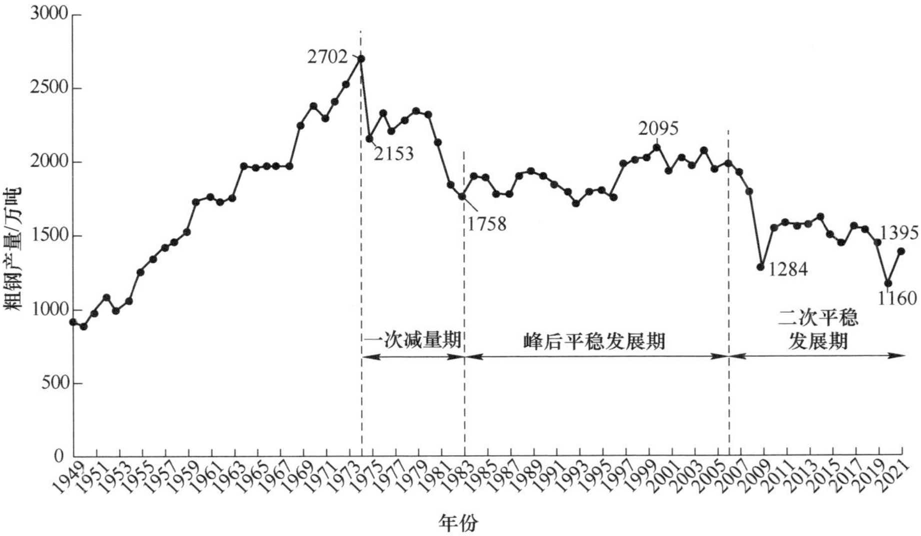

图 5　1949—2021 年法国粗钢产量变化趋势

(一) 达峰时间和达峰背景

第二次世界大战后，利用“马歇尔计划”，在政府巨额低息贷款资助下，法国钢铁工业获得大量投资，更新设备，新建工厂，粗钢产量快速增长。1974 年，粗钢产量达到 2702 万吨，为历史峰值，其中电炉钢约占 11.5%，转炉钢约占 58.5%，贝塞麦-托马斯转炉钢约占 19%，平炉钢约占 11%。

(二) 达峰后发展历程

1. 1975—1983 年，一次减量期

第一次石油危机引起的世界经济危机对法国钢铁工业造成严重打击，粗钢产量大幅降至 1975 年的 2153 万吨，降幅 20%。受第二次石油危机影响，1983 年进一步减少到 1758 万吨，较峰值减少 35%。在此期间，转炉和电炉逐步替代平炉等其他工艺，比例持续提升。

2. 1984—2007 年，峰后平稳发展期

20 世纪 80—90 年代，日本、东欧等国家和地区钢铁产品廉价销售，冲击法国市场。法国政府通过钢铁工业改造规划、国有化等措施，淘汰落后装备、提高产品附加值和产业集中度，钢铁工业实现转型升级，粗钢产量保持在 1900 万吨左右，钢铁工业实现峰后平稳发展。在此期间，欧洲废钢产生量不断增长，法国电炉钢比例最高至 42. 6%，此后至今稍有下降，但仍保持在约 30%。

3. 2008 年至今，二次平稳发展期

2009 年，法国粗钢产量跌至 1284 万吨，2010 年恢复至 1541 万吨，此后得益于 2014 年法国公共消费扩张政策，其粗钢产量稳定在 1500 万吨左右，实现二次平稳发展。2020 年受新冠疫情影响，法国粗钢产量跌至达峰以来的最低点 1160 万吨，2021 年恢复至 1395 万吨。

六、发达国家粗钢产量达峰后减量发展经验总结

从发达国家粗钢产量达峰后钢铁工业发展历程来看，其粗钢产量受多种因素影响均呈波动式、阶梯式减量，相关总结分析如下。

（1）达峰到首次基本平稳的减量时间持续约 10 年，产量降幅 14%~44%，产钢大国至今仍有相对峰值 64%~83%的产量。

由表 1 可以看出，减量时间方面，除日本两年外，上述发达国家粗钢产量从峰值到首次基本平稳大概需要 10 年时间；减量幅度方面，日本和德国因钢材出口占比较高，粗钢产量降幅相对较小，美国、英国因钢铁产业竞争力下降，大部分时间为钢材净进口国，粗钢产量降幅相对较大。50 年后的现在，美国、日本、德国产钢大国粗钢产量仍保持在峰值的 60%以上。

表 1　部分发达国家粗钢产量达峰到首次基本平稳发展时间和减量幅度表

国家	减量发展时间	减量幅度/%	2019 年产量与峰值比值/%
美国	1973—1984 年，11 年	约 39	64
日本	1973—1975 年，2 年	约 14	83
德国	1974—1985 年，11 年	约 24	74
英国	1970—1981 年，11 年	约 44	26
法国	1974—1984 年，10 年	约 30	53

注：“基本平稳”并无明确标准与界定，本文取相对平稳期间的波动均值，仅为分析共性趋势和规律。

另外，总体上看，发达国家粗钢产量达峰后都会经历一次减量到基本平稳阶段，也有复苏—二次减量—二次平稳的情况，复苏期时间持续8~24年，复苏产量增幅9%~28%（相对于首次达峰后的平稳均值）。

（2）达峰后发达国家均不同程度发展电炉短流程，产品都以建筑钢材为主，目前电炉钢比例基本保持在20%~30%（仅美国约为70%）。

日本、德国因长流程装备持续更新升级，成本、效率、质量等优势明显，长流程始终占据主导地位，短流程占比基本在30%以内。美国长流程设备更新相对滞后，同时，美国电力、废钢资源优势较为明显，短流程持续发展，电炉钢比重目前达到近70%。另外，总体看，发达国家电炉钢基本都以生产建筑钢材为主。

（3）七大因素导致达峰后减量发展。

1）下游需求不足导致钢铁减量发展。发达国家粗钢产量达峰时基本完成了工业化，城镇化率也已超过70%，制造业大规模设备更新基本完成，建筑业和制造业等用钢需求支撑明显下降，带动粗钢产量减量。

2）资源能源约束迫使钢铁减量发展。一是发达国家粗钢产量达峰集中在20世纪70年代，达峰后均受两次石油危机影响，能源价格大幅上涨，大量钢铁企业被迫关停并转；二是国内铁矿资源和优质煤炭资源逐步枯竭，曾经的原燃料优势逐渐萎缩，钢铁企业被迫转移或转型。

3）产品结构优化助推钢铁减量发展。达峰后，发达国家钢铁企业逐步将重心转移到积极提升钢材质量和附加值满足以先进制造业为主的新需求上，并开始减少量大面广、本土竞争力较低的中低端产品产量，导致钢铁减量发展。

4）产业布局优化引导钢铁减量发展。发达国家粗钢产量达峰后，产业布局逐步由资源能源型布局向靠近消费地、劳动力成本低、环保要求弱的地区转移。同时，日本、德国等通过兼并重组、淘汰落后产能等措施提升产业集中度和竞争力，促进钢铁产业布局优化，显著减少同质化产能，促进钢铁减量发展。

5）环保加严倒逼钢铁减量发展。20世纪70年代起，发达国家环保立法进入高峰期，环保排放要求不断提高，钢铁工业环保压力日益加大。一些竞争力较弱的钢铁企业在环保约束下，因成本负担过重、排放超标等因素被迫关停并转，最终导致产量减少。

6）资本的逐利性推动钢铁减量发展。发达国家的大型工业企业通常由各大财团掌控，资本的逐利性决定在钢铁需求旺盛时投资快速增加，而在市场下行尤其是经济危机爆发时，获利性差的钢铁企业将以资本为主线进行多元发展、兼并重组、退出或转移，在市场导向下实现减量发展。

7）成本竞争力下降导致钢铁减量发展。从产业竞争力角度看，高成本是发达国家钢铁工业发展的限制因素，生产成本过高造成产品价格居高不下，产品市场竞争力降低。从投资角度看，资本更青睐成本更低、投资收益率更高的地区或产业，钢铁工业发展重心逐步向发展中国家、地区或其他产业转移，导致钢铁减量发展。

(4) 达峰后实现平稳提升发展的六大应对措施。

1）拓展用钢领域是钢铁平稳发展的需求源泉。通过钢铁产业向建筑、汽车、家电、装备制造等下游用钢行业延伸，共同开发近终型、轻量化、绿色化等产品，稳定和拓展用钢需求。如德国蒂森克虏伯与汽车、装备制造等行业的深度融合，日本 JFE 钢铁与建筑行业的产业协同等，有效锁定了相关领域市场份额，并持续拓展该领域用钢新需求。

2）产能持续优化是钢铁平稳发展的根本途径。纵观发达国家粗钢产量达峰后近 50 年的发展历程，产能过剩如影随形，科学有序推进兼并重组和资产优化，促进钢铁工业淘汰落后、去同存异，持续优化产能，提高产业集中度和竞争力，促进优质要素资源向优势企业集中，是达峰后钢铁工业平稳发展的有效手段。

3）工艺技术进步是钢铁平稳发展的驱动力量。部分发达国家粗钢产量达峰后，继续实施产线装备更新升级，如装备大型化、自动化，大力推广连铸技术等，生产效率和产业竞争力不断提高，促进钢铁平稳发展。此外，超高功率供电、炉外精炼和薄板坯连铸连轧等技术推动电炉短流程工艺日益成熟，一定程度上弥补了因资源能源和环保约束形成的钢铁减量。

4）稳定高端出口是钢铁平稳发展的重要抓手。出口导向型的日德在粗钢产量达峰后，持续提高产品竞争力，加强海外用钢产业布局，稳定和提升出口份额，使钢铁产量较长时期保持相对稳定，甚至出现二次峰值；本土消费型的英美，达峰后产业竞争力下降，出口支撑不足并受到进口冲击，英国持续减量；而美国得益于强大的经济和市场体量，虽减量但仍保持相对高位。

5）环境政策引导是钢铁平稳发展的顶层设计。德国政府从1974年开始在钢铁工业实施排污许可管理，1990年开始执行严格的行业碳减排自律标准，绿色发展位于全球前列；日本从20世纪80年代开始加大节能改造和环保治理力度，钢铁工业能源消耗和污染排放明显改善，成为全球长流程钢厂与城市共存的典型代表；美国钢铁工业在环保压力下，大量长流程企业被迫关停或转型发展电炉短流程。

6）流程结构优化是钢铁平稳发展的重要方向。发达国家粗钢产量达峰后，基于能源供应短缺、成本不断上涨、环保加严的约束以及废钢和电力资源丰富的优势，焦炭炼铁替代石油炼铁、平炉退出、连铸替代模铸、电炉钢比重提高等，流程结构不断优化。

七、意见建议

当前，我国钢铁工业正处于粗钢产量和消费量全面达峰阶段，高质量发展面临全球性的困难和挑战，借鉴和参考发达国家粗钢产量达峰后发展经验和规律，部分建议如下。

一是需求侧参考德国和日本钢铁产业延伸经验，加强与下游行业的协同创新，以创新思维创造用钢新需求，革新钢材消费结构。如大规模推行钢结构建筑，用不锈钢等替代环保和回收性差的材料，拓展新能源汽车用钢新需求等。

二是供给侧深入研究日本和欧洲产业结构调整相关政策措施，积极探索产能产量调控新方式，畅通落后产能退出与产能转移渠道，同时在产业结构调整过程中优化流程布局，为钢铁减量发展做好跨周期调节政策储备。

三是布局端参考发达国家政府和钢铁企业实施兼并重组和资产优化方面好的做法，进一步鼓励支持优势企业加快兼并重组步伐，大幅提高产业集中度，支撑优质要素资源向优势企业集中，增强市场话语权和产业运行稳定性。

四是产品端学习日德钢铁企业，持续开展高品质、高附加值产品开发和应用，加强国内外下游产业布局，高度重视标准和专利布局，增强话语权和品牌影响力，持续提升产品竞争力，稳定国内市场和提升高端产品出口比例。

五是原燃料端吸取英国、法国钢铁工业发展因资源枯竭陷入发展瓶颈的教训，进一步加强国内铁矿石、废钢和焦煤资源保障，并加快推进原燃料供应链全球化布局，持续增强资源能源安全性和成本稳定性。

六是技术上参考发达国家加大对基础研究的投入力度，持续支撑技术创新和前沿性技术突破，有效应对气候变化，破解钢铁工业绿色、低碳高质量发展面临的难题和挑战，建立中国钢铁绿色低碳发展国际优势，谱写引领世界钢铁绿色发展新篇章。

七是流程上参考发达国家流程结构优化经验，在充分考虑高炉和转炉服役期、阶段市场需求、废钢积蓄量及企业实际情况下，统筹推进流程结构优化，科学有序提升电炉短流程比例。

另外，发达国家达峰后没有遇到当前全球的数字化和智能化发展机遇，中国钢铁行业、企业要积极推进钢铁数字化、智能化进程，对标全球“灯塔工厂”，进一步提升生产效率、能源效率、管控能力和产品质量，并积极补齐资源能源短板，努力以标准为引领，以绿色低碳和数字化、智能化为主要抓手，实现中国钢铁高质量发展和对全球钢铁的全面引领。

中国钢铁将迎来“三个全面”的关键十年[①]

张龙强

刚刚过去的2020年是我国“十三五”规划的收官之年，尽管受到新冠疫情影响，我国经济表现出强劲的发展韧性，成为世界唯一实现正增长的主要经济体。2021年是我国“十四五”规划的开局之年，也是新发展格局下，我国实现高质量发展的关键之年。从2021年乃至更长远的角度来看，我国钢铁工业发展趋势如何？我国钢铁工业高质量发展的路径如何？近日，冶金工业信息标准研究院党委书记、院长张龙强就这些问题接受了世界金属导报记者的采访。

记者：2020年中国钢铁工业在国民经济发展中发挥了怎样的作用？2021年及“十四五”钢铁行业发展前景如何？

张龙强：在“十四五”开局之际，回首2020年，中国钢铁在国家加大基础设施投资、减税降费、复工复产等一系列宏观政策支持下，认真贯彻落实党中央“控疫情、稳运行”双线作战要求，总体保持良好运行态势，在国民经济和工业平稳发展中发挥了“压舱石”和“稳定器”作用，为全国复工复产和经济社会稳定作出了重要贡献。中国粗钢产量将首次突破10亿吨，占全球比重将再创新高，这既体现出中国经济内循环的巨大市场和发展潜力，更彰显出与经济发展相匹配的钢铁力量。事实再一次证明，中国钢铁工业是中国最具竞争力的优势产业之一，中国经济不断创造辉煌的过程是中国钢铁工业不断实现突破和持续进步的过程，中国钢铁以难以取代的优势影响着世界钢铁产业发展格局。

① 本文2021年1月12日发表在《世界金属导报》A12版和冶金工业信息标准研究院微信公众号，有删节。

2021年是中国经济持续复苏之年，是两个百年目标交汇之年。十九届五中全会明确指出，“十四五”期间，我国发展仍然处于重要战略机遇期，但面临的国内外环境正在发生深刻复杂变化，新时代新阶段的发展必须贯彻新发展理念，必须是高质量发展，必须以深化供给侧结构性改革为主线，坚持质量第一、效益优先，切实转变发展方式，推动质量变革、效率变革、动力变革，构建以国内大循环为主体、国内国际双循环相互促进的新发展格局。坚持扩大内需，畅通国内大循环，形成强大的国内市场，促进国内国际双循环；优化投资结构，保持投资合理增长；推进“两新一重”重大工程建设；建设制造强国、建筑强国、造船强国、交通强国、能源强国等都需要钢铁工业的强力支撑。在新形势下，中国钢铁工业将迎来全面达峰、全面建成钢铁强国、全面引领世界钢铁的关键十年。

记者：这应该是您首次提出“三个全面”论断，全面达峰主要指哪些方面？为何有此判断？

张龙强：未来十年，中国钢铁工业将迎来钢材消费、污染物和碳排放全面达峰关键期，判断依据主要有以下几个方面。

（1）碳达峰和碳中和倒逼钢铁行业减量调整再升级。2020年9月22日，国家主席习近平在第七十五届联合国大会一般性辩论上发表重要讲话时表示，中国将提高国家自主贡献力度，采取更加有力的政策和措施，CO_2 排放力争于2030年前达到峰值，努力争取2060年前实现碳中和。可见，未来十年，“降碳”将成为产业转型和能源结构调整工作的重点。

世界钢铁协会统计数据显示，全球平均每生产1t钢会排放1.8t CO_2，钢铁行业 CO_2 排放量约占全球 CO_2 总排放量的6.7%，而我国作为钢铁大国，钢铁行业碳排放量占全国碳排放总量约15%，是落实碳减排目标的重要责任主体，未来将面临巨大的低碳转型压力。中国钢铁工业必须通过持续优化钢铁制造流程、全面实施绿色低碳工程、加快推进科技创新、适度降低粗钢产量等一系列措施，才能更好地实现碳排放目标。

近年来，我国粗钢产量持续快速增长，在满足国民经济快速增长的各领域建设需要的同时，也增加了区域环境承载压力、资源与能源负荷和产业安全风险。

当前，钢铁行业长短流程炼钢比例正在优化、氢冶金等新技术正在发力、超低排放改造正在加速等，中国钢铁正在向全球最清洁的钢铁产业迈进，但10亿吨量级的粗钢总量仍然面临能源消费总量和强度双控的压力，正在迎接即将到来的碳交易成本挑战，钢铁行业减量、调整、升级势在必行，未来十年，我国粗钢产量将进入波动下行阶段，而污染物和碳排放在绿色低碳、流程深度优化助力下将持续降低。

（2）经济稳步增长带动钢材消费升级并逐步达峰。粗钢产量降低并不意味着钢材消费马上同步降低。十九届五中全会明确提出了2035年我国将基本实现社会主义现代化远景目标的具体建议，意味着利用15年的时间，我国将提前实现人均国内生产总值达到中等发达国家水平的目标，初步测算GDP年均增速要在5%左右才能实现目标。

当前，消费和投资是我国经济增长的主要动力，投资与钢材消费密切相关，但随着我国转变经济发展方式的推进和产业结构的调整，以服务业为代表的第三产业增长较快，第二产业所占比重将持续下降到一定比例，导致钢材消费强度将不断下降；投资对经济增长的拉动作用逐步减弱，消费已经成为拉动经济增长的主要力量，因此单位国内生产总值钢材消费强度将呈波动下降趋势。

2020年受疫情影响，投资对经济增长的拉动作用有所回升，随着疫情期间的政策红利逐步释放到位，我国经济运转将逐步回归常态，但党中央提出的以国内大循环为主体，国内国际双循环相互促进的新发展格局将对钢铁需求构成较强支撑，因此未来我国钢材消费达峰后不会快速出现大幅下降，而会较长时期保持高位。

（3）人均粗钢表观消费水平显示我国钢材消费峰值将至。人均粗钢表观消费量是判断一个国家钢材消费潜力的重要参数。历史规律表明，随着国家发展进入工业化后期，其人均粗钢表观消费量将达到阶段高点并开始下降。例如，以本土消费为主的美国、法国和英国，其人均消费达到峰值后呈现快速下降的趋势，而出口导向型的日本和德国，其人均消费达到峰值后降幅则较为平缓，甚至出现第二次峰值，但第二个峰值始终没有超过第一个。2019年，我国人均粗钢表观消费量约为659kg，与美国1973年人均消费峰值711kg相差52kg，与1973年日本消费峰值则相差143kg。

中国作为钢材生产和消费大国、人口大国，同时拥有幅员辽阔的国土面积，钢材消费趋势既不同于美国也不同于日本，不能照搬他国历程和数据，但可以参考一些共性规律。参照美国和日本人均钢材消费水平，同时考虑到中国的历史传统等实际情况，我认为，我国人均粗钢表观消费量距峰值点越来越近，未来十年将达到峰值。

另外，按照前面的分析，粗钢产量将波动下行，短期或局部会出现供需缺口，特别是原料坯和中低端钢材，将通过加大进口解决。

记者：中国是钢铁强国吗？如何理解全面建成钢铁强国？

张龙强：这个问题非常好，首先明确一点，全面不是全部。中国是钢铁大国这一点毫无疑问，但是否为钢铁强国，业内一直有不同认识，特别是“十三五”及以前。新中国成立以来钢铁工业实现了由小到大，由弱渐强的转变，特别是进入21世纪以来，中国钢铁无论是从装备水平、自动化信息化水平、绿色化水平以及产品质量、创新、服务、竞争力、海外布局等方面都有了明显进步。我认为，时至今日，中国钢铁已经进入世界钢铁强国序列，但仍有较大进步空间，或者说不是所有领域我们都强。未来十年，是中国全面建成钢铁强国的关键期，主要判断支撑包括以下几个方面。

(1) 产业规模。中国已建成全球最完整、最齐全、规模最大的现代化钢铁工业体系，在全球市场上具有其他行业所无可比拟的规模优势。我国自1996年粗钢产量突破1亿吨以来，持续保持世界第一钢铁大国地位。预计2020年中国粗钢产量占全球粗钢产量的比重在57%左右，生铁比重68%左右，产业规模将是中国全面建成钢铁强国的长期优势。

(2) 产业基础。中国钢铁工业同中国经济一起“用几十年时间走完发达国家几百年走过的发展历程”，已逐步掌握了大高炉炼铁、转炉炼钢、炉外精炼、连铸、热连轧、冷连轧、无缝钢管等先进生产技术，生产装备实现了大型化、高效化、自动化、连续化、紧凑化、长寿化，基本实现主要工序主体技术装备国产化。“十三五”期间，钢铁行业通过大型矿高效开采、超大型焦炉、高炉高球团比冶炼、超纯净不锈钢脱氧及夹杂物控制、超纯净高稳定性轴承钢制造、绿色高效电渣重熔、微合金钢板坯表面无缺陷连铸等关键技术的研发应用，进一步提升了中国钢铁制造水平。与此同时，薄带铸轧、低碳冶金等前沿技术探索也取得积极成效，部分重点钢铁企业技术水平已迈入国际先进行列。当前，中国钢铁已经并继续实施产能更新计划，使用了世界先进的工艺、装备、流程和技术，尤其是以绿色低碳和智能制造为引领，为钢铁技术创新、先进节能减排技术、智能制造技术提供了广阔的市场空间。“十四五”期间，钢铁产业基础将进一步夯实，产业链现代化水平明显提升，先进装备水平将继续大幅提高，智能制造水平显著增强。综合来看，“十四五”钢铁工业体系完整性和先进性进一步强化，产业基础高级化是提升中国钢铁工业全球竞争力，全面建成钢铁强国的必要条件。

（3）品种质量。近年来，我国以高牌号电工钢、高质量铁路用钢、高端汽车板、高级别管线钢、手撕钢、笔尖钢等为代表的部分产品质量已达国际先进水平，因工艺技术无法满足生产而必须依赖进口的产品已经少之又少，但产品质量稳定性、一致性还需进一步提升，一些关键钢铁材料的持续有效供给还存在短板，解决关键钢铁材料“卡脖子”是全面建成钢铁强国必须破解的问题。“十四五”期间，钢铁产品质量性能和稳定性需进一步提升，钢材实物质量达到国际先进水平的比例要超过60%。钢铁行业需通过先进钢铁材料标准体系，推进质量分级分类评价，发挥好国家新材料生产应用示范平台作用，建立健全关键钢铁新材料上下游合作机制，搭建重点领域产业联盟，深入推进服务型制造，瞄准下游“特、精、高”关键品种，持续提升有效供给能力和水平等举措，实现产品质量和效益提升。

（4）劳动生产率。我国钢铁企业实物劳动生产率一直呈现逐年提高的趋势。2016年以来，得益于化解产能过剩、人员分流安置以及智能制造，劳动效率显著提高，年均增速维持在10%左右。2019年实物劳动生产率为806吨钢/(人·年)，较2016年的602吨钢/(人·年）增加204吨钢/(人·年)，增幅为33.9%。

劳动生产率是钢铁企业获取效益的基石。“十四五”期间，钢铁产量需达到供需动态平衡，行业平均劳动生产率达到1200吨钢/(人·年)，新建普钢企业达到2000吨钢/(人·年)。钢铁企业应通过技术创新、产业升级、智能制造等手段持续提高产品的质量和生产效率。

（5）世界级钢铁企业。在全面建成钢铁强国的路上，离不开世界级钢铁强企的支撑。2016年，经党中央批准，宝钢和武钢实现联合重组，短短 4 年时间，“亿吨宝武”横空出世，举世瞩目。今天的中国宝武，旗下的每一家企业都是中国乃至世界的知名企业。中国宝武作为中国钢铁企业的优秀代表，正在努力成为全球钢铁业引领者。中信特钢从 1993 年合资以来，始终以“建成全球最具竞争力的特钢企业”为愿景，经过二十余年的发展，现已成为我国特钢行业龙头企业，正在努力创建全球最具竞争力的特钢企业集团。亿吨宝武和中信特钢只是开始，还有更多具有全球竞争力的中国钢铁企业正在奋进的路上，他们是全面建成钢铁强国的中坚力量。

(6) 资源保障。资源保障是中国钢铁行业的痛点之一，制约钢铁企业盈利能力，降低国际竞争力，极端情况下直接影响钢铁产业安全，也是制约全面建成钢铁强国的瓶颈。当前，钢铁行业正在推动产业链、供应链多元化，力争到 2025 年，铁、锰、铬等矿石资源保障能力显著增强，其中铁金属国内自给率达到 45%以上。“十四五”期间，钢铁行业要充分利用国内国际两个市场两种资源，建立多元化、多渠道、多方式稳定可靠的原料供应基地，包括增加权益矿比重、建设海外资源基地、推进国家矿产资源战略储备等，弥补短板，增强话语权，确保钢铁产业安全。

记者：如何理解中国钢铁全面引领世界钢铁？主要表现在哪几个方面？

张龙强：21 世纪以来，中国钢铁工业在部分领域已经实现全球引领，或者称为局部引领。产业规模方面，中国钢铁工业已经引领全球 25 年，未来还将继续引领；产业基础方面，前面已经提到，中国钢铁已经建成世界最完整、最齐全、规模最大的现代化钢铁工业体系，拥有雄厚的产业基础；绿色发展方面，中国钢铁正在推行世界钢铁史上最为严苛的污染物排放标准，钢铁行业超低排放升级改造工作正在全面稳步推进，部分企业排放指标已经引领全球；智能制造方面，中国钢铁已将智能制造定位为高质量发展的主要方向之一，“智慧工厂”“一键炼钢”“黑灯工厂”“智慧物流”“远程运维”等正在助力中国钢铁走向智能引领时代；工程建设方面，以中冶集团为代表的钢铁工程设计冶金建设单位，全流程主要单元核心技术已整体迈入世界先进行列；人才队伍方面，中国钢铁工业现有 200 多万钢铁从业人员，10 余所专业高等院校，拥有全球最大的技术和管理人才群体、最充足的产业技术工人、最完备的钢铁专业学科，持续支撑中国钢铁工业全面引领世界。

未来十年，中国钢铁工业将加大创新力度、提升服务能力、加强资源保障、完善产业链条、强化品牌建设等。其中，创新驱动是引领钢铁工业高质量发展的主引擎，也是中国钢铁工业发展必须克服的短板之一。当前，我国钢铁行业的科技创新基础和体系已初具规模，截至2019年底，我国钢铁行业已建立国家重点实验室16个，国家工程实验室5个，国家工程技术研究中心15个，国家工程研究中心10个，产业技术创新战略联盟4个，国家级企业技术中心33个，基本实现了钢铁全产业链科技创新全覆盖，但在引领全球钢铁科技创新方面还有很长的路要走，未来既要集中力量攻克一批“卡脖子”钢铁材料和核心技术装备，又要加强基础研究和应用基础研究，还要通过前瞻性、原创性的创新成果提升产品开发、质量提升、产业升级的先发优势和后续劲头。

此外，“十四五”期间，我国钢铁工业将以问题为导向，通过坚持新发展理念、坚持改革开放、坚持市场导向、坚持统筹协调等原则，加快构建现代化的钢铁产业体系，推进两业融合和产品深加工提高钢铁服务能力，建立多元化多渠道多方式稳定可靠的资源保障，横纵向多维度延伸产业链，促进钢铁行业质量效益全面提升，为实现高质量发展奠定坚实基础。因此，我认为，再给中国钢铁工业两个五年发展期，我们一定能实现对世界钢铁的全面引领。

产业布局篇

关于完善钢铁产能置换和项目备案工作对行业影响的分析①

张龙强

2020年1月23日，国家发展和改革委员会、工业和信息化部联合印发了《关于完善钢铁产能置换和项目备案工作的通知》（发改电〔2020〕19号，以下简称19号文件），本文旨对此文件的相关影响与工作建议做些初步分析，仅供同行探讨与参考。

一、文件发布背景与必要性

（一）发布背景

2016年2月，国务院发布《关于钢铁行业化解过剩产能实现脱困发展的意见》（国发〔2016〕6号），经过三年时间，钢铁行业化解过剩产能超过1.5亿吨、出清地条钢超过1亿吨，提前完成“十三五”化解钢铁过剩产能上限目标任务，钢铁行业经营状况明显改善。其间，钢铁产能置换政策也进行了修订，《关于印发钢铁水泥玻璃行业产能置换实施办法的通知》（工信部原〔2017〕337号，以下简称337号文件）已于2018年1月1日起正式执行，对钢铁产能置换工作要求更加严格、规范。

337号文件发布前后，恰逢钢铁市场处于良好的盈利期，同时，各地实体经济发展也亟须抓手提振信心，钢铁项目投资热情高涨，甚至出现“一哄而上”的投资冲动。19号文件指出，部分地区备案实施钢铁产能置换项目过程中，一些项目存在产能置换手续不完善、“打擦边球”借机扩大产能等问题，影响了钢铁产业健康发展。出现新的钢铁产能过剩风险正在加大，为此，钢铁煤炭行业化解过剩产能和脱困发展

① 本文2020年1月25日发表在《世界金属导报》微信公众号，有删节。

工作部际联席会议研究决定印发19号文件。

（二）必要性

笔者认为，印发19号文件是必要的，也是迫切的，主要表现在以下三个方面。

一是深化供给侧结构性改革、巩固去产能成果的迫切需要。供给侧结构性改革是经济进入新常态的必然选择，也是推动我国经济高质量发展的“先手棋”。“三去一降一补”是供给侧结构性改革的重要抓手，钢铁去产能是供给侧结构性改革成效的重要体现之一。2016年以来，钢铁去产能已经取得明显成效，但粗钢产量从2016年的8.08亿吨快速增至2019年的9.96亿吨，三年增加近2亿吨（部分增量是地条钢未入统所致）；2019年，中国钢铁工业协会会员（钢铁企业）利润总额同比下降30.9%。不难看出，钢铁市场供需失衡的风险正在加大，巩固去产能成果的压力是巨大的。

二是避免造成新产能过剩的迫切需要。337号文件实施以来，各地公告的置换项目产能合计已超过2亿吨，这些产能虽然均是按照文件要求进行的置换，也就是保证减量置换（极少数的长流程改短流程除外），但减量成效甚至是否能做到减量仍有疑问，原因有三：不能排除存在部分不实产能（上报装备大于实际装备），也有项目存在批建不符（批小建大）的情况，另有部分“僵尸”产能（在上报方案中）通过置换复活。特别是，置换项目大都采用新的工艺、技术和装备，如废钢预热、连续加料等，以及自动化水平和操作水平提高，生产效率得以大幅提升，导致炉容即使不变，但生产能力也会增加。因此，随着这些已公告的置换项目陆续投放市场，新的产能过剩风险正在加剧。

三是推进优化钢铁产业结构调整的迫切需要。钢铁产能置换是优化钢铁产业结构调整的重要抓手，包括装备结构优化、产业布局优化、产品结构调整、区域环境改善以及提升节能减排水平等。但在实际工作中，存在同区域搬迁、无序承接、重复建设等背离产业结构调整预期的情形，一些项目或布局缺乏科学论证，仅是为完成项目招商的需要。

二、文件要点解析

（一）关于项目分类

19 号文件涉及的项目可以分为两类。

第一类是尚未完成开工前期程序的项目，需暂停钢铁产能置换和项目备案。自 2020 年 1 月 24 日起，不得再公示、公告新的钢铁产能置换方案，不得再备案新的钢铁项目。也就是到 1 月 23 日为止，未获得备案，未获得产能置换公示、公告的钢铁项目应全部暂停。

第二类是 1 月 23 日及以前已经获得备案的项目，要开展现有钢铁产能置换项目自查，全面梳理并开展自查自纠，确保项目符合安全、环保、能耗、质量、用地、产业政策和产能置换等相关要求，已投产的还要确保被置换产能全部拆除到位。此类项目可以分为三种情形。

一是已投产的项目。已落实上述相关要求的，正常生产，否则要立即停产整顿，整顿不到位不得复产。

二是已开工的项目。已落实上述相关要求的，正常建设，否则要立即停建整顿，在整顿到位前不得继续建设。

三是尚未开工的项目。在确认以上相关要求落实到位前不得开工。

（二）暂停期限

19 号文件指出，国家发展和改革委员会、工业和信息化部正在会同有关方面，研究制定钢铁项目备案指导意见、修订钢铁产能置换办法。可以看出，暂停不是无限期停止，新的文件会适时发布。

三、对行业影响的浅析

19 号文件及后续制定修订相关政策会对钢铁行业产生较为深远的影响，仅分析 19 号文件本身，其初步影响表现在以下几方面：

一是钢铁项目（含技改）投资冲动会受到抑制，投资热度和风险会降低，有利于巩固供给侧结构性改革成果。产能置换和备案项目暂停后，投资人必须要考虑的问题包括产能的市场化是否还存在、产能价格会如何变化、新文件何时能发布及有什么重大调整、是否有较大投资风险、是否存在国有资产流失风险等，行业的观望情绪会迅速蔓延，钢铁项目投资冲动必然会较大幅度降低。对照前述分析，相应的供给侧结构性改革成果会得以巩固。

二是新的产能过剩风险会较大幅度降低，有利于钢铁行业和市场平稳运行。项目暂停的直接效果是置换产能入市时间会后延；同时，项目梳理和自查自纠以及后续抽查工作中，存在的各类违规行为和产能“明减暗增”等情况均会得到有效处理，实现“明减真减”的调整目标，产能过剩和市场供需失衡的风险会有所降低。

三是倒逼政府和企业开展科学决策，有利于行业结构调整。对于企业而言，无论购买产能技改或新选址建设钢铁项目，还是实施重组并购，均需冷静开展科学论证，充分获得政策支持或符合政策要求，顺应行业发展趋势，根据项目实际情况一并分析市场容量、环境容量、用能指标和工艺、装备、规模选定以及物流、用地等基础条件；对于各地政府而言，同样需要开展本区域钢铁产业发展规划，做好顶层设计，按照钢铁产业政策要求，结合区域比较优势，做好布局优化，量力而行，科学决策。

四、相关建议

（1）对企业的建议。对于企业而言，建议主动配合地方政府落实文件要求，根据项目实际，分门别类按项目进度开展暂停或自查自纠工作，同时，积极主动按需开展投资项目科学决策工作。

如果项目尚未获得备案但已经涉及产能资金支出，因备案或置换工作暂停必然带来或多或少的资金损失，建议企业根据项目实际进展情况，与产能出让方和当地政府充分沟通，尽量减少损失。

建议相关企业依据各自实际，冷静如实反映问题和诉求，以期获得相关方的理解和支持。

（2）对地方政府的建议。建议各级政府要坚决落实 19 号文件相关要求，首先做好企业和利益相关者安抚工作，确保稳定，并重点推进以下几项工作。

一是全面梳理涉及的项目信息和进展，坚决果断按照文件要求，制定并快速推进适合本地的落地措施。特别是对于已经获得备案的项目，要从安全、环保、能耗、质量、用地、产业政策和产能置换要求等方面全面梳理、自查、自纠，考虑到此项工作的复杂性，可以借助行业协会和咨询机构等第三方力量。

二是根据需要积极开展项目相关方交流、协调，并研究制定相应政策措施，减少损失。

三是根据项目梳理情况，如实反映本地面临的问题和诉求，尽量获得上级政府支持。

四是积极关注政策走势，及时修订或制定本地钢铁产业发展规划，做好顶层设计，科学决策。

（3）建议正在研究制定的钢铁项目备案指导意见和修订的钢铁产能置换办法，密切与钢铁工业“十四五”规划工作协调，特别是全国钢铁产业布局调整要强化指导性和可操作性。

关于对钢铁产能置换政策修订的思考和建议①

张龙强

2020年1月23日，国家发展和改革委员会、工业和信息化部联合印发了《关于完善钢铁产能置换和项目备案工作的通知》(发改电〔2020〕19号，以下简称《通知》)，并发布了《深化供给侧结构性改革促进钢铁行业高质量发展》的解读文章。《通知》明确要求各地区自2020年1月24日起，不得再公示、公告新的钢铁产能置换方案，并指出根据部际联席会议安排，国家发展和改革委员会、工业和信息化部正在会同有关方面，研究修订钢铁产能置换办法，相关政策措施将在广泛征求各有关方面的意见建议后印发实施。《通知》发布后引发了钢铁行业的广泛关注，笔者认为，结合当前钢铁行业存在的突出问题，有必要从如何推动钢铁行业高质量发展的角度，探讨产能置换政策修订完善的重点和方向。

一、当前钢铁行业存在的突出问题

《通知》和解读文章明确指出了当前钢铁行业主要存在的三方面问题。

(一) 粗钢产量连创新高，容易引发供需失衡

2016年2月，国务院发布《关于钢铁行业化解过剩产能实现脱困发展的意见》(国发〔2016〕6号，以下简称6号文件)，开启了国内钢铁行业供给侧结构性改革之路。随着钢铁过剩产能不断化解和“地条钢”逐步出清，2016年钢铁行业实现扭亏，经营效益开始逐年好转，市场秩序持续改善。行业效益好转也带动了投资冲动，粗钢产量持续快

① 本文2020年2月11日发表在冶金工业信息标准研究院微信公众号，有删节。

速增长，从2016年的8.08亿吨增长到2018年的9.28亿吨，2019年再创新高，粗钢产量达到9.96亿吨。产量过快增长导致钢铁企业利润出现较大幅度下滑，2019年，中国钢铁工业协会会员钢铁企业仅实现利润1889.94亿元，同比大幅下降30.9%；累计销售利润率4.43%，同比下降2.63个百分点。近年来粗钢产量的连续增长，导致潜在的市场供需矛盾不断积累。

（二）一些钢铁产能集中投产，供需失衡风险加大

据不完全统计，扣除投产的3000多万吨，已经完成公告的钢铁置换产能仍然超过2亿吨，如果未暂停备案等工作，3年内这2亿吨产能将集中投产；还需关注的是，与置换退出的旧装备相比，新建冶炼装备生产效率更高，加之各种辅助冶炼装置和技术的不断进步，粗钢产量将进一步快速释放。另外，2019年仅房地产和基础设施建设方面用钢需求继续保持强劲态势，其他包括汽车、船舶等主要下游用钢行业需求持续低迷；据有关机构预测，2020年我国钢材消费量同比下降2.9%~5.3%；“十四五”的前两年，目前尚未看到支撑钢铁总体需求增长的举措。综合分析，即使这2亿吨产能实现了减量置换，但产量增加是大概率事件，必将进一步加大钢铁行业供需矛盾，存在加速引发新一轮供需失衡的风险。

（三）产能转移科学论证不够，结构调整难及预期

早在2017年，工业和信息化部等五部委联合印发了《关于加强长江经济带工业绿色发展的指导意见》，要求长江经济带沿线省市依法依规淘汰落后和化解过剩产能，严禁钢铁等产能严重过剩行业扩能。但是，除长江经济带沿线区域外，部分地区在钢铁企业对区域产业结构优化升级、环境容量空间、节能减排目标任务等的影响方面缺乏全面、科学论证的前提下，承接了域外转移产能，一定程度上导致全国钢铁产业结构调整和布局优化难以达到预期效果。

二、对钢铁产能置换政策修订的思考和建议

钢铁行业高质量发展是必由之路，其主要抓手和重点工作包括减量提质、整合重组、绿色化、智能化和标准引领等，结合当前存在问题，

笔者建议，在未来新的产能置换政策修订中要充分考虑以下几项重点工作。

（一）规范管理减量置换，继续适度提高减量置换比例

《关于印发钢铁水泥玻璃行业产能置换实施办法的通知》（工信部原〔2017〕337号，以下简称337号文件）要求京津冀、长三角、珠三角等环境敏感区域置换比例不低于1.25∶1，其他地区实施减量置换。但在产能置换实际工作中，存在不实产能、批建不符、僵尸产能复活等情形，还有部分项目置换产能减量不到1万吨，因此，置换后产能很难达到预期的减量效果，加上新设备生产效率大幅提升，最终造成实际产量较大幅度增加。为此，建议新的产能置换政策可通过提高减量置换比例，进一步规范减量置换工作，真正实现置换后实际产能的减小，平抑未来粗钢产量快速增长。

（二）规范置换炉型炉容，杜绝“畸形”炉容

部分产能置换项目建设的冶炼设备炉容“有整有零”，其主要原因是当事企业要尽最大可能利用置换产能，最终导致出现了“畸形”炉容。此外，部分项目产能置换存在玩数字游戏、打政策“擦边球”的现象，将一座高炉或转炉的产能分别出售给多家企业，将产能进行拆分，这些都给未来监管造成了极大的困难，也增大了新增产能的风险。建议新的产能置换政策给出指导性要求，尽量减少“一炉多分”现象。

（三）理顺产能认定，规范“一炉多能”现象

部分企业被置换产能存在“一炉多能”现象，即同一座装备，有可研报告产能数、环评产能数，也有批复或备案产能数、1494号文件产能数［《关于印发对钢铁、电解铝、船舶行业违规项目处理意见的通知》（发改产业〔2015〕1494号）］，还有对照337号文件换算的产能数（虽然337文件已明确指出产能换算表仅用于计算置换比例，不作为核定产能的依据）。特别是，早期批复的部分项目存在产能小于337号文件换算产能的情况，造成置换后实际产能合法增加。为此，建议修订新的产能置换政策时给出规范“一炉多能”的指导意见。

（四）适当提高产能置换准入门槛，通过产能置换推动产业布局优化

建议新的产能置换政策把新建项目的产品结构作为一项参考，参照最新《产业转移指导目录》，鼓励更多符合行业高质量发展、符合承接区域产业链建设的项目进行置换（含技改），避免重复建设和无序建设，推动行业企业产品升级，推进区域产业融合发展。同时，跨地区产能置换转移需要在全国范围内统筹考虑，综合产业结构、市场容量、环境容量、能耗指标、资源承载等多方面因素科学论证。新的产能置换政策中关于产能转出和承接区域可给出更有指导性的意见（有利于避免行业乱象，如，同区域搬迁；有利于指导产业布局方向，如，何地能承接何种流程的钢铁项目），促进钢铁产能有序转移，实现产业与环境的平衡发展和产业布局的优化。

（五）分类置换，鼓励战略性兼并重组

《2019年钢铁化解过剩产能工作要点》已明确提出，按照企业主体、政府引导、市场化运作的原则，结合优化产业布局，鼓励有条件的企业实施跨地区、跨所有制的兼并重组，积极推动钢铁行业战略性重大兼并重组。因此，建议未来产能置换政策对区域性的兼并重组有所侧重，进行分类置换，不搞“一刀切”，可参照337号文件中环境敏感区域置换比例不低于1.25∶1的区别做法，分类对待跨地区、跨所有制的兼并重组涉及的产能置换。

三、发展展望

当前钢铁行业供给侧结构性改革已经进入下半场，钢铁行业处在存量调整优化发展阶段。6号文件明确提出，严禁新增产能，严格执行《国务院关于化解产能严重过剩矛盾的指导意见》（国发〔2013〕41号），各地区、各部门不得以任何名义、任何方式备案新增产能的钢铁项目。此外，“十三五”期间钢铁行业已提前完成化解过剩产能的目标任务，全面出清了“地条钢”，扭转了“劣币驱逐良币”的局面，行业利润回归合理区间。因此，持续巩固化解过剩产能成果和严防“地条钢”死灰复燃是钢铁全行业近中期的重要任务。

针对钢铁行业的存量发展，新的钢铁产能置换政策需要更具可操作性，也更便于社会监督和监管部门管理，最大限度地纠正企业盲目无序扩张和不规范发展的问题。钢铁行业通过产能置换不断实现布局优化和重组整合，提升产业集中度和竞争力，增强行业持续创新和发展能力，不断促进行业向绿色化、智能化和标准化迈进，不断扩大优势供给，不断优化产能布局，着力推动钢铁行业高质量发展。

四、结语

钢铁产能置换工作涉及面极广，产能置换政策修订需要兼顾考虑的因素非常复杂，既要正视置换环境和条件已经发生的变化、研判未来发展趋势，与时俱进保障行业健康发展，还要考虑政策的延续性和政策衔接可能引发的问题及应对措施，更要努力创造公平公正的政策环境和行业环境，充分考虑和保护相关方合理合法诉求与利益。因此，期望一个政策的修订能解决行业所有问题是不现实的，政策修订本身就是依据实际情况和需求变化不断完善的过程。

《通知》已经指出，修订后的钢铁产能置换政策文件将在广泛征求各有关方面的意见建议后印发实施。钢铁产能置换政策修订不仅是政府的工作，更是钢铁人的核心关切，因此，需要业内专家和同行献计献策、群策群力，获取行业“最大公约数”，共同为修订出更科学、更符合实际、更具可操作性和更有利于钢铁行业高质量发展的产能置换政策作出贡献。

新版《钢铁行业产能置换实施办法》解读与政策导向①

张龙强

冶金工业信息标准研究院高度重视钢铁产能置换相关政策。2020年1月23日，国家发展和改革委员会、工业和信息化部联合印发了《关于完善钢铁产能置换和项目备案工作的通知》，1月25日、2月11日和14日，张龙强院长分别通过两次执笔撰文和一次网络视频直播的方式，准确、及时、高质量地对发布政策进行解读、分析，并给出相关政策修订的方向性建议。2020年4月11日，冶金工业信息标准研究院发布《关于征集钢铁产能置换政策修订意见和建议的通知》，征集到认可度非常集中的十余条关键修订意见和建议。我们欣喜地看到，上述工作成果最终在新版《钢铁行业产能置换实施办法》中得到了很好的体现。值此新的政策文件发布之际，张龙强院长继续撰文对新版《钢铁行业产能置换实施办法》进行解读，后续适时通过网络视频直播方式与关注钢铁产能置换的业内专家和同行互动交流，共同探讨新政策落地执行过程中存在的相关疑虑或问题，为钢铁行业企业高质量发展作出应有贡献。

2021年4月17日，工业和信息化部印发了新版《钢铁行业产能置换实施办法》（以下简称《办法》）。新版《办法》将于2021年6月1日正式施行，这意味着暂停了近一年半的钢铁产能置换工作重新启动。新版《办法》的实施，将对绿色低碳发展、兼并重组推进、工艺流程结构优化等钢铁行业高质量发展重大议题产生重要的支撑和引领作用。本文将从文件的主要特点、主要变化、政策导向等方面对新版《办法》进行简要解读，仅供参考。

① 本文2021年5月11日发表在《世界金属导报》F01版，有删节。

一、《办法》修订历程

2020年1月，国家发展和改革委员会、工业和信息化部联合印发了《关于完善钢铁产能置换和项目备案工作的通知》（发改电〔2020〕19号），暂停《钢铁行业产能置换实施办法》（工业和信息化部原〔2017〕337号，以下简称337号文件）和项目备案，严控钢铁项目无序建设。

在《办法》修订期间，工业和信息化部通过多次的座谈交流和走访调研，研究形成了《办法》的征求意见稿，并通过相关机构和网络在全社会广泛征求意见，几经完善修改后最终发布。

二、新版《办法》呈现的特点

新版《办法》主要呈现出以下特点。

（1）引领性。新版《办法》紧扣碳达峰碳中和时代使命，重点突出低碳引领、电弧炉短流程优化引领，以及支持实质性重组的行业发展引领等。

（2）从严性。新版《办法》大幅提高各地区减量置换比例，明确了非敏感区域减量置换比例，对参与弄虚作假行为的单位要依法实施联合惩戒等，均体现了对钢铁产能置换的进一步从严加严管理。

（3）连贯性。新版《办法》继续保留了337号文件大部分条款、仍以2016年上报清单为前提依据、产能核定表中数据继续沿用等，均体现了钢铁产业管理政策的延续性和连贯性。

（4）科学性。新版《办法》引入了第三方评估，进一步提高了产能置换方案落地的科学性。同时，新版《办法》明确已公示公告的产能置换将继续有效、新增项目变更的具体程序要求，也充分表明政策制定部门从行业实际出发、与时俱进的科学态度。

（5）可操作性。新版《办法》增加了一炉多分数量要求、工业遗址公园保留冶炼设备及非高炉炼铁项目等产能“一事一议”、进一步明确等量置换情形等内容，为各地方管理部门和相关企业后续开展产能置换工作提供了明确依据。

三、新版《办法》的主要变化

与337号文件相比，新版《办法》总条款数由12条增至16条，新增关于等量置换、第三方评估、产能置换方案变更程序等 4 个条款内容，内容有较大变化或完善的超过 20 处。除明确建设项目为“建设钢铁冶炼项目”、置换方案中冶炼设备包含相应的预处理及精炼设施、置换方案公示时间不少于 20 个工作日、删除非高炉炼铁产能数据表、转炉炉型增加 350t（公称容量）的数据等基础修改外，新版《办法》内容的变化主要集中在以下 10 个方面。

（1）扩大大气污染防治重点区域和产能总量控制范围。新版《办法》将“环境敏感区域”修改为“大气污染防治重点区域”，增加了“汾渭平原地区以及其他‘2+26’大气通道城市”，从严从重执行置换政策的区域进一步扩大。除了未完成钢铁产能总量控制目标的省（市、自治区）不得接受其他地区出让的钢铁产能外，新版《办法》进一步要求，大气污染防治重点区域严禁增加钢铁产能总量，长江经济带地区禁止在合规园区外新建、扩建钢铁冶炼项目。

（2）大幅提高产能置换比例。新版《办法》明确，大气污染防治重点区域置换比例不低于 1.5∶1，在 337 号文件要求 1.25∶1 的基础上进一步提高比例；其他地区参照 337 号文件环境敏感区域的要求进行了量化，即置换比例不低于 1.25∶1。从文件内容可以看出，新版《办法》对产能置换全部明确了比例要求，大幅提高了减量置换比例，据此推算，未来绝大部分置换项目的冶炼产能将实现减量 20%以上。

（3）明确产能核定依据。新版《办法》将 337 号文件的《产能换算表》修改成了《产能核算表》，并明确《产能核算表》将作为 2016 年及以后建成设备产能核定的依据。2016 年以前建成的设备，退出产能数量按照 2016 年上报清单内产能数量核定。置换过程中的建设产能数量，均按《产能核算表》进行核定。

（4）增加等量置换情形。新版《办法》中产能等量置换由原来 1 种增加至 6 种情形，包括满足一定条件下的长流程改建短流程、采用电弧炉产能继续建设电弧炉、厂区内部技术改造、建设氢冶金和非高炉炼铁项目、回转窑矿热炉（RKEF）配套氩氧脱碳法（AOD）的不锈钢冶炼及青海、西藏地区的冶炼项目等，充分体现了政策的与时俱进和可操作性。

（5）引入第三方评估。新版《办法》明确，建设钢铁冶炼项目、出让冶炼产能等涉及的置换方案均可委托第三方进行评估，包括三种情形：一是产能置换方案在省级工业和信息化主管部门门户网站社会公示前，要对产能置换方案的真实性、合规性等内容进行第三方评估；二是建设项目建成投产前，要对建设项目与已公告的产能置换方案的一致性进行第三方评估；三是跨省产能要在公示置换方案前，对产能的真实性、合规性等内容进行第三方评估。第三方评估工作均由相关省级工业和信息化主管部门或中央企业委托。

（6）明确建设脱磷转炉需产能置换。337 号文件对企业建设脱磷转炉是否需要产能未做出明确规定，存在一些项目借新上脱磷设备之机扩大钢铁冶炼产能的可能。新版《办法》明确，企业建设脱磷转炉必须进行产能置换，即需要获取相应数量的炼钢产能，从源头上杜绝“打擦边球”借机扩大钢铁产能的问题。

（7）规范设备拆分数量与炉容。新版《办法》明确，同一台冶炼设备产能原则上不得拆分出让，确有必要的，不超过两家受让企业，即最多“一炉两分”；同时，明确要求高炉、转炉炉容须为 10 的整数倍，电弧炉炉容须为 5 的整数倍，畸形炉容将得到充分纠正。

（8）鼓励实质性重组。新版《办法》中对实质性兼并重组项目的产能置换比例降低要求，即大气污染防治重点区域的置换比例可以不低于 1.25∶1，其他地区的置换比例可以不低于 1.1∶1。新版《办法》鼓励钢铁行业加快兼并重组的导向已十分清晰。

（9）科学合理推动 RKEF 工艺发展。新版《办法》将更加科学地对 RKEF 工艺发展进行管理，RKEF 工艺涉及的炼铁产能将“一事一议”上报工业和信息化部核定，RKEF 延伸建设 AOD 炉冶炼不锈钢涉及的炼钢产能，将无须减量，实施等量置换即可。

（10）进一步支持电弧炉短流程炼钢工艺。在长流程改短流程炼钢产能实施等量置换的基础上，新版《办法》增加了退出和建设冶炼设备均为电弧炉的项目同样可以实施等量置换的条款，表明当前的钢铁产业政策对发展电弧炉短流程工艺的支持力度进一步加大。

四、新版《办法》的主要政策导向

“十三五”时期，钢铁行业供给侧结构性改革虽然取得了显著成效，但行业仍存在粗钢产量增长过快、兼并重组进展缓慢、绿色低碳发展水平仍需提高等问题。新版《办法》修订后，将促进钢铁行业加快适应为实现碳达峰、碳中和“3060”目标而实施绿色低碳发展的迫切要求，推动行业转型升级高质量发展。

（1）确保产能减量。近几年，钢铁行业供给侧结构性改革成效显著，行业企业经营效益持续保持较高水平，一定程度上带动了钢铁项目投资冲动，粗钢产量连年增长，2020 年粗钢产量已达到 10.65 亿吨，导致潜在的市场供需矛盾不断积累。新版《办法》通过大幅提高减量置换比例，将对粗钢产量的过快增长起到积极平抑作用，同时引入第三方评估，确保产能减量置换的有效落地，体现了国家对巩固去产能成果的坚决意志和一贯要求。

（2）鼓励兼并重组。“十三五”时期钢铁行业企业开展兼并重组的进程缓慢，截至 2020 年底，前 10 家钢铁企业粗钢产量占全国比重仍未突破 40%。新版《办法》通过降低涉及兼并重组的钢铁项目减量置换比例，将有效调动企业未来开展兼并重组的积极性，推动实施实质性兼并重组，提高产业集中度。

（3）支持低碳发展。在国家提出碳达峰碳中和、钢铁行业大力推进绿色低碳发展的背景下，通过工艺流程结构调整推动减碳降耗已成为“十四五”钢铁行业重要的目标和路径。新版《办法》全文并未直接提及“低碳”，但重大修订处均增加了支持低碳发展的举措，例如，通过等量置换鼓励电弧炉炼钢、氢冶金工艺发展，将有效促进钢铁行业短流程炼钢比例的提升，推动氢冶金技术加快创新发展，进而大幅降低钢铁行业碳排放总量。

（4）推动工艺技术创新。“十三五”期间，中国钢铁工业科技创新取得了积极进展，行业各类创新成果不断涌现，但绿色低碳工艺革新相对缓慢。新版《办法》明确支持氢冶金、非高炉炼铁、回转窑-矿热炉（RKEF）、短流程炼钢等工艺的创新发展，对钢铁行业将形成推进绿色低碳发展、降低生产成本、提升竞争力的政策导向，有效促进和提升行业整体可持续发展能力。

五、结语

2020 年初，国家相关部门暂停《办法》和项目备案，对抑制和延缓钢铁行业过热投资起到了积极作用。新版《办法》实施后，将通过加大减量置换进一步压减粗钢产能，持续巩固钢铁行业化解过剩产能工作成果。对于各地管理部门，建议加快学习并掌握新的政策文件，严格按新版《办法》对产能置换从严管理，充分发挥第三方评估机构的专业优势，推动产能置换方案科学落地；对于钢铁企业，建议充分学习并领会新的政策要求，按照政策导向及时调整企业发展战略，共同推动钢铁行业加快转型升级，实现高质量发展。

强化钢铁项目备案管理　引导钢铁行业低碳有序发展[①]

——《关于钢铁冶炼项目备案管理的意见》解读

张龙强

2021 年 4 月 27 日，国家发展和改革委员会发布了《关于钢铁冶炼项目备案管理的意见》（发改产业〔2021〕594 号，以下简称《意见》），并于 2021 年 6 月 1 日正式执行。《意见》聚焦问题导向，突出实效性、可操作性，阐明了严格备案管理和规范建设冶炼项目的明确要求，也体现了与新版《钢铁行业产能置换实施办法》的充分衔接。《意见》的实施，将更好地引导钢铁冶炼项目规范有序健康发展，促进钢铁行业加快推进产业结构调整，持续巩固提升化解过剩产能成果，有效推动钢铁行业转型升级，向高质量发展、实现碳达峰碳中和加速迈进。

一、《意见》的由来

2020 年初，国家发展和改革委员会联合工业和信息化部印发《关于完善钢铁产能置换和项目备案工作的通知》（发改电〔2020〕19 号），暂停钢铁产能置换和项目备案，严控钢铁行业盲目投资和项目无序建设。从当时的钢铁行业运行情况看，旧的政策已难以适应行业发展的新要求。为进一步深化钢铁行业供给侧结构性改革，相关部门通过组织座谈会、提交书面建议、走访调研等方式，广泛听取各有关方面意见建议，研究制定并出台了《意见》，引导钢铁行业加快转型升级和高质量发展。

二、政策关键点分析

《意见》的关键点在于明确了未来钢铁产业布局的方向，即鼓励原

① 本文 2021 年 5 月 8 日发表在国家发改委网站，有删节。

址集聚发展，审慎进行搬迁或异地改造，具体如下。

一是行政层面的严格要求。对于大气污染防治重点区域、国家生态文明试验区、长江经济带、黄河流域建设钢铁冶炼项目，以及在同一省级行政区划（非地级行政区划）内实施搬迁或异地改造项目，《意见》明确要求，项目建设地的省级化解钢铁过剩产能工作领导小组办公室要组织科学、深入、细致的专项论证评估。这明显区别于普通钢铁冶炼项目的备案程序，对项目审慎决策的要求十分清晰。

二是规模层面的严苛要求。《意见》对于新选址项目从正面明确了其规模要求，分为两类。第一类是沿海地区（拥有海岸线的设区市），不分长短流程，要求规模不低于 2000 万吨/年，即便提出可以分两期 5 年内建成，但项目产能置换手续需要一次性履行完成，即一次性置换 2000 万吨及以上的冶炼产能，基于国内当前钢铁产能交易市场的供需状况，一次完成千万吨级产能置换的难度很大；第二类是非沿海地区，长流程要求规模不低于 1000 万吨/年，不得分期建设，同样要求一次性履行完成产能置换手续，这同样具有较大的实施难度。

非沿海地区还包括电弧炉短流程工艺项目，这是《意见》中唯一体现对新选址项目较为支持的内容，也是支持绿色低碳发展的重要举措。《意见》要求项目规模不低于 200 万吨/年，一次性履行产能置换手续和不分期建成，这对于钢铁企业而言，具备较强的可操作性。同时，为了防止企业先以此获得选址建设项目资格，后续改建长流程，《意见》明确，项目建成后若在该厂区新建高炉—转炉长流程的，须执行新选址建设的有关规定。

三是原址集聚发展的明确指向。《意见》鼓励依托现址（现有冶炼厂区）集聚发展，且没有规模限制，即鼓励原址发展。另外，原址与新选址的界定为：是否能与现有生产厂区共用公辅设施，也体现了国家希望企业建设钢铁冶炼项目时优先选择原址集聚发展的明确导向。

三、《意见》的主要政策导向

在国家提出碳达峰、碳中和目标背景下，《意见》对钢铁行业“十四五”时期高质量发展具有重要的指导意义，体现的主要政策导向如下。

（1）严禁新增钢铁冶炼项目产能。2016 年 2 月，国务院发布的《关于钢铁行业化解过剩产能实现脱困发展的意见》（国发〔2016〕6 号）明确提出“各地区、各部门不得以任何名义、任何方式备案新增产能的钢铁项目”。《意见》再次重申“严禁新增钢铁冶炼项目产能”，表明钢铁行业“十四五”时期将继续坚持贯彻落实相关政策措施，为深化行业供给侧结构性改革提供支撑和保障。

（2）审慎评估建设钢铁冶炼项目。产能转移科学论证不够、结构调整难是暂停钢铁项目备案的重要原因之一。“十三五”期间部分地区无序承接域外转移产能，缺乏合理的科学论证，导致钢铁行业结构调整进展缓慢。《意见》提出，在大气污染防治重点区域等地区建设钢铁冶炼项目，以及域内搬迁或技术改造的钢铁冶炼项目，均要审慎论证、科学评估，坚决防止盲目投资和无序建设。

（3）鼓励企业原址集聚发展。“十三五”时期钢铁行业效益持续回升，为追求利润，各地通过产能置换加快钢铁领域投资，分散、无序建设的钢铁冶炼项目给多个地区带来了资源和环境承载压力。《意见》明确提出企业依托原址集聚发展不设定粗钢产能规模限制，也再次表明了国家对钢铁项目易地搬迁改造的审慎态度。前述已经做了相关分析，不再赘述。

（4）支持低碳短流程炼钢工艺发展。受限于废钢资源量，我国钢铁行业短流程炼钢工艺占比仅在 10%左右。但在国家提出碳达峰碳中和的目标约束下，有序引导短流程炼钢工艺加快发展、充分发挥电弧炉炼钢的绿色低碳优势，对钢铁行业显得尤为重要。《意见》明确提出，采用电弧炉短流程工艺的新选址项目，粗钢产能不低于 200 万吨/年，大大降低了产能规模限制要求，体现了对低碳短流程炼钢工艺发展的政策支持。

四、结语

目前，钢铁行业已经进入了深化供给侧结构性改革、推动转型升级高质量发展的“十四五”关键时期。坚持钢铁行业绿色低碳、智能化发展，不断推进兼并重组，严禁新增钢铁产能并坚决抑制粗钢产量过快增长，始终是钢铁行业发展的重点、难点工作。《意见》实施后，建议各地方管理部门依据《意见》相关内容强化钢铁项目备案事中事后管理，坚决严肃查处钢铁冶炼项目违法违规行为；建议钢铁企业严格执行《意见》相关规定，按要求及时完成有关工作，依法依规建设钢铁冶炼项目，共同促进钢铁行业高质量发展。

宝武与安米并购重组战略分析[①]

张龙强

近几年，中国宝武集团（以下简称宝武）国内重组快速推进，现已实现亿吨宝武战略目标并在继续扩大，引起业内外高度关注，宝武规模已经超越安赛乐米塔尔（以下简称安米）成为全球第一大钢铁集团。反观曾经以快速重组方式实现规模冠绝全球的安米，现在正处于极为困难的时期，被迫出售安米美国公司。宝武与安米重组历程既有相似处也存在差异，有必要着重对两者重组做分析，总结成就得失，并借鉴世界其他钢铁企业集团重组经验，助力宝武乃至中国钢铁重组又好又快推进。

在国内疫情得到控制，生产生活逐步恢复常态的情况下，中国钢铁行业联合重组也加快了步伐，中国宝武在横向重组和垂直整合方面同时发力。2020 年 8 月下旬，中国宝武以股权无偿划转方式与太钢集团联合重组，增强了中国宝武在不锈钢领域的综合竞争力，向“亿吨宝武”战略和“全球钢铁业引领者”的愿景目标又迈进了一步。仅仅一周后，中国宝武重组瑞泰科技，致力于打造世界级耐材企业，促进钢铁及相关产业链聚集，实现更高质量发展。9 月，中国宝武与新兴际华、广东粤韶钢铁分别签订合作谅解备忘录与合作框架协议，随后通过受让长寿钢铁 40%股权并与重庆战新基金签署《一致行动协议》，正式成为重庆钢铁实际控制人。10 月，宝武以托管方式与中钢合作，再加上 2019 年 11 月以交换持股对方钢铁板块核心上市公司方式与首钢合作，中国宝武持续加大拓宽重组范围、创新重组模式，以实际行动引领中国钢铁行业联合重组的步伐明显加快。

集中度低是困扰中国钢铁行业多年的老问题，也是进一步推进产业结构和布局优化、减少同质化竞争、引导行业自律、协同应对市场变

① 本文分四个部分自 2020 年 11 月 3 日发表在《世界金属导报》，有删节。

化，提升上游资源议价空间和话语权必须要解决的突出性矛盾。2016年，国务院发布的《关于推进钢铁产业兼并重组处置僵尸企业的指导意见》（以下简称《意见》）明确指出，到2025年，中国钢铁企业60%~70%的产能要集中在10家左右大型钢铁集团中（其中8000万吨级的钢铁集团3~4家，4000万吨级的钢铁集团6~8家）。2019年，全国粗钢产量为9.96亿吨。根据中国钢铁工业协会统计数据测算，粗钢产量前五家钢铁企业粗钢产量合计为25162.33万吨，占全国粗钢产量的比重为25.25%；前十家钢铁企业粗钢产量合计为36468.53万吨，占全国的比重为36.6%，与《意见》目标和国外同行差距还很大。剖析国内外典型企业兼并重组历程、模式、经验和问题，为我国钢铁企业开展联合重组、国际投资并购提供决策参考，也为中国钢铁行业结构调整、转型升级和高质量发展提供有益的参考和启示。

一、安米重组历程与模式分析

纵观世界钢铁工业的联合重组历史，安米是最值得研究的典型案例。经过短短几十年，该公司从普通小钢铁厂成长为全球最大跨国钢铁企业，联合重组和并购成就了其快速扩张。安米联合重组的主要模式可以总结为：价值优先、低成本、全球化、横纵向布局优化，联合重组过程主要由米塔尔钢铁集团和安赛乐钢铁集团两部分组成。

（一）米塔尔钢铁集团——低成本+全球化+横纵向整体布局

在安米成立之前，全球最大的钢铁企业是米塔尔钢铁公司。米塔尔的前身LNM集团创建于1980年，总部设在荷兰。米塔尔的发展历程不是通过传统的内部积累，而是走并购扩张之路，通过三个发展阶段和三大里程碑式并购，从印度一家钢铁作坊发展成全球钢铁业的巨无霸。米塔尔通过钢铁产业链的垂直整合，拥有庞大的全球性矿石采购、产品营销网络；通过横向联合，优化钢材产品结构和研发能力，拥有顶尖的板材、长材生产技术。此外，米塔尔还是世界上最大的直接还原铁生产商，在特立尼达和多巴哥、墨西哥、印度、德国等地都拥有生产企业，年产能达1100万吨。

1. 三个发展阶段

（1）初期发展阶段（1957—1981 年）。主要通过自我积累的方式发展，以自有资金投资新建项目为主，产品也主要是较为低端的棒线材。

（2）力量积蓄阶段（1982—1996 年）。主要以跨国并购短流程钢厂为主，LNM 集团依托米塔尔家族，围绕产品供应链进行租赁经营，通过增加产量积累并购资金，历时 15 年发展成为一家粗钢年产量达 840 万吨，在 7 个国家拥有 8 家企业的大型跨国公司。

（3）资本扩张阶段（1995 年至今）。米塔尔由一个成功的资产经营大家成长为资本运作高手，借助旗下子公司伊斯帕特国际公司在阿姆斯特丹和纽约公开上市，融资 7.76 亿美元，创下了当时钢铁企业上市融资之最。米塔尔还与欧洲复兴银行和世界银行下属的国际金融机构建立了密切合作关系。有了资金的保证，米塔尔不仅并购短流程钢厂，也开始并购钢铁联合企业；不仅进行横向并购还进行纵向并购，煤矿、铁矿和发电厂都成为其并购对象。据不完全统计，1989—2006 年，米塔尔总计开展了约 20 次收购活动。

2. 并购三大里程碑

（1）上市融资成立米塔尔。1997 年，LNM 集团伊斯帕特国际公司在阿姆斯特丹和纽约上市，为集团的资本化进程打开了窗口。2004 年，LNM 集团借伊斯帕特国际公司整体上市，米塔尔诞生，市值约为 163 亿美元。

（2）收购美国国际钢铁集团。2004 年，米塔尔宣布以现金加股票的方式收购美国国际钢铁集团，总收购价 45 亿美元。合并后米塔尔年产能达到 7000 万吨，营业收入 320 亿美元，超越安赛乐成为全球第一大钢铁企业，下属钢厂遍布全球四大洲的 16 个国家。

（3）并购欧洲钢铁巨头安赛乐。2006 年，米塔尔以每股 40.4 欧元、总价 256 亿欧元收购当时全球第二大钢企安赛乐。成立的安赛乐米塔尔钢铁公司年产量达到 1.2 亿吨，在宝武集团收购太钢前一直是全球最大的钢铁公司。

3. 米塔尔钢铁公司主要并购策略

（1）准确把握并购时机和并购对象，降低并购成本。首先，米塔尔大部分并购活动都是在钢铁行业不景气时进行的，这大幅降低了并购成本。收购哈萨克斯坦、罗马尼亚、捷克等国的钢铁企业，就是在这些企业经营不善而国家又急于改善经营状况的时候进行的。其次，有较大的成本压缩空间是其选择并购对象的标准之一。如收购的乌克兰克里沃罗格，其工人月均工资只有 300 美元左右，成本优势明显。最后，并购对象大多是技术装备水平较高的国有企业，如南非伊斯科公司在被并购前，政府拥有 90% 的股份，其范德比耶尔帕克厂拥有较先进的生产装备。

（2）灵活而富有创造性的交易结构安排和并购交易条件。米塔尔钢铁公司的收购策略非常灵活，同时又富有创造性。有时采取现金收购，例如参股华菱。有时采取增发股票加现金的形式，例如收购美国国际钢铁公司和安赛乐公司，同时独创性地对股票价格设置上限；合并安赛乐时，以总价 256 亿欧元、每股安赛乐股票支付 1.0833 股米塔尔钢铁股票加 12.55 欧元现金的对价获得安赛乐公司的控制权。

米塔尔以承担债务、一定时期内不改变劳动雇佣关系和承诺注入改造资金作为谈判筹码，获取当地政府的支持。如：并购捷克诺瓦新冶金钢铁公司时，为独家获取政府在该公司所占的大部分股份，米塔尔承担了 4.64 亿美元的债务；在并购有 7 万名工人的卡麦特钢铁公司时，将不裁员、承担部分社会福利成本作为与政府谈判的筹码；对特立尼达和多巴哥钢铁公司则采取先租赁后收购的方式。在并购规模较大的钢铁企业时，首先实现相对控股，再视经营状况、资金状况逐步购买其余股份，最终实现绝对控制。

（3）坚定的并购战略。米塔尔的收购活动始终有明确而坚定的战略。其并购战略主要包括五个基本要素，即钢铁业、全球性、整合、互补性、协同性。其并购始终围绕钢铁业，在全球范围内有整合机会的区域展开，目标企业收购以后，一方面能够通过资金、设备、原材料等有形资产与米塔尔产生互补效应；另一方面在文化、管理、技术等方面与米塔尔产生协同效应。

（4）详细的尽职调查。米塔尔对并购目标企业的筛选非常慎重而理性，都会进行广泛而深入的调研。并购前详细的尽职调查在米塔尔并购华菱的案例中就充分体现出来。米塔尔聘请了专业咨询机构和律所对中国中小钢铁企业进行了深入调研，后组建团队对华菱进行详尽调查，通过反复考量，才确定参股华菱。

（5）强大的并购团队。米塔尔在并购的不同阶段采用不同的人员组合，确保并购团队的专业性。在尽职调查阶段，由公司内部专业人员与外部中介机构人员组成。在并购交易谈判阶段，由米塔尔负责海外收购兼并的团队和中介机构人员组成。在并购整合过程，针对并购目标的产品结构，从全球调集相似公司经验丰富的技术、财务、营销专业人员参与。并购整合以后，视情况决定目标公司的管理人员。

（6）高效的整合模式。注入文化与管理，充分体现米塔尔模式。注入资金与技术，稳定人心，提升钢厂的技术和能力。注入新的营销模式，对被并购企业重新制定价格策略，对新客户群进行新定位，努力将产品线向高利润区域倾斜。减员增效，提高生产效率。波兰钢厂被收购后，员工人数从 1.45 万减少至 1 万；优化供应链。为把东欧收购项目纳入其全球采购体系，米塔尔在波兰新建港口，从巴西、澳大利亚进口矿石供应东欧钢铁企业。从销售体系上看，大幅削减与贸易商的合作，倡导直供用户，协调全球用户。

（二）安赛乐钢铁集团——价值优先+布局优化

在米塔尔钢铁集团成立前，安赛乐集团是全球最大的钢铁企业，也是全球最优秀的钢铁制造商之一，2001 年由法国于齐诺尔、卢森堡阿尔贝德和西班牙阿塞雷利亚三家企业合并组成，年生产能力 4600 万吨，是汽车用钢领域的领军企业，并在建筑、家用电器、包装与一般工业用钢市场都占据领先地位。在此之前，欧洲钢铁工业一直处于结构调整阶段，但调整的力度和规模都不能解决欧洲钢铁企业的生存和发展问题，在外部竞争压力和内部并购便利的双重作用下，这三家企业合并重组，是欧洲通过联合重组，应对日趋激烈国际竞争的典型举措。

1. 安赛乐的重组优势

安赛乐堪称欧洲钢铁业联合重组的典范，主要体现了六方面重组优势。

（1）显著降低生产成本。安赛乐集团作为当时全球最大的钢铁企业，在原燃料采购中的谈判地位和优势非常明显，规模采购可获得供应商价格折扣，成本大幅压缩凸显了重组效应。2002 年、2003 年和 2004 年安赛乐重组的协同效应分别达到 1.9 亿欧元、4.05 亿欧元和 5.6 亿欧元。作为生产成本相对较高的欧洲钢铁企业，合并带来的协同效应在一定程度上降低了生产成本，迅速实现由低利润经营到全面盈利的转变。

（2）决定欧洲市场供给和定价。作为欧洲最大的钢铁制造商，安赛乐产品主要定位于碳钢扁平材、碳钢长材、不锈钢、合金钢、特钢及深加工产品，高附加值产品占比75%以上。作为欧洲汽车用板、家电用板及不锈钢的最大供应商，安赛乐在欧洲钢铁市场具有统治地位，其规模化营销、供给定价方面具有不容忽视的话语权。

（3）辐射欧洲主要市场。安赛乐销售半径辐射整个欧洲市场。3个公司通过合并能更有效地建立起集产、供、销、研于一体的快速响应系统，针对任一地区用户的产品需求，均能通过高效的一体化供应链，确定最佳的研发、生产部门，通过最便捷的销售渠道实现快速销售，建立起辐射整个欧洲乃至全球的快速响应销售网络。

（4）实现优势互补。安赛乐集团改变原公司原料供应与轧制、深加工距离遥远的尴尬状况，根据各生产环节的地理分布，遵循用户半径最短原则，选择采购、加工、交货条件最优的工艺路线，合理设计生产流程，统筹布局，缩短原料、半成品及成品运输距离，压缩运输成本，提高生产效率，真正实现优势互补。

（5）实现产品定位和结构专业化调整。合并后的安赛乐关停重复、落后生产线，对产品结构实施专业化调整，将产品定位在碳钢扁平材、碳钢长材及不锈钢等高附加值产品上，成为全球汽车板、H型钢及不锈钢市场屈指可数的大型供应商。

（6）提升研发与应用水平。合并后的安赛乐进一步整合和强化科技研发力量，在超轻型汽车钢板、超薄钢制罐材、建筑结构用钢、不锈钢直接连铸技术及超薄规格热轧带钢等重点领域投入研发力量，面向未来的前瞻性研发使其具备了更强的应对市场变化的能力。

2. 重组遇到的问题

（1）内部困扰——股比纷争。三家钢铁公司对“按照企业市场价值统一加权折算各自在新公司的股比”和“按照企业股票成长前景估计企业的真正价值来折算各自股比”持有不同意见。在历经多次谈判才确定了合并后三者的股比关系。

（2）外部困扰——欧盟限制。由于3家钢铁公司合并规模巨大，给下游汽车等用钢行业带来钢铁垄断的担忧，欧盟提出合并后安赛乐集团欧洲产品市场份额不得超过40%，必须减少扁平材生产和配额要求，新公司被迫关闭旗下七家镀锌工厂和两家配送中心。同时，欧盟还要求合并后的新公司在未来三年减少热镀锌板及电镀锌板 170 万吨的产量，从而在一定程度上限制了新公司产能的快速提升。

(3) 整合难题。第一，合并后的安赛乐虽然规模经营优势突出，但合并后三家公司战略、理念、文化、经营及人员等的真正融合必然需要经历一定过程。高效经营对安赛乐管理者是严峻挑战。第二，基于欧盟批准安赛乐合并的前提，以及其自身轻装发展的需要，关停低效工厂是合并的必然，而由此引发的裁员危机、欧洲工会的质疑和干预、员工福利的保障成为困扰经营决策者的又一难题。第三，合并前，三家公司的部分技术装备已经落后于市场发展，急需实施技术改造，快速淘汰落后装备，开辟多元化的融资渠道，实施有效的技术改造和研发实践，成为合并后安赛乐可持续发展必须解决的问题。

3. 安赛乐的整合措施和全球发展战略

安赛乐集团成立后，迅速确定新发展战略，围绕企业核心技术进行布局优化，投资转向成本低资源丰富的发展中国家，建设庞大的加工配送和贸易网络体系。

(1) 围绕企业核心技术进行布局优化。根据公司发展战略和现有技术优势，安赛乐对钢铁生产主营业务进行优化整合。一是巩固碳钢扁平材业务领先地位，将汽车板作为最重要的战略钢材品种。二是调整不锈钢业务和生产布局，退出不锈钢长材生产领域，专注于不锈钢扁平材生产。三是退出碳钢钢管领域，成功剥离非主流产业。四是继续保持长材优势，是全球最大的 H 型钢生产商和最重要的钢板桩生产商。

(2) 建设庞大的加工配送和贸易网络体系。安赛乐集团自成立之初对经营部门与生产部门并重，整合配送、加工、贸易部门为 A3S 部门。该部门在世界各地（主要是欧洲和北美）设有钢材加工厂、钢材服务中心、储运和配送网点超过 750 个，员工总人数超过 15000 人。每个网点距离用户通常不超过 300km。该部门直接向用户提供“钢材解决方案”，而不是简单地销售钢材，这是安赛乐经营战略由传统的“公司利润最大化”转向“顾客价值最大化”的具体体现。重组后，安赛乐的产品系列几乎涵盖了所有钢材品种和应用领域，加上密集分布的营销网点，为公司贯彻这一全新的经营理念提供了可能。同时，对重组前的钢材加工分销业务实行整合，也使得安赛乐的市场覆盖面得以扩大，并节约了流通费用。

（3）投资转向成本低、资源丰富的发展中国家。安赛乐为提高全球化程度，加强了对欧洲以外地区企业的投资。投资方向是发展中国家，包括巴西、印度和中国。安赛乐巴西公司已是其在欧洲以外最重要的生产基地，在印度和中国主要是汽车板方面的投资合作，拓展新兴市场。

（三）安米联合重组的启示

通过研究安米重组历程，可以得到如下一些启示。

1. 成功之处

（1）制定合理的公司发展规划，倡导价值优先+低成本+全球化+横纵向布局优化的并购重组理念，重视横向规模扩张的同时，通过产业链纵向整合，实现原燃料采购、产品销售的全球化配置和布局，降低运营成本，并根据市场变化及时调整优化。

（2）以抢占当地市场为目标，在钢铁行业不景气时合理选择收购对象，控制市场的同时扩大企业规模。

（3）与金融机构保持良好合作关系，保证收购资金充足。

（4）制定灵活的收购政策，确保并购成功。

（5）确保并购重组后绝对控制权，为整合工作奠定基础。

（6）按照公司发展模式改造被收购对象，将其真正融入公司中。

（7）及时进行产品定位和结构调整，优化生产布局，降低生产成本。将耗资源、耗能量的初级生产安排在资源丰富、生产成本低廉的巴西和阿根廷，而将终端加工生产线靠近消费市场，既降低了生产成本，又控制了市场。

（8）重视销售网络和客户服务中心功能的完善，确保公司产品的直接销售，同时为客户提供钢材解决方案的个性化服务，提高客户忠诚度。

（9）注重提高企业盈利能力和可持续发展能力，加大对收购对象的投入，尽快实现盈利，确保股东的长期利益，有利于企业的可持续发展。

2. 不足之处

从今天的钢铁行业发展趋势和视角客观来看，安米的并购重组也有不足之处。

一是战略上，安米收购的对象主要针对发达国家等成熟市场，对新兴市场的并购相对较少，后续扩张脚步停止，发达国家钢铁需求减弱造成开工率不足，企业效益等受到影响，抗风险能力降低，尤其是受欧美等发达国家疫情控制迟缓影响，安米上半年钢材发货量、钢材销售价格同比环比双下滑，净利润持续亏损，被迫出售美国公司缓解经营压力。

二是过度利用资本市场急速扩张造成负债较高，财务压力较大。受疫情影响，2020 年 4 月惠誉对安米的评级为 BB+，进入垃圾级，近三年均面临较高债务风险。

三是安米保持全球最大钢铁企业十几年，体量庞大，但原料自给率相对较低，在与矿业巨头的博弈中依然处于弱势，企业效益受原料价格波动影响较大。

以上三点是从主观角度对安米并购重组经验教训的分析和总结，但真正让安米陷入困境的还有更深层次原因。2015—2016 年，全球钢铁业发展陷入谷底，钢材价格、铁矿石等大宗商品价格处于低位，全球钢铁产能处于过剩状态。2016—2019 年，G20 钢铁产能过剩全球论坛期间，中国钢铁行业履行承诺，主动化解粗钢产能超过 1. 5 亿吨，迅速走出危机。但欧美发达国家并没有采取任何去产能的措施和行动，安米产能布局的欧洲、北美、巴西等均深陷产能过剩的泥潭，这是安米走下坡路、陷入困境最主要的环境因素。虽然安米正通过目前的减量、甩包袱等措施缓解经营压力，但今后是否还能重振雄风还有很大的不确定性。

安米如今的困境恰好提醒我们，一味地做“1+1”规模扩张要慎之又慎，要兼顾国家和区域的发展阶段、发展环境。

二、中国宝武发展战略、重组历程与模式

宝钢是改革开放后我国建立的第一家现代化钢铁企业，经历了由计划经济向市场经济过渡的全过程，也是国内钢铁行业联合重组的先行者。中国宝武由原宝钢集团有限公司和武汉钢铁（集团）公司联合重组而成，是国有资本投资公司试点企业。2019 年，中国宝武继续保持行业领先地位，实现钢产量 9546 万吨，营业总收入 5522 亿元，利润总额 345. 3 亿元，经营规模和盈利水平位居全球第一，2020 年位列《财富》世界 500 强第 111 位。

宝钢发展是国家改革开放大环境和企业内部管理不断深化的综合结

果，前期以单个生产厂的工艺改进和磨合、产品生产和研发为主，后期逐步向集团管控、多元化和横纵向联合重组转变。

（一）第一阶段发展战略（1979—1998 年）

到 2010 年建成跨国家、跨行业的一业为主、多业并举的产业、金融、贸易一体化大型企业集团，进入世界 500 强。这一阶段，宝钢均提前完成目标任务。

（二）第二阶段发展战略（1999—2003 年）

宝钢以做大钢铁主业为目标，“一业为主、多元化经营”，实现“两个一流”的要求。当时的举措是确定宝钢以建设六大钢铁精品基地为核心，实施精品战略，致力于进口替代；大力开展资本经营、跨国经营和多元化经营。

1998 年 11 月，宝钢与原上海冶金控股（集团）公司、上海梅山（集团）公司联合重组；宝钢以发展钢铁精品和提高可持续发展能力为导向，对集团内钢铁主业统一编制规划、统一研究开发、统一技术改造、统一规划资金、统一协调大宗原燃料采购和市场营销、统一协调海外经营业务，大力淘汰落后工艺装备、推进结构调整。这一时期宝钢资本经营比较活跃，建立了母子公司体制，形成了全资、控股、参股等多种股权结构；2000 年 12 月，宝钢核心企业宝钢股份上市。

这一时期宝钢多元化经营的战略出发点：一是强化主业，提高钢铁业的综合竞争力；二是选择软件产业、钢铁工艺装备技术及制造业、钢铁产品深加工作为深化、提升主业的重点产业，成为集团发展的新的经济增长点，也为后来宝钢推进两化融合、两业融合和智能制造奠定了基础。

（三）第三阶段发展战略（2003—2006 年）

致力于成为跻身世界 500 强、拥有自主知识产权和强大综合竞争力、倍受社会尊重的“一业特强、适度相关多元化”发展的世界一流跨国公司。为实现发展目标，宝钢积极实施钢铁精品战略、适度相关多元化战略、资本经营战略和国际化经营战略。

2003 年开始，宝钢大力推进与国外同行、上下游产业的合资合作，广泛建立战略伙伴关系。宝钢股份1800mm冷轧生产线项目与新日铁、安赛乐合资合作，引进先进工艺技术，并组建合资公司。宝钢还与安赛乐签署了激光拼焊合资项目协议。为保障资源供应，宝钢分别与河南永城煤业和平顶山煤业（集团）公司结成战略合作伙伴；与巴西MBR公司签署长期购销矿石协议；与日本商船三井公司、日本邮船公司签订铁矿石长期运输协议。宝钢还先后与一汽、上汽、东风汽车公司签订战略合作协议，以加强在钢材供应、技术开发、钢材深加工及物流、汽车销售、电子商务等领域的合作。同时，宝钢逐步加大构筑国际化经营格局的力度，先后与巴西淡水河谷公司和澳大利亚哈默斯利铁矿公司签署合资组建矿山公司的协议；宝钢成立海外发展部，确立海外直接投资的重点领域，重新明确欧非、亚欧、美洲三个海外大区，进行海外大区的业务整合和海外投资开发工作。

（四）第四阶段发展战略（2007—2010年）

“一条主线”“两个转变”“一个落脚点”，即：围绕“规模扩张”这一主线，实现从“精品战略”到“精品+规模”战略的转变；规模扩张实现从“新建为主”到“兼并重组与新建相结合”扩张方式的转变；最终体现在大力提升宝钢综合竞争力，引领中国钢铁行业发展这个落脚点上。

这一阶段，宝钢规模扩张的方式向兼并重组转变，湛江项目一直未获得批复延缓了宝钢自建的步伐。宝钢在合资合作方面开展了一系列工作，在总结宝钢与上钢、梅山联合重组经验的基础上，2007年1月，宝钢成功以30亿元现金控股新疆八钢69.61%股份；2007年5月，宝钢与邯钢签署协议，分别出资50%建设邯钢新区500万吨项目，2009年3月，宝钢退出。同时，宝钢与包钢签订战略联盟框架协议，与中钢签订战略合作框架协议，与巴西淡水河谷公司在巴西合资成立宝钢维多利亚钢铁公司。2008年，宝钢与广钢、韶钢重组，成立广东钢铁，在淘汰落后产能的同时积极筹建湛江制造基地。2009年3月与杭州钢铁集团公司签署协议，重组宁波钢铁有限公司。

多元化方面，由职能型向经营管控型转变是这一阶段宝钢多元化最大的特点。虽然宝钢非钢产业的发展具有较长的历史，主要非钢产业的界定没有较大的改变，但真正作为产业化和板块化运作则是这一时期的转变。

（五）第五阶段发展战略（2010—2015 年）

到 2012 年，粗钢生产能力达到 5000 万吨，2015 年达到 6600 万吨以上。根据宝钢《2010—2015 年发展规划纲要》，宝钢仍坚持“精品+规模”战略，在布局上，突出“两角”（长三角和珠三角）和“一边”（西北边），巩固西部区域，并在满足“布局符合、市场控制、资产协同、技术获取、产品匹配、能力互补、海外市场进入、产业链延伸”八项原则的基础上，有选择、有原则地积极参与潜在的并购重组活动。

这一时期，宝钢作为国内规模最大的钢铁企业，刻意放缓了扩张步伐，调低了产能扩张目标。下调产能规模目标，也与当时国内钢铁重组中面临的一些地方阻力有关。在宝钢展开全国性跨区域重组的同时，河北和山东率先迅速整合了各自区域的钢铁企业。尽管重组的道路不平坦，宝钢还是将与规模直接相关的并购整合能力提到了重要位置，原先以规模扩张为主线的“精品+规模”向以竞争力为目标、成本竞争为基础、能力建设为中心转变。

（六）第六阶段发展战略（2016—2021 年）

中国宝武重新修订的《战略规划（2016—2021）》是基于宝武联合重组后融合发展，以及中国宝武被国务院国资委确定为国有资本投资公司试点的要求。规划提出，2016—2018 年，中国宝武要形成以钢铁产业为基础，新材料产业、现代贸易物流业、工业服务业、城市服务业、产业金融业协同发展的六大业务板块布局，并保持 7000 万～8000 万吨的粗钢产能规模；2019—2021 年，保持 8000 万～1 亿吨的粗钢产能规模，并建成具有国际竞争力的精品智造服务商，成为全球钢铁业的引领者和世界级企业集团。中国宝武未来的产能规模规划不是简单地做“加减法”，而是与集团未来的战略布局相适应。规划期内，中国宝武要完成适应“一带一路”倡议的国际化布局。

2016 年 6 月，宝钢与武钢战略重组，成立的中国宝武钢铁集团成为中国第一大钢铁企业，仅次于安赛乐米塔尔成为世界第二大钢铁企业，涉及产能超过 8000 万吨，粗钢产量占全国粗钢产量的 7.5%。此次重组是我国在化解钢铁过剩产能和产业结构调整背景下的重要举措，符合国企改革方向，抱团取暖的同时实施淘汰落后产能、产品结构调整、降低生产成本、减少高附加值钢材产品同质化竞争等措施，重组后武钢股份当年即实现扭亏为盈。

2017年4月，中国宝武联合美国WL罗斯公司、中美绿色基金、招商局金融集团，共同出资10亿元发起四源合钢铁产业结构调整基金。作为普通合伙人（GP），中国宝武的股权比例为25%，基金规模初定400亿~800亿元，这也是中国首只钢铁产业结构调整基金。四源合承载的意义显然不止于推动行业去产能和兼并重组，各参与方都希望该基金通过市场化的方式、专业化的运作、全球化资源嫁接，探索出一条国际产能合作的“新路”。市场化的方式，意味着四源合基金将通过市场化手段解决问题，既要增强中国钢铁行业的商业生存力，又要为投资人带来丰厚回报。2017年11月，通过四源合基金，中国宝武实质性参与重钢重组，其钢铁产业版图延伸到西南地区。经过重组的重钢也在2018年一季度即实现扭亏为盈。

2019年6月，安徽省国资委向中国宝武无偿划转其持有的马钢集团51%股权，中国宝武成为马钢集团的控股股东。此次联合重组也开启了央企重组地方大型国企的新模式——股权无偿划转模式。2020年8月，中国宝武以同样的方式重组了太原钢铁集团，产能规模超过亿吨，成为全球第一大钢铁集团，同时也将中国钢铁产业集中度提升1.1个百分点至37.7%。2020年9月，中国宝武与新兴际华签订合作谅解备忘录，为新疆钢铁产业转型发展铺平道路。同月，中国宝武与广东粤韶钢铁有限公司签订合作框架协议；通过受让长寿钢铁40%股权，并与持有长寿钢铁25%股权的重庆战新基金签署《一致行动协议》，从而间接控制重庆钢铁公司23.51%的股权，成为重钢实际控制人。除了以上的横向联合重组以外，中国宝武纵向整合也在加快，2020年8月，中国宝武重组瑞泰科技，打造世界级耐材企业；10月，中国宝武托管中钢集团，具体托管方案尚在协商制定中。加上2019年11月以交换持股对方钢铁板块核心上市公司方式与首钢合作，中国宝武持续加大拓宽重组范围、创新重组模式，以实际行动引领中国钢铁行业联合重组的步伐明显加快。

三、关于宝武与中国钢铁“十四五”推进联合重组的认识与建议

《中共中央关于制定国民经济和社会发展第十四个五年规划和

二〇三五年远景目标的建议》明确指出，“十四五”期间，我国发展仍然处于重要战略机遇期，但面临的国内外环境正在发生深刻复杂变化，新时代新阶段的发展必须贯彻新发展理念，必须是高质量发展，必须以深化供给侧结构性改革为主线，坚持质量第一、效益优先，切实转变发展方式，推动质量变革、效率变革、动力变革，构建以国内大循环为主体、国内国际双循环相互促进的新发展格局。

在新的形势下，中国钢铁行业在“十四五”期间必须形成一批具有国际竞争力、区域号召力、品牌影响力的大型钢铁企业集团，进而推动中国钢铁高质量发展。同时，由于制造业疲软和贸易争端的不确定性因新冠疫情而加剧，国外钢铁生产、消费均受到较大冲击，发达国家钢铁产能过剩呈加剧趋势，工厂关停和企业破产将推动世界钢铁工业进一步重组和布局，也为中国钢铁企业布局海外带来难得的机会。因此，“十四五”是中国钢铁行业国内重组、国际并购实施全球化布局，推动高质量发展的叠加机遇期。可以预见的是，作为国企改革的国有资本投资公司试点，中国宝武在中国钢铁行业联合重组中将继续发挥引领作用。同时，央企、地方国企和民营企业的混合所有制式重组也正在酝酿中。关于宝武与中国钢铁“十四五”推进联合重组的认识与建议如下。

第一，已经实现“亿吨宝武”目标的中国宝武，其联合重组步伐不会停止。在世界面临百年未有之大变局和大国博弈的背景下，从国家战略层面要求中国必须有和世界第一钢铁大国地位相匹配的世界级钢铁企业，这个责任历史性地由中国宝武来承担，中国宝武正以横纵向联合重组的实际行动引领中国钢铁行业解决三大痛点，即控产能扩张、促产业集中和保资源安全。具有区位优势、品种优势和资源优势的地方国企都可能成为中国宝武的重组目标，从这个角度看，留给其他地方国企深化自身改革以及推行混合所有制的时间和时机正在减弱。

第二，中国宝武需借鉴国外钢铁企业联合重组、整合融合经验教训，充分发挥技术管理优势、企业文化优势，尽快实现融合发展。从中国宝武已经完成的一系列重组活动来看，成效比较显著，既提高了产业集中度，又把自身的技术管理优势、企业文化优势移植复制到其他企业，并在原料采购和产品市场划分上形成协同优势，达到“1+1>2”的效果，武钢、重钢等在重组后均迅速扭亏为盈，这也是地方政府推动地方国企与中国宝武联合重组的主要动因之一。但中国宝武在减少同质化、重复建设和无序竞争，优化资源配置，调整产品和产能布局，开展国际产能合作乃至国际并购方面，还需借鉴安米、日本制铁、谢韦尔等国外钢铁企业联合重组、整合融合成败得失，提前做好战略研究和预案，提高整合融合成效，规避风险，继续保持联合重组、整合融合的引领作用。

第三，钢铁企业开展联合重组要与自身发展战略相适应。纵观全球钢铁兼并重组的历史，较为成功的重组活动均制定了明确的、务实的发展战略，重组要实现各方优势互补，布局、结构、效率更加优化，避免仅仅是为了扩大规模而重组。从前述安米、中国宝武的重组历程都证明了明确的、坚定的公司发展战略的重要性。此外，为了确保收购对象符合公司自身发展战略，必须对收购对象做详细的尽职调查和评估，这也是安米、中国宝武实施重组前的重要环节之一。

第四，钢铁智能化有助于推动重组与整合。一是智能化可有效降低钢铁生产成本，提升企业竞争力，从而破除我国劳动力成本升高问题；二是智能化能够提高生产稳定性和产品质量，增强产品竞争力，降低人为因素影响；三是智能化能够提高生产安全性、连续性和生产效率，有效保障安全。总的来看，智能化可有效降低以往企业联合重组、整合融合中最难解决的人员问题，有助于实现企业规模和效益并举，促进企业联合重组、整合融合，这也是中国宝武引领联合重组的优势之一。因此，智能化上取得领先的钢铁企业在重组同类型工艺和产品的企业方面占据优势。

第五，与国外钢铁企业并购重组的模式不同，我国在资本市场上运作的钢铁企业并购重组活动并不活跃，资本、资源的市场化配置效率不高，需尽快提升。当前，仅有宝武、首钢等少数几家钢铁企业在资本市场上采取了交叉持股等方式建立利益联盟，大量的民营企业并未上市，也未参与到资本市场中来。发挥资本市场的力量进行并购重组对推动我国钢铁企业在“十四五”期间开展国际并购，进行资源和产品的国际化布局，提升国际竞争力非常必要，这样的并购模式也更容易被外方所接受。

第六，在民营钢铁企业产能、产量比例已超过60%的背景下，混改型重组也将是推动钢铁行业联合重组的主要趋势之一，力度有望进一步加大。混改一直是国有企业改革的主方向，以混促改是破除体制机制弊端，提升国企竞争力的主要手段。当前钢铁企业混改成功的典型案例有复兴混改南京钢铁、德龙混改渤海钢铁，建龙等民营钢企也在持续发力。作为国有资本投资公司试点企业，中国宝武也在按照《国企改革三年行动方案（2020—2022年）》要求大力推进混改，目标是三年内一级子公司全上市。

“十四五”期间，中国钢铁企业将持续践行新发展理念，落实供给侧结构性改革，推进国内重组、国际并购，实施全球化布局，培育具有国际竞争力的世界一流企业集团，推动中国钢铁高质量发展。产业集中度会明显提升，布局将更加优化，一些小型钢铁企业较为集中的区域实施区域重组以应对大集团的竞争是大势所趋，在做好战略研究的前提下，尽快以各种方式参与到联合重组和混改大潮中来，提升竞争力的同时拓展生存空间。我国钢铁行业仍将面临铁矿石等铁素资源的安全保障问题，有能力的钢铁企业应抓住机遇，在我国经济发展以国内大循环为主体、国内国际双循环相互促进的环境中，以全球视角布局横纵向联合重组，破解资源、能源、供应链、产业链安全瓶颈问题，在中国钢铁引领世界百年的历程中做出自己的贡献。

中国宝武钢铁布局分析①

张龙强

2022 年 6 月份，国务院国资委印发了《关于国有资本投资公司改革有关事项的通知》（国资改革〔2022〕245 号，以下简称《通知》），明确中国宝武等 5 家企业正式转为国有资本投资公司。

中国宝武正式转为国有资本投资公司，一方面是对十八大以来中国宝武通过不断深化国企改革，获得“功能定位准确、资本运作能力突出、布局结构调整成效显著”成绩的充分肯定，标志着中国宝武基本完成从产业集团向国有资本投资公司的成功转型；另一方面也对中国宝武引领中国钢铁产业进一步深入推进供给侧结构性改革，促进中国钢铁工业国际化进程，解决资源保障痛点，以创新驱动绿色低碳发展，挺起中国钢铁工业的脊梁，为中国钢铁全面引领世界钢铁担负新使命提出了新要求。

通过公开资料整理分析，笔者分别从钢铁布局、资源布局、低碳布局和产业链布局四个视角，阐述中国宝武转型为国有资本投资公司的发展战略和历程，供业内研究探讨。

2013 年 11 月，党的十八届三中全会首次提出“国有资本投资公司”概念以来，改组组建国有资本投资公司便是党中央、国务院对新时代国资国企改革提出的重大理论命题和实践命题。2016 年 12 月，原宝钢集团与原武钢集团通过联合重组成立中国宝武，并被确定为第二批国有资本投资公司试点企业。六年来，中国宝武紧扣服务国家战略、优化国有资本布局、提升产业竞争力，大力开展联合重组和资本运作，深化内部管理体制机制改革，加快从钢铁产业集团向国有资本投资公司转型，实现企业做大做强，促进中国钢铁产业竞争力提升，成功转型为国有资本投资公司，其成功经验及未来挑战值得业界总结分析和研究探讨。

---

① 本文 2022 年 8 月 16 日发表在《世界金属导报》A06 版。

一、中国宝武持续强化战略规划引领

在转型国有资本投资公司目标牵引下，中国宝武持续修订公司战略规划，赋予中国宝武更高的愿景和使命，构成中国宝武建设以科技创新为核心驱动、引领产业生态圈高质量发展、备受社会尊敬的世界一流伟大企业的战略目标。

（一）宝武重组后首轮战略规划

基于宝武联合重组后融合发展和国有资本投资公司试点的要求，中国宝武制定了首轮战略规划（2016—2021 年），明确公司的愿景是“成为全球钢铁业引领者”，使命是“共建高质量钢铁生态圈”。规划提出，2016—2018 年，中国宝武要形成以钢铁产业为基础，新材料产业、现代贸易物流业、工业服务业、城市服务业、产业金融业协同发展的“一基五元”六大业务板块布局，并保持 7000 万～8000 万吨的粗钢产能规模；2019—2021 年，保持 8000 万～1 亿吨的粗钢产能规模，建成具有国际竞争力的精品智造服务商，成为全球钢铁业的引领者和世界级企业集团。

（二）亿吨宝武后的新战略规划

实现亿吨宝武后，中国宝武定位于提供钢铁及先进材料综合解决方案和产业生态圈服务的高科技企业，以“共建产业生态圈推动人类文明进步”为使命，以“成为全球钢铁及先进材料业引领者”为愿景，秉持“诚信、创新、绿色、共享”的公司价值观，大力弘扬“钢铁报国、开放融合、严格苛求、铸就强大”的企业精神，坚持科技创新的核心引领作用，践行高科技、高效率、高市占、生态化、国际化的“三高两化”战略路径。中国宝武 2035 年远景目标是“亿万千百十、五四三二一”。“亿万千百十”指向规模和效益，“五四三二一”突出能力和效率，共同构成中国宝武建设以科技创新为核心驱动、引领产业生态圈高质量发展、备受社会尊敬的世界一流伟大企业的战略目标。国有资本投资公司改革，上联国资改革，下接国企改革，是一项意义重大、影响深远的综合性改革。转型国有资本投资公司将更有利于中国宝武发挥市场经济主体的作用，将主要以服务国家战略、优化国有资本布局、提升钢铁产业竞争力为目标，在关系国家安全、国民经济命脉的相关产业和关键领域，按照国有资本布局和结构优化要求，通过开展投资融资、产业培育和资本运作等，发挥投资引导和结构调整作用，推动产业集聚、化解过剩产能和转型升级，引领钢铁产业低碳发展，聚焦钢铁及新材料培育核心竞争力和创新能力。

中国宝武转型国有资本投资公司后，一方面，随着国资委授权放权清单的出台，将部分权力下放到企业董事会。如员工持股等，无须再取得国资委的审批同意，仅由国有资本投资公司董事会审批决定即可，将有利于中国宝武大力推进混合所有制改革，除经过评估有特殊功能的子公司之外，所有一级子公司都将混改上市。另一方面，国有资本投资公司是国有资产管理体制改革和国有企业改革的一个结合体，整个功能定位和运作方式与原来的产业集团完全不同，更多通过资本的方式实现企业发展目标，更加强化资本运作、产融结合、科技领航、改革发展，激发子企业和基层市场活力，更有利于推进全产业链布局，构建产业生态圈。

二、中国宝武全方位优化钢铁产业布局

成为国有资本投资公司试点企业后，中国宝武持续通过联合重组和资本运作等方式，整合地方国有企业加快钢铁产业全国布局，推进钢铁主业整合融合和产品结构布局，组建专业化公司和平台实施高质量钢铁生态圈布局，形成“一企一业、一业一企”业务布局，为国有资本投资公司“分业经营”奠定了坚实基础。

（一）整合地方国企加快钢铁产业全国布局

中国宝武通过整合地方国有钢铁企业实现钢铁产业布局优化的历史由来已久，历经以下三个阶段。

一是区域布局阶段。1998 年 11 月，宝钢与原上海冶金控股（集团）公司、上海梅山（集团）公司联合重组，实现上海地区钢铁产业优化布局、整合融合。2007 年 1 月，宝钢成功以 30 亿元现金控股新疆八钢 69.61%股份，实现钢铁产业西部布局。2008 年与广钢、韶钢重组，成立广东钢铁，在淘汰落后产能的同时积极筹建湛江制造基地，走出钢铁产业华南布局的第一步。2009 年 3 月与杭州钢铁集团公司签署协议，

重组宁波钢铁有限公司，强化钢铁产业华东布局。

二是全国布局阶段。2016 年 6 月，在化解钢铁过剩产能和产业结构调整的背景下，宝钢与武钢战略重组，成立的中国宝武钢铁集团成为中国第一、世界第二大钢铁企业，也借此完成钢铁产业华中布局。2017 年 11 月，以基金形式实质性参与重钢重组，钢铁版图延伸到西南地区。2019 年 6 月首次以股权无偿划转方式控股马钢，同年 11 月与首钢集团实现交叉持股，2020 年 8 月重组太钢，产能规模超过亿吨，成为全球第一大钢铁企业。同年 11 月中国宝武收购新兴铸管新疆公司和伊犁钢铁。2021 年 7 月战略重组山东钢铁，2022 年 4 月以股权无偿划转方式控股新余钢铁，加上已实施托管的中钢集团、昆钢控股、包钢钢管，中国宝武的钢铁版图已涉足除东北、华北的主要区域。

三是未来布局阶段。2022 年 4 月 20 日，中国宝武官微发文称，将力争到 2025 年粗钢产能超过 2 亿吨，到 2035 年实现全球市占率 15%，进一步提高产业集中度和市场占有率；同时加速推进中南区域的股权收购和西北区域的产能整合。未来，相关区域的地方国企或将纳入中国宝武版图，同时开启国际化布局新征程。

（二）推进主业整合融合实现钢材品种布局

开展专业化整合是中国宝武实施从联合到整合再到融合、发挥规模和协同效益、支撑“一基五元”产业发展、加快实现战略发展目标的选择。

一是宝钢股份多基地主工序专业化整合，提升产品竞争力。宝钢股份通过新设立炼铁、炼钢、热轧、冷轧和厚板 5 个工序管理部，统领宝山、青山（武钢有限）、梅山、东山（湛江钢铁）四大基地专业工序发展。工序管理部充分发挥管理、技术、人才优势，汇聚全公司的专家资源，实现人才流通，优质资源共享，快速解决各基地能力不平衡的问题，对推进钢铁主业整合融合起到重要作用，各基地工序制造能力显著提升，更为强化汽车用钢、电工钢等产品竞争力奠定基础。

二是战略产品强强联合减少同质化竞争，提升国际竞争力。原宝钢和武钢联合重组、中国宝武与首钢集团交叉持股，有效降低电工钢、汽车板、镀锡板等主要战略产品的同质化竞争，同时提升我国高端钢材产品的国际竞争力。整合马钢打造中国宝武优特钢精品基地，以太钢为平台托管宝钢德盛、宁波宝新，赋予太钢推进中国不锈钢产业发展的历史使命，不仅丰富了中国宝武优特钢和不锈钢产品种类和产业链，而且实现了钢铁产品品种的全方位布局，在当前建设全国统一大市场，构建新发展格局的背景下，中国宝武钢材品种结构布局有助于打破地方保护和市场分割，减少同质化竞争，打通制约经济循环的关键堵点，促进钢铁产品要素资源在更大范围内畅通流动。

三是创新资源共享和整体效益的最大化，破解“卡脖子”难题。中国宝武坚持科技创新的核心引领作用，提升科技创新战略地位、优化理顺创新体系、落实钢铁单元研发业务专业化整合要求，实现中国宝武内部研发资源共享、整体效益最大化。近年来，中国宝武围绕航空航天、核电等事关国家战略和安全领域的关键核心材料，大力提升自主创新能力，加快培育材料自给能力，满足国家战略和支柱产业的材料需求，努力实现技术突破，破解卡脖子难题，一大批“高精特尖”产品成功替代进口，应用于我国航空航天等核心关键领域。

（三）组建专业化平台实施钢铁生态圈布局

当前，我国钢铁行业处于存量优化阶段，中国宝武通过组建专业化平台公司、运营托管和网络钢厂等方式，以促进钢铁产业高质量发展，有效实施高质量钢铁生态圈布局。

一是以中南钢铁为专业化平台推进钢铁短流程布局。中南钢铁有限公司作为中国宝武布局短流程钢铁的专业化平台，旨在通过央企和地方的深化合作，充分发挥广东省经济排头兵的发展优势和中国宝武行业龙头的带动作用，推动中南区域宝武各钢铁基地的专业化整合、产业化发展、平台化运营、生态化协同、多元化混改，共同推动钢铁行业高质量发展，加快形成国内华南地区与西南地区、国外东南亚地区“双循环”相互促进的新优势和新格局。

二是以太钢集团为专业化平台推进不锈钢产业布局。太钢集团作为中国宝武不锈钢产品专业化平台公司，承担中国宝武乃至中国不锈钢产业发展的历史使命，以太钢集团托管宝钢德盛和宁波宝新，加大各种资源在太钢集团的配置力度，充分发挥协同效应，通过产业要素的资源集聚、优化配置和高效运营，全面巩固太钢集团在矿山资源、先进制造、人才、品牌、区位等方面的优势，进一步提高自身的整体竞争力，同时充分发挥宝钢德盛、宁波宝新作为混合所有制企业的制度优势，力争用五年时间将太钢集团建设成为中国宝武不锈钢产业一体化运营的旗舰平台公司、全球最具竞争力的不锈钢全产业链企业集团，成为全球不锈钢的引领者。

三是以“基地管理+品牌运营”模式推进生态圈布局。“基地管理+品牌运营”网络钢厂是中国宝武适应行业发展新形势、把握发展主动权、共建钢铁生态圈的重要路径。2020 年以来，中国宝武围绕区域钢铁工业的高质量发展，先后与多家钢铁企业合作，通过技术、管理等体系延伸，推动合作钢厂在产品质量、环保、降碳等方面得到全面进步，不仅优化区域内钢铁布局和经营环境，而且促进产业链的深度融合。如马钢以宝武优特长材专业化平台公司为依托，围绕“基地管理+品牌运营”网络钢厂合作，推动对“网络钢厂”实现统一制造、统一操维、统一检测、统一销售、覆盖物流、覆盖系统的“四统一两覆盖”的合作模式，培育壮大区域先进钢铁生产集群，实现高端化、智能化、绿色化、集群化发展。

四是以新商业模式促进“五个一”“网络钢厂”布局。中国宝武首创的“网络钢厂”有效联结管理、技术、业务、金融等要素，做到“专业化、平台化、国际化、多基地”，并提出了“五个一”的奋斗目标，即投入一亿元、一百个人、一百亩地、建一百万吨的钢厂、建一百个。“网络钢厂”基于网络信息技术，不仅促进地方政府降耗、降碳，集约用地，消纳城市固废和就近服务市场；还有效促进社会资源共享，达到产线专业化，效率极致化、产品高端化，促进合作钢厂提升运营效率和竞争力，进一步促进区域内钢铁行业高质量发展。据不完全统计，截至目前，中国宝武已经与 28 家网络钢厂签约，涉及广东、四川、江苏等省（市、自治区）。“五个一”“网络钢厂”是中国宝武建设钢铁生态圈的一部分，也是创新商业模式快速推进钢铁生态圈建设的手段之一。

三、对中国宝武钢铁布局的相关建议

“十四五”是中国钢铁行业国内重组、国际合作实施全球化布局，推动高质量发展的叠加机遇期。中国宝武作为钢铁行业唯一的国有资本投资公司，在全球钢铁产业链整合布局中将发挥引领作用。国际化和资源保障短板是中国宝武未来的主要挑战，也是其作为国有资本投资公司进一步提升国际影响力、对抗性和贡献度，助力中国钢铁引领世界的历史责任。关于中国宝武钢铁布局与行业发展的建议如下。

一是因地制宜推进钢铁全球布局，打造全球化生态圈。一方面，在世界面临百年未有之大变局和地缘政治风险的背景下，中国宝武海外钢铁基地还是空白，国际化是打破贸易保护和贸易壁垒的有效手段。另一方面，“一带一路”倡议蕴含着巨大的发展机遇，例如巴基斯坦及东南亚地区，中国宝武要在国内生产布局的基础上形成全球化生产布局和产业链，具有资源优势、市场潜力及地缘政治优势的“一带一路”倡议国家和地区将是国际化布局的主要目标区域，也是提升全球竞争力、国际影响力和贡献度的重要路径。

二是加快钢铁全产业链资源布局，引领解决行业痛点。资源保障是我国钢铁行业的痛点之一，铁矿石对外依存度连续多年保持在80%以上，国际四大矿控制全球70%左右的供应量。长期依赖进口铁矿石不仅使我国钢铁企业盈利水平“受制于人”，还对钢铁产业安全构成威胁。中国宝武是全球最大的铁矿石采购企业，虽然近年通过兼并重组加强了国内矿产资源掌控，但海外权益矿占比较低，未来需加强海外铁矿资源布局和投资，提高海外权益矿占比，提升自身资源保障能力，为解决我国钢铁行业资源保障痛点发挥引领和示范作用，确保关键时刻顶得住供得上，极端时刻不被“卡脖子”。

三是持续强化宝武智能制造优势，全球布局网络工厂。智能化可有效提高钢铁生产稳定性、安全性、连续性，提高生产效率和产品质量，破除劳动力成本升高问题和人为因素影响。建议中国宝武充分发挥国有资本和智能制造优势，抓住机遇，破除以往并购重组、整合融合中最难解决的人员安置问题，全球布局网络工厂，实现企业规模和效益并举。

四是充分发挥宝武治理体系作用，提高整合融合成效。目前中国宝武在国内的重组整合成效比较显著，形成具有宝武特色的治理体系。未来推进国际化布局中，需借鉴安米、日本制铁、谢韦尔等国外钢铁企业并购、整合融合经验教训，充分发挥技术管理和企业文化优势，进一步强化宝武特色治理体系，实现快速融合发展。

五是积极探索绿色钢铁前沿技术，引领钢铁技术进步。在我国钢铁行业落实“双碳”目标的进程中，中国宝武需进一步利用产业结构调整与流程结构调整两大重要抓手，其中关键共性技术突破是重要支撑，节能、界面技术、智能制造是有效手段。中国宝武需把握机遇，积极探索绿色钢铁前沿技术，引领世界钢铁技术进步，以创新驱动践行国有资本投资公司的历史责任。

六是聚力强化钢铁材料基础研究，全面引领世界钢铁。作为国有资本投资公司，中国宝武需加大基础研究投入，健全基础研究、原始创新体制机制，坚持面向世界钢铁材料科技前沿、面向国家重大需求，不断向钢铁材料科学技术广度和深度进军，带头开展原创性基础研究与关键核心技术攻关，实现钢铁高质量发展的质量变革、效率变革、动力变革，为中国钢铁全面引领世界钢铁贡献更大的力量。

中国钢铁行业重组格局与路径探讨①

张龙强

“十四五”开局之际，中国钢铁行业联合重组呈现出新特点。2021年1月28日，陕钢集团等陕晋川甘论坛区域内6家单位9家钢铁生产企业注册成立了西北联合钢铁有限公司，涉及总产能超过6000万吨，“十四五”中国钢铁行业区域重组的大幕拉开。2月1日，中国宝武托管昆钢，在实现“亿吨宝武”目标后，以实际行动向“2亿吨”目标进发；2月10日，建龙集团正式托管邢钢，建龙集团产能增至约4000万吨。中国钢铁行业正在按照企业主体、政府引导、市场化运作的原则，利用当前有利的兼并重组重要窗口期，积极开展跨地区、跨所有制的兼并重组，以及区域性、战略性重大兼并重组，加快提升产业集中度，继续提升钢铁行业有效供给能力和整体竞争力。

一、联合重组势在必行

（一）联合重组是全面达峰背景下的必由之路

笔者在2021年1月12日《世界金属导报》《中国钢铁将迎来“三个全面”的关键十年》文章中做出了“三个全面”的论断，即未来十年，中国钢铁工业将迎来钢材消费、污染物和碳排放全面达峰、全面建成钢铁强国和全面引领世界钢铁。在碳达峰目标约束下，2020年12月28日，全国工业和信息化工作会议上明确要求坚决压缩粗钢产量，确保粗钢产量同比下降。全面达峰的主要表现有：一是碳达峰和碳中和将倒逼钢铁行业减量调整再升级；二是经济稳步增长带动钢材消费升级并逐步达峰；三是人均粗钢表观消费水平显示我国钢材消费峰值将至。综合来看，在能源消费总量和强度双控、碳交易成本压力下，钢铁行业减量、调整、升级势在必行。

① 本文2021年3月2日发表在《世界金属导报》A12版，有删节。

通过研究分析全球主要产钢国的钢铁发展历程可知，自20世纪70年代以来，美国、日本、德国、法国、英国、俄罗斯等主要产钢国在粗钢产量达到峰值后，钢铁生产和消费出现不同程度萎缩，通过兼并重组提高行业集中度，提高资源掌控能力和市场话语权，降低成本，增强市场竞争力是钢铁产业结构调整和优化的主要方式之一。目前，欧盟、美国、日本、俄罗斯、韩国粗钢产量排前五名的钢铁企业占全国的比重均超过50%。因此，联合重组是我国钢铁行业全面达峰背景下的必由之路。

（二）联合重组是增强市场竞争力的现实选择

近年来，我国粗钢产量持续快速增长，在满足国民经济快速增长各方面建设需要的同时，也面临劳动力成本上升、资源安全和市场无序竞争等问题。以中国宝武为首的超大型钢铁企业集团通过横纵联合重组实现跨地区、全产业链布局，充分释放规模效应，以挖潜提存量、联合谋增量、高市场占有率重塑行业发展新格局。同时，大型钢铁企业资金实力雄厚，大力推进智能制造，实施网络化工厂布局和一体化管控，显著降低劳动力成本，必然会进一步挤压区域性钢铁企业和中小型钢铁企业市场空间。因此，同一销售半径范围内的钢铁企业抱团取暖已经成为捍卫固有市场领地、增强话语权、提高生存能力的现实选择。

（三）联合重组是深化供给侧结构性改革的有效途径

“十三五”期间，钢铁行业供给侧结构性改革成效显著，通过化解超过1.5亿吨的过剩产能、出清超过1亿吨的“地条钢”，实现从产能总量上的供给侧结构性改革，钢铁行业总体扭亏，企业经营效益好转，市场经营秩序持续改善。但是，淘汰了大量落后钢铁产能的同时，部分升级装备产线仍以生产普通钢材为主，与钢铁产业结构调整方向有些背离，也不符合钢铁行业供给侧结构性改革的初衷。

进入“十四五”，中国钢铁工业将坚持新发展理念，以推动高质量发展为主题，以深化供给侧结构性改革为主线，更好融入以国内大循环为主体、国内国际双循环相互促进的新发展格局，加快构建现代化的钢铁产业体系，促进钢铁行业质量效益全面提升，为全面建成钢铁强国打下坚实基础，需要钢铁行业从量变到质变，竞争力显著增强，抗风险能力明显提升。随着我国经济发展方式转型和产业结构升级，深化供给侧结构性改革更强调要素配置的合理化、精细化和最优化，而联合重组可快速、有效实现区域内、企业间要素共享、优化布局和再分配。例如，联合重组可在更大的范围内调整生产布局、降低生产成本、强化核心技术、优化产品结构、延伸产业链等，是快速推进要素最优配置的有效途径之一。

（四）联合重组助力需求侧管理释放市场潜力

2020年底，中央经济工作会议提出注重需求侧管理，这体现了新发展格局对经济工作的内在要求——既要深化供给侧结构性改革，也需要行之有效的需求侧管理与之呼应。在新发展格局之下，以国内大循环为主体，要更多地发挥内需作用。而国内大循环要保持畅通，就要实现供给与需求更高水平的动态平衡。在钢铁行业全面达峰的背景下，不仅面临减量的压力，更要解决结构性问题，需求侧管理的战略基点是扩大内需，钢铁企业联合重组有助于减少同质化竞争、无效和低端供应，凝聚力量开发新需求，实现产品结构升级、提升产品附加值和整体效益，助力需求侧管理释放市场潜力，主要体现在钢铁产业延伸和产城融合等方面。

（五）联合重组将加快钢铁行业绿色低碳转型

“十四五”期间，钢铁行业将面临从碳排放强度的“相对约束”到碳排放总量的“绝对约束”，同时还可能面临更多来自“碳经济”的国际挑战，加快低碳转型势在必行。一方面将加速推动钢铁行业改善生产流程、更新生产设备和使用低碳能源，迅速实现钢铁产业和能源结构低碳转型；另一方面促使钢铁企业主动创新，摒弃高碳排放产品和业务，研发深度脱碳、零碳技术。在低碳转型的大潮中，通过联合重组组建大型企业集团，有助于聚集合力开发低碳工艺，从根本上实现低碳转型，并进一步增强市场竞争力。而高能耗、低效益的中小企业很难有能力独立开发和应用低碳技术，更难以个体存在实现碳中和，或将在行业低碳转型中被淘汰。因此，联合重组将加快推动中国钢铁行业低碳转型，整体迈向高质量发展，助力中国全面建成钢铁强国。

二、中国钢铁重组格局预判

《中共中央关于制定国民经济和社会发展第十四个五年规划和二〇三五年远景目标的建议》明确指出，“十四五”期间，我国发展仍然处于重要战略机遇期，但面临的国内外环境正在发生深刻复杂变化，新时代新阶段的发展必须贯彻新发展理念，必须是高质量发展，必须以深化供给侧结构性改革为主线，坚持质量第一、效益优先，切实转变发展方式，推动质量变革、效率变革、动力变革，构建以国内大循环为主体、国内国际双循环相互促进的新发展格局。

在新的形势下，中国钢铁行业在“十四五”期间必须形成一批具有国际竞争力、区域号召力、品牌影响力的大型钢铁企业集团，进而推动中国钢铁高质量发展。可以预见的是，作为国企改革的国有资本投资公司试点，中国宝武在中国钢铁行业联合重组中将继续发挥引领作用，区域性钢铁企业联合重组也已拉开帷幕，同时，央企、地方国企和民营企业的混合所有制式重组正在推进中。

根据当前我国钢铁工业整体布局情况和未来十年发展趋势，并参考和借鉴国外钢铁工业结构调整、联合重组经验，“十四五”期间，中国宝武继续推进联合重组，规模剑指2亿吨，区域性重组，跨地区、跨所有制重组将呈加快趋势；抱团取暖的区域性重组方面，西北地区已先行一步，东北地区、北部湾地区、长三角地区及环渤海地区均具备区域性重组的特征，重组规模均可达到8000万吨左右；此外，以河钢集团、沙钢集团、建龙集团和首钢集团为主的大型钢铁企业集团规模均在3000万吨以上，德龙系钢铁企业（德龙钢铁+新天钢集团）产能已达3000万吨左右，均有实力跨地区、跨所有制重组布局。因此，“十四五”末，在中国宝武规模达到2亿吨、区域性重组顺利推进、大型钢铁企业集团积极重组布局的情况下，中国钢铁行业完成产业集中度（CR5）达到40%的目标是大概率事件，为全面建成钢铁强国和全面引领世界钢铁奠定坚实基础。

随着联合重组的进一步推进，到“十五五”末，预计全国将形成“145N”的总体产业重组格局，即1个中国宝武（规模在2亿吨左右）+4个区域集团（规模在8000万吨左右）+5个大型钢铁企业集团（规模为4000万～8000万吨）+N个“专精特新优”企业，产业集中度

（CR10）达70%以上。

（一）1个中国宝武，体现国家战略

“十四五”期间，中国宝武要实现的主要目标是高质量发展迈上新台阶。坚持高科技做强，实现技术引领；实施联合重组“超亿吨宝武”规模引领工程，以高市场占有率重塑行业发展格局，产能规模预计将达到2亿吨。中国宝武作为中央企业，国企改革的国有资本投资公司试点，更多的是体现国家战略，中国钢铁引领世界钢铁的企业名片。

（二）4个区域性钢铁企业集团

4个区域性钢铁企业集团，每个集团产能规模在8000万吨左右。

1. 西北地区

2021年1月底由陕钢集团、山西建龙、山西晋南钢铁、山西晋城钢铁、山西高义钢铁、山西建邦6家单位发起组建的西北联合钢铁有限公司（以下简称“西北联钢”），包含9家钢铁生产企业，钢铁产能超过6000万吨。从产品结构看，6家企业主要以钢筋、线材、棒材等建筑用钢材为主，产品同质化程度较高。因此，西北联钢的成立，主要是为了提高产品质量，增进经营效率，形成市场和技术合力，减少无效和低端供应，推动产品结构转型升级、提升产品附加值。

西北联钢的企业构成更像是“秦晋之好”，西北地区还有包钢、酒钢等钢铁企业，而取名西北联钢体现了更长远的区域发展战略。西北联钢的成立，顺应西部钢铁企业提高产品质量、增进经营效率的大势，是减少无效和低端供应，实现绿色、低碳发展的需要，是产品结构转型升级、提升产品附加值的需要，更是西部钢铁高质量发展的需要。面对区域内钢铁产业供需矛盾突出的基本现实，西北联钢将为我国西部打造钢铁行业绿色发展生态圈、实现国内国际双循环发展战略格局做出积极的贡献。

2. 东北地区

东北地区主要涉及鞍钢集团、本钢集团、营口中板、凌源钢铁等，总产能6000万吨以上。鞍钢和本钢重组由来已久，“十四五”期间，东北振兴依然是国家战略，但鞍钢和本钢将面临比“十二五”更为严峻的市场竞争。一是区域市场竞争将更加激烈，以建龙集团为代表的民营钢企（包括吉林鑫达等）已在东北布局，中低端产品成本优势明显，中高端产品将面对首钢通钢、东北特钢以及环渤海地区钢企集群的竞争压力；二是国际竞争方面，随着“一带一路”的推进和《区域全面经济伙伴关系协定》（RCEP）生效并逐步落地，东北地区钢企还将面临日本、韩国的中高端产品和东南亚、俄罗斯中低端产品的竞争。因此，东北地区钢企的区域性重组是激烈市场竞争格局下的现实选择，尽早行动或可占得先机。

3. 北部湾地区

北部湾地区主要涉及防城港、北海、钦州、柳州、梧州、玉林等地区，主要企业有柳钢、盛隆冶金、北港新材料、梧州永达等钢铁企业和在建钢铁项目，主要面向北部湾经济圈、粤港澳大湾区和东南亚市场。由于中国宝武已布局广东和云南，北部湾地区钢铁产能置换项目相继投产后，再加上受东南亚进口钢材已是零关税的影响，“十四五”中后期，北部湾地区钢铁市场竞争会进一步加剧，区域性的软性结盟和联合重组是大势所趋。

4. 长三角地区

长三角地区主要涉及永钢、中天、南钢、镔鑫、联鑫等，除服务长三角城市群外，由于航运便利，产品也向内陆地区和东南亚地区辐射。但该地区也存在产品同质化、劳动力成本上升等问题，再加上中国宝武在该地区的布局较为充分，因此，“十四五”后期或有区域性重组的可能。

另外，环渤海地区也具备相关条件，涉及主要企业有津西钢铁、日照钢铁、新华联合冶金、瑞丰、天柱、九江线材、河北鑫达、东海特钢、东海钢铁、港陆、秦皇岛宏兴等，该地区民营钢铁企业众多，中低端产品同质化，是全国钢铁竞争非常激烈的地区之一，近年虽有松散型联合重组，但实质性整合进展缓慢。同时环渤海地区环境容量有限，在碳达峰约束下，低碳转型压力较大，通过联合重组，凝聚市场和技术合力是快速应对挑战的有效途径。预计“十四五”中后期环渤海地区钢铁企业区域性重组会有所进展。

总体来看，“十四五”期间，市场竞争压力，绿色低碳转型是区域性钢铁企业面临的共同挑战，上述地区都有区域性联合重组的可能。以开放的心态、创新的思维推进区域性联合重组，可以“化敌为友”，应对日趋激烈的市场竞争和绿色低碳转型挑战。当然，区域性重组不可能一蹴而就，会经历由松散到紧密再到实质性重组的历程。

（三）5个跨地区跨所有制大型企业集团

5个跨地区跨所有制大型钢铁企业集团，每个集团产能规模在4000万~8000万吨。当然，不排除再出现一个亿吨级大型企业集团，如建龙提出“未来5年实现建龙集团钢铁板块1亿吨的目标”。

从目前钢铁企业的产能规模来看，河钢集团、沙钢集团粗钢产量均超过4000万吨，建龙集团、首钢集团为3000万~4000万吨，均具有跨地区和跨所有制特征。其中河钢集团在国内更具区域性，但是国际化程度更高；沙钢集团近年来进军优特钢领域，更注重专业化；建龙集团是典型的跨地区、跨所有制扩张，同时兼顾横纵向和全产业链布局及国际化特征。此外，德龙系钢铁企业（德龙钢铁+新天钢集团）产能已达3000万吨左右，具备成为大型企业集团的潜力；湖南华菱集团如进一步实施省外布局，也可在大型钢铁企业集团中占据一席之地。

（四）N个“专精特新优”企业

N个“专精特新优”企业，主要指若干个以专业化、精细化、特色化、创新型和有较强市场竞争力为特点的中小企业集团，着重强调专业化生产、精细化服务、高市场占有率、产品高附加值、较高的科技创新能力和较好成本控制能力。如中信特钢集团、青山集团等复合型企业集团；石横特钢、方大特钢、济源钢铁、龙腾特钢、永兴特钢等专业化生产企业，企业规模不大，但产品市场占有率较高，盈利能力较强；还有无缝管、不锈钢、特殊钢以及产业链延伸相关企业，更侧重服务的精细化、特色化和创新能力。N个“专精特新优”企业是对上述“1+4+5”大型钢铁集团以外市场的有益补充。

三、结语与建议

联合重组，尤其是区域性联合重组，是钢铁行业加快适应立足新发展阶段、贯彻新发展理念、构建新发展格局的必然要求，也必将对钢铁行业未来发展带来相应变化和影响。但是，联合重组不是“拉郎配”，中国钢铁行业更需要的是对重组双方都有利、能实现优势互补的实质性联合重组，不是为了片面追求产业集中度进行的形式性联合重组。联合重组必须服从于行业形势、市场状况和企业发展战略，根本目的是促进结构转型升级，提高市场话语权、企业竞争力和盈利能力，为全面建成钢铁强国和引领世界钢铁夯实基础。

对于各级地方政府，建议积极鼓励和引导钢铁企业进行实质性联合重组、优势互补、降低成本、增强话语权、加强资源保障能力、掌握市场主动权、提升抗风险能力。同时也要避免盲目追求产业集中度和规模效应，牺牲或吞噬一些“专精特新优”企业。

对于钢铁企业，建议准确把握相关政策要求和行业发展趋势，在做好战略研究的前提下，积极参与到联合重组和混改大潮中来，提升竞争力的同时拓展生存空间，在横向联合重组的同时，也要注重纵向延伸，不断向价值链中高端迈进。

市场分析篇

新冠疫情对中国钢铁市场影响分析与应对建议[①]

张龙强

2019 年 12 月，中国出现新冠疫情，随后在全国开始蔓延，对各行业和国民经济发展造成了一定影响。本文预期疫情对中国经济直接影响期约为两个月，境内外疫情对钢铁外贸影响有限，在此情形下，从钢材需求侧和供给侧，钢铁成本与价格等方面分析当前疫情对钢铁市场的影响，并提出应对建议。

2020 年 1 月 20 日，国际货币基金组织（IMF）仍然上调了中国 2020 年经济增长预期，由 5.8%提升至 6%；2 月 3 日，世界银行和国际货币基金组织（IMF）均发表声明，对中国为疫情防控采取的措施以及中国经济的韧性表示支持和充满信心；但同样在 2 月 3 日，高盛报告指出，预期中国首季 GDP 急速放缓至 4%，全年为 5.5%，若首季仍未能控制疫情，全年增速或降至 5%以下。笔者认为，中国经济持续向好的基本面没有改变，2020 年全面实现小康社会的决心不会减，我国经济发展有空间、有韧性。国家有信心，人民有力量，相信疫情影响减弱后，中国经济会再现类似于 2003 年重症急性呼吸综合征（SARS）退去的补偿性增长，甚至局部强势反弹。

疫情对钢铁行业的影响已经显现，包括项目开工延迟、企业复工推迟、物流运输不畅、钢厂成品库存压力上升、原料库存不足、资金周转压力加大等，钢材市场价格短期内很难保持坚挺，一定程度上也会倒逼长流程钢厂适度减产、短流程钢厂及钢材加工企业延迟开工。本文重点从需求、生产、成本、价格等方面分析当前疫情对钢铁市场的影响，并提出应对建议。

① 本文 2020 年 1 月发表在《冶金设备》第 1 期和冶金工业信息标准研究院微信公众号。

一、疫情对需求侧的影响

2020年1月27日，国务院办公厅发布了延长2020年春节假期至2月2日的通知，1月31日起，全国各地相继发布新冠疫情防控期间灵活安排工作或延迟复工的通知，北京、上海、安徽、山东和江苏等省（市）已经主动将“非必要”行业的春节假期延长至2月9日，而湖北几乎所有企业复工都延迟至2月13日。2月8日，又有一些企业宣布居家办公至2月17日，有的地区甚至将开工日期推迟到3月初。与此同时，各地不同程度地对人员流动实行管控，措施不断加严，民工返城普遍延迟，且返城后还要普遍进行为期14天的隔离观察，因此，2月真正实现全面复工还存在很多不确定性。

疫情对钢铁下游行业及钢材需求都将产生影响，本文选取几个对钢材消费需求影响较大的行业进行简要分析，主要包括建筑行业（约占钢材消费的54%~56%）、机械行业（约占钢材消费的16%~18%）、汽车行业（约占钢材消费的5%~7%）和家电行业（约占钢材消费的1.5%）。其中建筑、机械和汽车为钢材消费排名前三的下游行业；家电行业是钢材消费比较典型的行业，既体现了消费需求，又与机械和房地产等行业紧密相关，四个行业钢材消费合计占钢材消费总量的比例约为76%~82%，基本体现了钢材的需求特点和发展态势。

根据疫情最新进展，按照3月底疫情将得到有效控制（取消封城、实体经济正常运行、生活基本恢复正常）的情形进行分析，即从春节后测算疫情对相关行业直接影响期约为两个月。

（一）建筑行业

建筑行业是钢材消费的第一大行业，疫情发生后，部分基础设施建设项目和大部分房地产项目停工停建，开工复工延期，直接导致短期钢材需求下降。预计疫情影响减弱后，既有项目将集中开工或赶工期，可能对建筑钢材形成阶段性爆发式需求。同时考虑到建筑行业是支撑我国经济发展的重要行业，也是快速推动经济发展的有力抓手。在全面实现小康社会和保增长的目标催动下，我国或将启动一大批基建项目。此外，受本次疫情影响，很多地区或将加强医疗基建，也会对建筑用钢构成新的需求。2月5日，《中共中央　国务院关于抓好“三农”领域重点工作确保如期实现全面小康的意见》公布，明确提出对标全面建成小康社会加快补上农村基础设施和公共服务短板，可以预见，2020 年我国农村基础设施建设步伐将加快，届时将构成新的用钢需求。

综上，本次疫情短期内导致建筑用钢需求快速下降，但全年看对建筑行业及建筑用钢需求影响有限。

（二）机械行业

机械行业体量大、关联度高、就业人员多，发展受汽车、基建、房地产、能源、矿山、农业、钢铁等众多行业和出口的影响较大。疫情发生后，短期内机械行业企业开工复工推迟，生产受到影响；同时，房地产和基础设施建设项目大面积停工，汽车等下游制造业复工延期，导致短期市场需求减弱，订单减少；此外，受物流限制和出口目的国入关检验检疫加严影响，物流配送和交货周期延长，产品出口也受到影响。因此，短期内机械行业受疫情影响生产经营压力较大。

全年来看，疫情影响减弱后，随着各行业陆续复工开工，机械行业生产经营将回归常态。同时，考虑到我国或将为保增长而出台积极的财政政策，将有效拉动内需，带动机械行业的发展。因此，总体来看，机械行业受疫情影响有限，其对全年钢材需求基本保持稳定或略有降低。

（三）汽车行业

本次疫情对汽车行业的影响主要体现为短期影响，短期内汽车企业延期复工导致产量下降，汽车销量下降和出口受阻导致钢材需求下降。受疫情影响较大的湖北、上海、广东、重庆、浙江和北京六省（市）是汽车生产大省，约占中国汽车产量 45%，短期内这些省份汽车企业停工、停产将直接影响全国汽车产销量，进而影响汽车用钢总体消费。受疫情影响，目前 4S 店到店客流数量明显减少，消费需求减弱或推迟；同样出口受物流限制和出口目的国入关检验检疫加严等影响，短期内汽车出口也将受到影响。但春节后本就是汽车销售的传统淡季，市场需求较弱，对全年钢材市场影响不大。

参考 SARS 疫情，可以预判，经历了疫情期间无车不便和安全防护危机，疫情影响减弱后，在不限购的城市和乡镇，或将产生较强的购车需求；同时，汽车更新换代还将带来稳定的市场需求；一线城市在限购政策下的汽车投放数量也是基本稳定的，消费需求相对滞后而不会消失。

全年来看，疫情对汽车行业的影响并不明显，短期的疫情影响不会放大汽车产量下降的趋势，汽车行业用钢也将保持稳中微降的态势。

（四）家电行业

短期来看，家电行业受疫情影响较大，主要表现为家电实体店零售几乎停滞，需求减少；同时，很多家电企业也同样面临延期开工复工，生产运行受到较大影响。全年看，春节前后也是家电市场的传统淡季，虽然消费需求下降但不会对全年消费构成较大影响。另外，疫情期间，健康除菌类家电逆市成为新的消费需求增长点。日前，苏宁发布数据称，疫情期间，该平台多款健康除菌类家电销售增长超200%。

参考SARS时期疫情过后家电市场很快得到恢复，全年产销总量未受影响。本次疫情对家电行业的影响与SARS类似，疫情只是推迟了家电需求，需求并未消失。全年来看，家电行业受疫情影响较弱，家电用钢需求受影响也十分有限，但家电用钢品种随家电产品的变化而有所改变，健康除菌类家电用钢量较大的不锈钢需求将增加。

综上所述，短期来看，疫情对我国钢铁行业和钢材市场需求会造成一定冲击，特别是一季度，下游用钢行业受停工停产、延期复工开工等影响需求减弱，导致钢材需求下降；再加上物流受阻，导致阶段性钢材供需失衡、钢材价格短期下跌，进而发展成钢铁企业钢材库存增加，减产、停产压力加大，生产运行受到影响。但随着疫情影响减弱，我国或将加大逆周期调节政策力度，陆续出台相应的经济刺激政策，或将采用积极的财政政策和稳健的货币政策，推动基础设施（尤其是医疗基础设施、农村基础设施和公共服务）建设，出台刺激政策扩大内部需求，钢铁需求将阶段性集中释放，带动钢铁生产经营步入正轨。总体来看，此次疫情的暴发短期干扰和影响了我国经济发展和钢铁需求，但在实现全面小康和稳增长一系列政策的支撑下，钢铁需求支撑仍在，疫情对全年钢材需求量影响有限。

二、疫情对供给侧影响

本次疫情对钢材供给侧短期影响表现为市场有效供给下降，但钢厂成品库存却因需求萎缩和物流不畅而增加，物流受阻导致原料库存不足。需求不足和原料供给不及时正在倒逼钢厂减产；同时，一些发生疫情的企业正在被迫停产检修。

（一）原燃料供给

对于长流程企业而言，影响最大的是铁矿石供应。我国铁矿石对外依存度高，新冠疫情暴发后，港口管制、道路封闭等严重影响了铁矿石的运输。随着春节假期的结束，钢厂原料库存大幅下降，钢铁生产企业不得不采取检修等方式适度减产，以保证高炉连续正常运转；同时受物流影响，短期内煤炭、焦炭等燃料供应也会受到一定影响。

对于短流程企业来说，主要是废钢供给受到影响，但短流程企业停产和复工较为灵活，应对疫情也显得较为灵活。特别是，纯短流程企业（电炉无铁水兑入）因废钢价格高企、运营成本太高等原因而停产的就不在少数（据我的钢铁废钢网数据，调研的 71 家短流程生产企业在 2 月第一周的开工率仅为 4.55%，与春节期间持平）；另外，我国纯短流程钢产量占比也不高，因此，其对粗钢供给影响有限。

（二）需求不足倒逼减产

如前述，受本次疫情影响，钢铁下游行业大量企业短期内处于停产停工状态，短期内钢材消费需求大幅下降，同时因需求不足导致钢厂成品库存不断累积，将迫使一些钢铁企业适度减产以降低库存压力。

（三）疫情防控影响生产

据相关媒体报道，2 月以来全国多家钢厂因疫情，被政府要求停产或停产检修，不排除短期内其他钢厂将采取更多、更有效的措施加强疫情防控，也会对供应造成一定影响。

综上，短期钢铁产量或将下降，但考虑到钢铁产能基数仍然较大，疫情影响减弱后，物流约束等限制环节得到解决，如果市场需求旺盛，钢铁供应会很快恢复增长。

三、疫情对成本的影响

（一）铁矿石

受疫情影响，国内铁矿石港口疏港量明显下降，港口库存增加。根据有关统计，2 月 7 日全国 45 港进口铁矿库存统计为 12557. 46 万吨，较上周增加 204. 87 万吨；日均疏港量 264. 24 万吨，下降 35. 94 万吨。分品种来看，澳矿、巴西矿、贸易矿、球团、精粉和块矿港口库存全线增加，而日均疏港量下降明显，局部地区钢铁企业受疫情导致的运输问题，原料保障会受影响。

铁矿石供应方面，受澳洲飓风和巴西洪水影响，全球铁矿石发运量环比减少，预计一季度全体铁矿石发运量将保持低位。有关数据显示，2 月 5 日全球铁矿石发运总量 380. 3 万吨，环比减少 56 万吨，其中发往中国 203. 2 万吨，环比减少 68. 2 万吨。国内矿山方面，受疫情和春节假期影响，截至 2 月 7 日，全国矿山产能利用率为 56. 62%，环比 1 月下降 6. 82%，而国内矿山库存 417. 1 万吨，增加 38. 4 万吨。

铁矿石需求方面，截至 2 月 7 日，钢厂高炉开工率降低，44 座高炉自春节后开始检修，合计影响日均铁水产量 11. 9 万吨，其中 41 座高炉因疫情直接或间接影响停产。

由中国铁矿石价格指数显示，由于疫情影响，铁矿石价格由 1 月的约 90 美元/t 下降至 80 美元/t，降幅超过 10%，预计后续将保持在 80 美元/t 上下波动。近期铁矿石价格走势如图 1 所示。

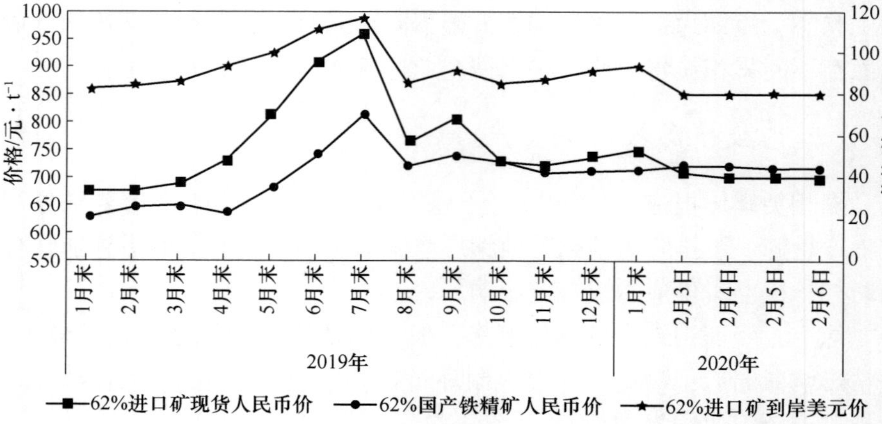

图 1　近期铁矿石价格走势

（数据来源：中国钢铁工业协会）

笔者认为，短期来看，受疫情影响，随着钢厂减产工作的推进，因港口库存充裕，铁矿石价格有进一步下降的可能，但是由于巴西洪水和澳洲飓风的影响，全球铁矿石发运量受到影响，如该影响不能尽快消除，随着港口库存的下降，铁矿石价格在短暂下降后仍会恢复，目前多方观点都认为疫情持续时间不会太长，疫情影响减弱后，随着企业复产、项目复工，需求会集中释放，铁矿石价格预计将保持在 80 美元/t 上下波动，不易出现大幅涨跌的情形。

（二）冶金煤

疫情对国内煤炭生产、运输产生了较大影响。针对疫情，国家能源局综合司发出《关于做好疫情防控期间煤炭供应保障有关工作的通知》，重点强调发挥煤炭在能源安全中的“压舱石”作用，对煤炭的产需衔接以及价格等具体事项有一定指导意义。

目前，山西部分煤企复产延长至 2 月 8 日以后，或有继续延长的可能，当前仅有个别国有大型矿山开始小幅生产，供应较为紧张。下游方面，由于国内炼焦企业通常认为春节假期后冶金煤价格将会上涨，都会在农历新年假期之前补充库存，但是受疫情、煤矿假期延长及运输受限等影响，炼焦企业焦煤库存有所下降。短期来看国内焦煤市场虽供应偏紧，但价格以稳为主。

（三）废钢

国际废钢市场 2020 年伊始便呈熊市，各方对未来市场方向的看法不一，大多数市场参与者持观望态度。自 12 月中以来，土耳其买家继续以 300 美元/t 或略低于 300 美元/t 的价格（CFR 价格）购买 2 月发运的优质废钢 HMS 1/2（80∶20），土耳其废钢市场疲软是推动短期价格走低的一个因素。

受疫情影响，国内物流运输不畅，废钢供应端和需求端均受到影响，短期国内废钢市场将以弱势调整运行为主。

综合来看，短期内钢铁主要原燃料供应和价格已经受到疫情影响，但全年来看，影响较弱，体现在钢铁制造成本中影响比较有限。

四、疫情对钢材价格的影响

钢材价格受疫情影响主要体现在钢材市场的需求端和供给端，一方面下游短期需求明显减弱，另一方面钢厂成品库存压力加大，造成短期内钢材价格下降。

有关数据显示，近期全国城市钢材库存大幅上涨，截至 2 月 10 日，全国城市钢材库存总计为 1317.48 万吨，环比上涨 80.27%。其中，建筑钢材库存为 859.15 万吨，环比上涨 87.99%；热卷库存为 286.08 万吨，环比上涨 107.80%；中厚板库存为 71.39 万吨，环比上涨为 44.02%；冷轧涂镀产品库存为 100.86 万吨，环比上涨为 16.47%。2 月 10 日全国城市库存变化见表 1。

表 1　2 月 10 日全国城市钢材库存　（万吨）

品种	1 月 6 日	1 月 13 日	1 月 20 日	2 月 10 日	环比/%
建筑钢材	318.23	359.12	457.01	859.15	87.99
热卷	107.25	117.49	137.67	286.08	107.80
中厚板	45.28	46.00	49.57	71.39	44.02
冷轧涂镀	85.00	84.95	86.60	100.86	16.47
总计	555.76	607.56	730.85	1317.48	80.27

数据来源：我的钢铁网。

中国钢铁工业协会数据显示，2 月 3—7 日，钢材八大品种同比 2019 年底价格指数均出现下跌，见表 2。

表 2　2 月 3—7 日国内市场八大品种含税价格及指数

品种	规格/mm	上周		本周		本周指数比上周升跌	本周指数比 2019 年底升跌
		价格/元·t^{-1}	指数	价格/元·t^{-1}	指数		
高线 HPB300	ϕ6.5	3904	111.92	3862	110.73	−1.19	−0.86
螺纹钢（三级）HRB400	ϕ16	3744	106.73	3695	105.32	−1.41	−1.11
角钢 Q235	5#	3964	111.72	3949	111.31	−0.41	−0.51
中厚板 Q235	20	3822	107.08	3773	105.73	−1.35	−0.93
热轧卷板 Q235	3	3922	102.18	3819	99.50	−2.68	−3.49
冷轧薄板 SPCC	1	4455	94.62	4433	94.16	−0.46	−0.42
镀锌板 SGCC	1	4648	94.21	4614	93.54	−0.68	−4.19
无缝管 20 号	219×10	4664	93.19	4664	93.19	0.00	−0.62

数据来源：中国钢铁工业协会。

另外，政策调整也会对钢材市场产生影响。1 月 23 日，国家发展和改革委员会、工业和信息化部联合印发了《关于完善钢铁产能置换和项目备案工作的通知》（发改电〔2020〕19 号），要求暂停公示、公告钢铁产能置换方案，暂停备案新的钢铁项目；已经获得备案的项目，也要开展自查自纠。该政策将对供给侧产生较大影响，原本年内投产的钢铁产能受到遏制。

综上，短期内疫情对钢材市场产生较大影响，库存上升和价格下行压力较大；全年来看，目前钢材价格下跌是暂时的，疫情影响减弱后，钢材需求将迎来一波集中释放，钢材价格下滑势头将得到扭转并逐步回归正轨。2020 年钢材价格会呈现出先抑后扬态势。

五、结语与建议

（一）分析小结

（1）疫情对我国经济已经造成冲击，对钢铁及下游行业也带来了不利影响，但综合全年和下游各行业看，2020 年钢材市场需求受疫情影响较弱。

（2）疫情已经造成物流受阻、需求减弱、库存增加、原燃料供应不及时等影响，钢铁企业被迫增加检修、减产甚至停产，短期内钢铁供给侧会受到影响，但全年看影响不大。

（3）钢材价格短期受压，后期受政策拉动和需求回暖的影响，将回归合理区间，全年钢材价格将呈现先抑后扬态势。

（4）疫情对钢铁主要原燃料价格已经造成一定影响，但体现在钢铁制造成本中影响有限。

综合分析，如果 3 月底疫情得到有效控制，疫情对钢铁行业的影响是阶段性的，主要集中在一季度特别是节后的 2 月、3 月，对下游需求侧的影响大于钢铁生产供给侧，一季度行业生产经营受冲击较大，但下半年将明显好转，全年经营或将好于 2019 年。

（二）应对建议

（1）坚定信心，团结一致，积极做出贡献。钢铁产业是国民经济重要的基础原材料产业，在这举国应对疫情的非常时期，全行业理应坚决贯彻党中央的决策部署，以实际行动为疫情防控和最终胜利作出贡献。同时，如前文所述，2020 年全年的经营情况不会弱于 2019 年，全行业应坚定信心，团结一致，全力保证钢铁行业生产经营平稳运行，为实现全面建成小康社会、实现第一个百年奋斗目标和脱贫攻坚取得决定性胜利提供钢铁支撑。

（2）保持战略定力，紧抓行业高质量发展不放松。疫情对国民经济和社会民生造成了较大不利影响，但终究是一段“插曲”，我国经济必终将回到平稳、健康发展的正常轨道上，推进我国经济高质量发展的战略部署不会改变，钢铁的基础原材料地位也不会改变。因此，钢铁行业应保持战略定力，继续坚定走高质量发展之路。经过四年供给侧结构性改革的努力，钢铁行业的市场环境显著改善，发展质量日益提高，相信再经过此次疫情危机洗礼，行业发展将更为稳健。

（3）提前谋划，顺势发展。应对疫情冲击，对钢铁企业而言，数字经济、大数据分析、智能钢铁、网络办公及产业链建设、应急管理体系建设等工作推进迫在眉睫，企业应顺势而为，积极谋划并实施。

2020 年上半年中国钢铁市场分析与下半年预测[①]

张龙强

2020 年，一场突如其来的疫情给中国经济乃至全球经济都带来了强烈冲击。在此背景下，中国政府出台一系列金融、财税等稳增长政策举措，逐步克服了疫情带来的各种不利影响，经济呈恢复性增长和稳步复苏态势，二季度经济增长由负转正，实现 V 形反转，彰显了中国经济发展的韧性和活力，也为下半年持续恢复打下了坚实的基础。

“大疫”当前，中国钢铁行业坚决贯彻党中央的决策部署，积极应对，统筹疫情防控和经济社会发展，经受住了考验，行业运行保持基本稳定，在国民经济和工业平稳发展中发挥了“压舱石”作用，为全国复工复产和经济社会稳定做出了贡献。上半年钢材市场先抑后扬，钢铁产量小幅增长，钢材价格企稳回升，钢材出口继续下降，但钢材进口增长显著；下半年中国经济持续向好，固定资产投资将稳步增长，制造业投资也将触底回升，新老基建共同发力，消费需求继续释放，出口贸易也将有所提升，钢材市场需求全面复苏是大概率事件。

一、钢铁产量：上半年钢铁产量总体小幅增长，预计下半年继续保持增长

国家统计局数据显示，2020 年 1—6 月，国内生铁、粗钢和钢材产量分别为 43268 万吨、49901 万吨和 60584 万吨，同比增长分别为 2.2%、1.4%和 2.7%。1—2 月，受春节和新冠疫情影响，钢铁产量发挥有限，但与 2019 年同期相比粗钢产量仍表现出增长态势。3 月开始，随着国内疫情得到有效控制，复工复产持续推进，需求逐步释放带动钢铁产量持续走高。6 月，我国生铁、粗钢和钢材产量分别为 7664 万吨、

① 本文 2020 年 7 月 20 日发表在冶金工业信息标准研究院微信公众号，有删节。

9158 万吨和 11585 万吨，同比增长分别为 4.1%、4.5%和 7.5%。预计下半年，随着经济持续好转，钢铁产量或将继续保持增长态势。

2020 年 1—6 月，钢筋、线材（盘条）、冷轧薄板、中厚宽钢带和焊接钢管五大品种累计产量分别为 12321 万吨、7619 万吨、1663 万吨、8006 万吨和 2659 万吨，同比增长分别为 2.3%、1.0%、-0.3%、7.2%和-0.6%，如图 1 所示。其中，中厚宽钢带、钢筋和线材（盘条）产量同比增长为正，这主要得益于上半年国内新老基建投资力度加大，带动建筑用钢和工程机械用钢需求增长；焊接钢管和冷轧薄板产量出现负增长，但降幅逐步收窄，这主要是由于上半年下游管道建设、汽车和家电等用钢行业恢复相对滞后所致。

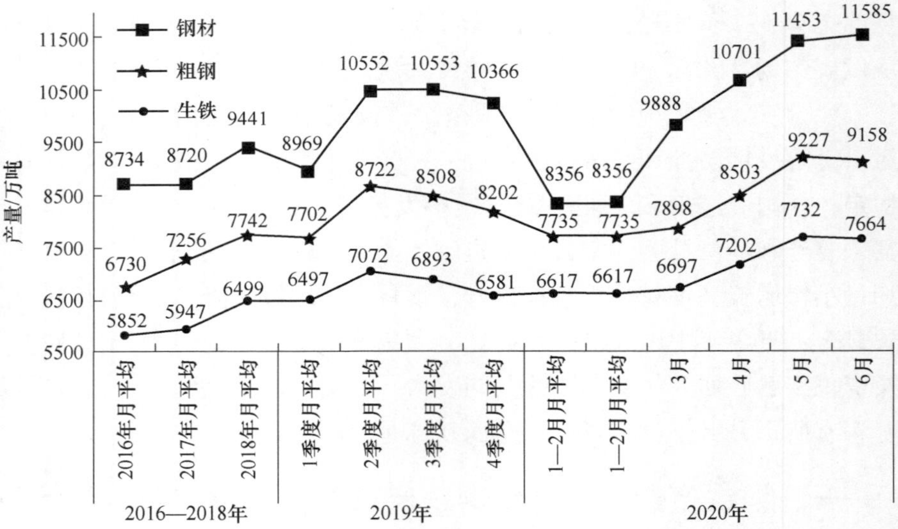

图 1　钢铁产量情况

（数据来源：国家统计局）

二、原燃料供应：钢材市场持续恢复带动原燃料需求稳步增加，原料价格波动上行

2020 年上半年，中国经济率先恢复并引领全球经济复苏，钢材需求逐步释放，加之长流程企业连续性生产等特点，带动中国钢铁产量不减反增，对原燃料需求旺盛。具体如下。

（一）铁矿石

据海关总署数据，2020年1—6月，累计进口铁矿砂及其精矿54691万吨，同比增加9.6%；其中6月，铁矿砂及其精矿进口达到10168万吨，环比增长16.8%，同比大幅增长35.3%，如图2所示。供给方面，年初为传统发货淡季，叠加澳大利亚飓风与巴西雨季影响，两国出口的铁矿石发货量一度处于五年内低点。4月以来，随着国内疫情逐步向好，下游行业复工复产加快，特别是国家推出的一系列稳增长措施提升了市场预期，带动用钢需求加速回升，铁矿石需求不断增加，进口量和进口价格波动上涨。

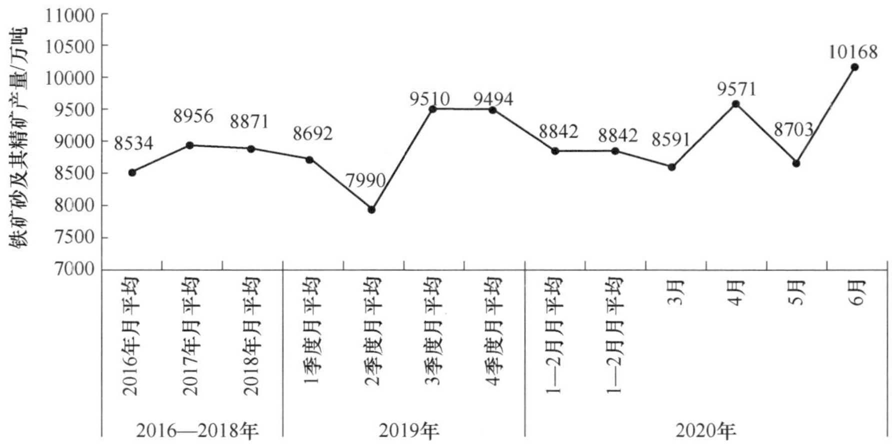

图2　铁矿砂及其精矿产量情况

（数据来源：海关总署）

下半年，随着海外疫情逐步受控，马来西亚、南非和印度等国相继结束封港，铁矿石发运陆续恢复正常，来自澳大利亚的铁矿石到港量预计稳中有升。考虑到近40天的海运周期，以及巴西当前严重的疫情，预计三季度巴西铁矿石的到港量难以明显增加。我国南方雨季还在持续，加上夏季天气炎热，钢材消费逐步进入淡季，高炉开工率预计将有所下滑，钢厂对铁矿石的需求有望出现回落。但随着国内新老基建等一系列稳增长措施的持续落地，将对铁矿石需求形成有效支撑。预计三季度全球铁矿石供应持续宽松，我国铁矿石进口量将冲高后继续保持高位运行，但铁矿石进口价格上涨空间有限，如图3所示。

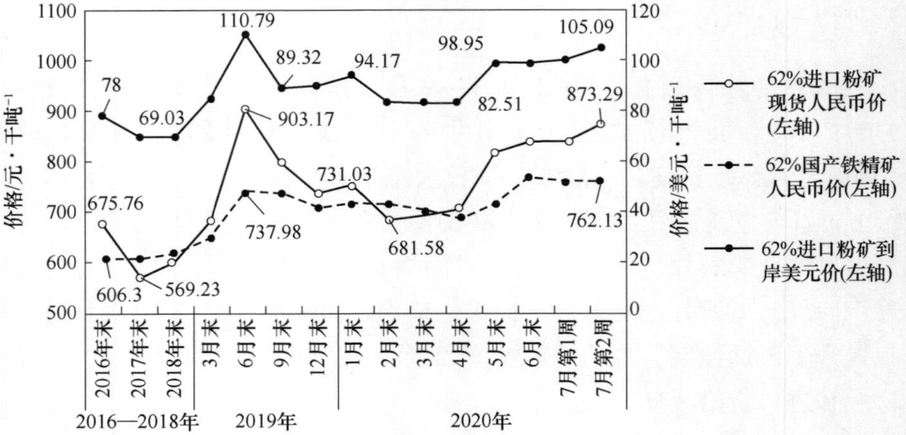

图 3　铁矿石价格变化情况

（数据来源：中国钢铁工业协会）

（二）焦炭

国家统计局数据显示，2020 年 1—6 月，全国累计生产焦炭 22869 万吨，同比下降 2. 5%，较一季度收窄 1. 6 个百分点。其中 6 月，全国焦炭产量 4017 万吨，同比下降 4. 2%，但环比增长 2. 8%，呈连续两个月环比增长态势，如图 4 所示。焦炭产量连续多月的同比下降与 2019 年我国焦炭产量处于历史高位有直接的关系。

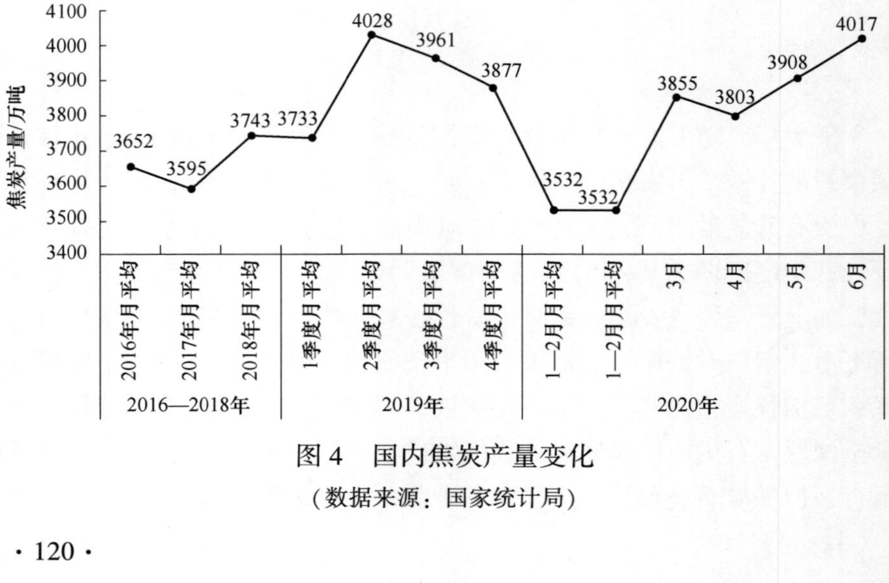

图 4　国内焦炭产量变化

（数据来源：国家统计局）

由于 2020 年多个省份年底前要完成焦化去产能任务，导致上半年焦炭产量低于上年同期。同时，年上半年全球下游用钢需求持续下降，但印度尼西亚、澳大利亚等国并未减少炼焦煤产量，导致全球炼焦煤处于供大于求的状态，进口炼焦煤数量持续增加，一定程度上压缩了国产焦炭的市场空间，焦炭价格低位运行。下半年，随着下游复工复产加快带动用钢需求回升，将稳定国内焦炭需求，但价格难以大幅上涨。

（三）废钢

2020 年初，土耳其废钢价格暴跌，引发全球废钢价格进入下行通道。而中国春节的传统淡季和新冠疫情进一步延续了废钢价格下行态势。4 月开始，随着我国疫情防控取得显著成效，铁矿石价格上涨，废钢备受青睐，采购量明显增加，价格呈现 V 形反转，直到 6 月电炉钢厂废钢成本接近盈亏平衡点，废钢价格才趋于平稳，当前仍处于稳中微升的态势，但上涨空间有限，如图 5 所示。

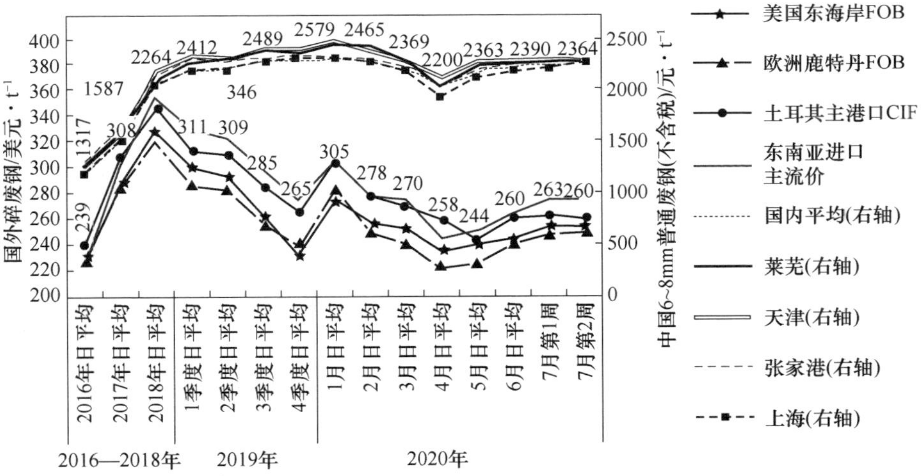

图 5　废钢价格变化

（数据来源：Mysteel、MB）

三、钢材需求：上半年钢材需求先降后升，下半年复苏动力强劲

下面将从建筑、汽车、机械、家电、能源、集装箱、船舶和铁道等

八大行业阐述下游用钢需求情况。

（一）建筑行业

国家统计局数据显示，2020 年 1—6 月，全国房地产开发投资 62780 亿元，同比增长 1.9%，1—5 月为下降 0.3%；房地产开发企业房屋施工面积 792721 万平方米，同比增长 2.6%，增速比 1—5 月提高 0.3 个百分点。1—6 月，基础设施投资同比下降 2.7%，但降幅比一季度收窄 17.0 个百分点。此外，近期国务院办公厅印发《关于全面推进城镇老旧小区改造工作的指导意见》，2020 年新开工改造城镇老旧小区 3.9 万个，涉及居民近 700 万户；到 2022 年，基本形成城镇老旧小区改造制度框架、政策体系和工作机制；到“十四五”期末，结合各地实际，力争基本完成 2000 年底前建成需改造城镇老旧小区改造任务。显而易见，近三年全国老旧小区改造将成为增量建筑用钢需求。预计全年建筑行业将保持增长态势，用钢需求将超过 2019 年同期水平。

（二）汽车行业

据汽车工业协会数据，2020 年 1—6 月，汽车产销分别完成 1011.2 万辆和 1025.7 万辆，同比分别下降 16.8%和 16.9%，降幅持续收窄，总体表现好于预期。其中 6 月，汽车产销分别完成 232.5 万辆和 230.0 万辆，环比分别增长 6.3%和 4.8%，同比分别增长 22.5%和 11.6%，均刷新了 6 月产销量的历史新高。下半年，随着经济好转，汽车产量将有较大幅度增加，预计全年用钢需求或与 2019 年同期持平。

（三）机械行业

国家统计局数据显示，2020 年 1—6 月，制造业投资复苏仍相对乏力，但降幅较一季度收窄 13.5 个百分点。随着我国疫情防控形势持续向好，各地陆续出台了一系列政策措施，加快机械行业需求的恢复。但海外疫情仍在蔓延，对外出口严重受阻，以国内为主的内循环尚未完全确立，机械行业面临的形势依然较为严峻，但整体用钢需求仍在逐步恢复。预计下半年机械行业钢材需求将持续回升，但全年钢材消费呈小幅下降态势。

（四）家电行业

国家统计局数据显示，2020 年 1—6 月，家用电冰箱（家用冷冻、冷藏箱）产量 3759 万台，同比下降 6.9%，比 1—5 月收窄 5.8 个百分点；家用冷柜（家用冷冻箱）产量 1186 万台，同比增长 18.2%；空调产量 10415 万台，同比下降 16.4%，比 1—5 月收窄 6.7 个百分点；家用洗衣机产量 3260 万台，同比下降 7.2%，比 1—5 月收窄 3.4 个百分点。其中 6 月，家电产量增长显著，家用电冰箱（家用冷冻、冷藏箱）、家用冷柜（家用冷冻箱）、空调和家用洗衣机四大家电产量同比增长分别为 21.7%、58.1%、12%和 5.3%。下半年，随着经济进一步好转，家电产量将有较大幅度增加，全年用钢需求或将达到 2019 年同期水平。

（五）能源行业

国家统计局数据显示，2020 年 1—6 月，原煤原油产量平稳增加，生产原煤 18.1 亿吨，同比增长 0.6%；生产原油 9715 万吨，同比增长 1.7%，加工原油 3.2 亿吨，同比增长 0.6%，而一季度下降 4.6%。电力和天然气生产节奏加快，上半年发电量 33645 亿千瓦时，同比下降 1.4%，降幅比一季度收窄 5.4 个百分点；生产天然气 940 亿立方米，同比增长 10.3%，比一季度加快 1.2 个百分点。下半年，随着各行各业生产节奏的回归和加快，将带动能源消耗快速增加；随着新老基建等一系列投资逐步落地，各地方全面推进在建重点工程建设、加大新投资项目开工力度等，石油天然气市场需求逐步释放，未来将带动钢材需求回升。

（六）集装箱行业

上半年受疫情和全球海运市场景气度下降因素的影响，海运集装箱和铁路集装箱的运输业务年均出现较大幅度下降，尤其是海运集装箱运输业务下滑更为明显。国家统计局数据显示，2020 年 1—6 月，金属集装箱产量 3235.9 万立方米，较 2019 年同期减少 29.0%，但月度同比下降幅度正逐步缩小。预计全年全球集装箱行业会有较大幅度下滑，我国集装箱产量预计会下滑 10%～30%，用钢需求也将有一定幅度下降。

（七）轨道交通

国家统计局数据显示，2020 年 1—6 月，铁路机车产量 358 辆，动车组产量 986 辆，同比下降分别为 35.1%和 7.9%。下半年随着城市轨道交通建设的逐步加快，铁路用钢（这里仅指车体用钢和钢轨，其他用钢体现在基建）需求将逐步恢复。

（八）船舶行业

据工业和信息化部公布数据，2020 年 1—6 月，全国造船完工量 1758 万载重吨，同比下降 10.6%，比 5 月降幅收窄 10 个百分点；新承接新船订单量 1247 万载重吨，同比增长 3.4%。截至 6 月底，手持船舶订单量 7654 万载重吨，同比下降 6.3%。2020 年上半年，我国造船完工量、新接订单量、手持订单量以载重吨计分别占世界市场份额的 37.2%、67.5%和 48.2%，继续保持国际领先。全年来看，船舶行业形势不容乐观，预计全年用钢需求量较 2019 年有一定幅度下滑。

四、钢材价格：上半年钢材价格先抑后扬，下半年价格向好支撑较为充足

2020 年上半年中国乃至全球经济活动曾一度被按下“暂停键”，钢铁下游市场停摆，钢材需求不振，价格持续下行。据我的钢铁统计，3 月开始，随着中国疫情得到有效控制，各行各业陆续复工复产，钢材需求逐步释放，钢厂去库存化开始，但成交量滞后，钢材价格持续走低，库存压力转向社会库存，并将五大品种周度社会库存推高至历史高点 2601 万吨，随后钢材市场开始全面复苏。4 月开始，消费端复苏明显，钢厂和社会库存同步大幅下降，钢材价格波动调整达到年内最低点，建筑钢材价格恢复性上涨，引领中国钢材平均价格在 4 月底领先全球止跌反弹。截至 5 月底，钢材价格已恢复到 2 月底水平，但与 2019 年同期相比仍有较大幅度下降。

进入 6 月，受南方雨季影响，建筑钢材需求减少，螺纹钢和高线价格连续一个月下跌，截至 7 月 3 日，两个品种钢材价格跌幅均超过 100 元/t，但其他钢材品种价格均保持上涨态势，一定程度上弥补了建筑钢材价格受雨季影响的下行，总体上钢材价格下跌幅度不是很大。7 月初

钢厂库存下降，社会库存提升，但与 3 月不同，当前钢材价格小幅上涨，再次释放了市场复苏的信号。

总的来看，上半年中国钢材价格先抑后扬，短期内钢材价格下降主要源于南方雨季、淡季影响，未来随着南方雨季结束，建筑钢材价格将止跌反弹，从而带动钢材价格总体回升。此外，近期铁矿石价格依旧坚挺，废钢价格稳中微升，都将对钢材价格形成有力支撑。钢材价格有望在 7 月迎来新一轮小幅上涨，下半年钢材价格下行空间有限，钢材综合价格指数有望达到 2019 年二季度水平，如图 6 所示。

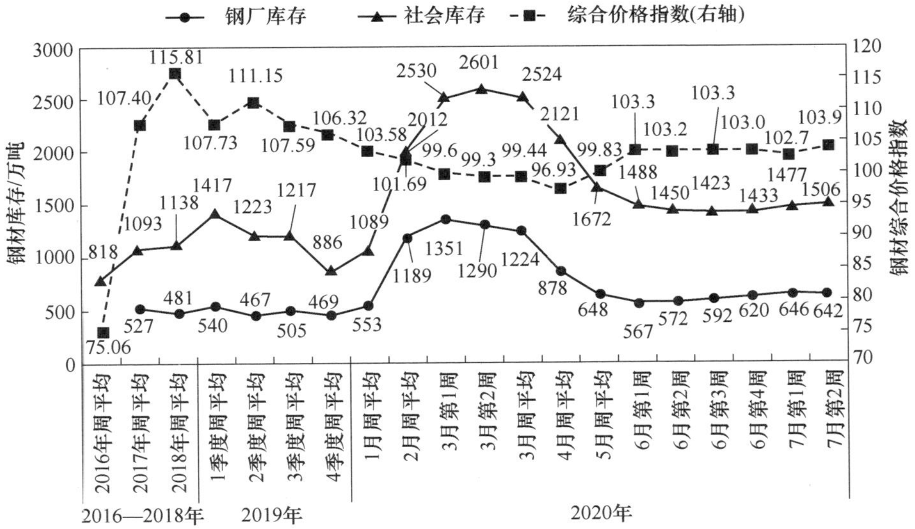

图 6　钢材库存及价格指数情况

（数据来源：价格指数—中国钢铁工业协会；库存—Mysteel）

五、钢材进出口：上半年钢材出口继续下降，但进口大幅增加

据海关总署数据，2020 年 1—6 月，累计出口钢材 2870. 4 万吨，同比下降 16. 5%，降幅较 1—5 月继续扩大 2. 5 个百分点；2020 年 1—6 月，累计进口钢材 734. 3 万吨，同比增加 26. 1%，增幅较 1—5 月扩大 14. 1 个百分点。2020 年 1—6 月，累计净出口钢材 2136. 1 万吨，折合粗钢净出口约 2225 万吨，同比减少 752 万吨。其中 6 月，我国钢材出口环比继续下降 15. 9%，同比大幅下降 30. 3%，降幅继续扩大；进口持

续增加，环比大幅增长46.7%，同比增长99.8%，创下近年月度进口新高，如图7所示。

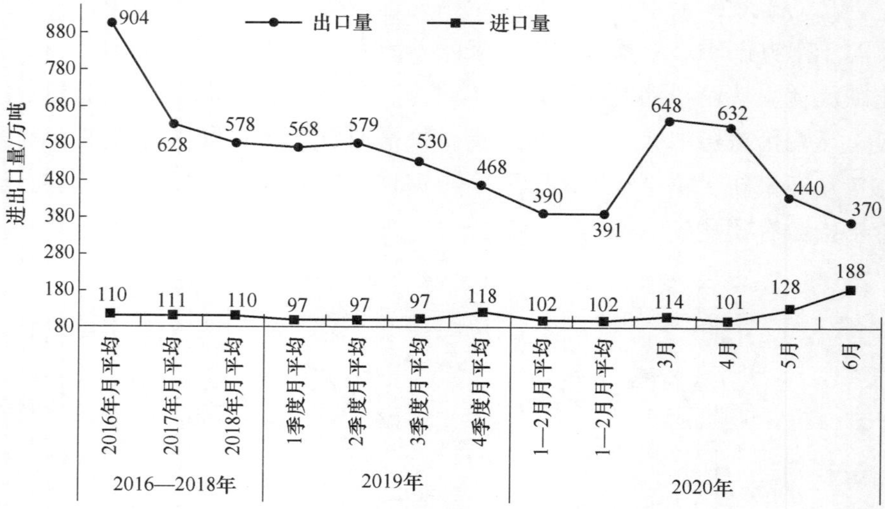

图7　钢材进出口趋势变化

（数据来源：海关总署）

2020年1—6月，我国钢材出口大幅下降、进口持续增加的主要原因：一是海外疫情至6月底仍未完全得到有效控制，多国采取了相关措施遏制疫情蔓延，导致许多行业无法正常进行生产和消费，下游用钢需求大幅萎缩；二是2020年以来，东南亚国家粗钢产能持续释放，随着国内钢材需求持续回升，东南亚地区低价钢材加速回流国内，国内钢材进口持续增加。

出口方面，随着海外疫情蔓延逐步受控，未来将有越来越多的国家迫于经济压力开始加速复工复产，欧洲、美国、英国、意大利等国家和地区都相继发布了相关措施，支持复工复产。鉴于6月反映的是前两个月订单，未来钢材出口仍将下降一段时间，全球经济活动逐步恢复后，预计三季度我国钢材出口或将企稳回升，但受国际形势变化影响，钢材出口仍具有很多不确定性。

进口方面，除中国外，全球钢铁产能过剩依然严重，海外疫情仍在持续，各国用钢需求持续下降，导致各地钢材供大于求。而中国从4月开始疫情逐步向好，下游用钢需求持续恢复，国内钢材价格逐步回升，全球各国钢铁生产商争相加大对中国钢材的出口。鉴于6月反映的是前两个月订单情况，因此未来一段时间钢材进口仍将维持高位。

习近平总书记强调，要把满足国内需求作为发展的出发点和落脚点，加快构建完整的内需体系；着力打通生产、分配、流通、消费各个环节，逐步形成以国内大循环为主体、国内国际双循环相互促进的新发展格局。中国二季度经济数据由负转正，成为自新冠疫情暴发以来首个实现增长的主要经济体，也必将带动其他国家经济复苏。

随着“六稳”“六保”、稳健货币、积极财政等一系列政策措施的加快落地，以及总理报告提出的“两新一重”逐步落实，国民经济活动将进一步回暖，新老基建共同发力将带动固定资产投资继续大幅回升，制造业投资也有望随着经济复苏触底反弹，汽车、家电等主要下游用钢行业将延续回暖态势，下半年钢材市场全面复苏是大概率事件，钢材消费需求也将达到2019年同期水平，建筑钢材仍将是带动钢材需求增长的主要动力，全年粗钢产量或将突破10亿吨。

钢价继续非理性上涨缺乏支撑[①]

张龙强

2021 年，伴随着新冠病毒疫苗接种进度加快，疫情防控成效显著，全球经济恢复节奏加快。国际方面，主要经济体持续实行量化宽松政策，经济通胀压力凸显，国际贸易不确定性加剧等众多因素助推大宗商品价格快速上涨。欧美地区生产复苏滞后导致供应短缺，贸易保护主义限制进口，导致国际钢材和原材料价格大幅上涨。国内方面，经济稳中加固、稳中向好，高需求叠加原燃料成本高企、碳达峰碳中和目标约束、产能产量双控、环保限产、减量预期、资本市场炒作等多因素共同作用下，钢铁行业迎来量价齐升。截至 5 月 11 日，钢材八大品种吨钢均价 6600 元左右，比 2020 年同期上涨 2800 元左右，同比增幅超过 70%，仅 5 月就上涨了近 900 元。

一、全球经济复苏形成共振，需求加速释放带动价格提升

中国经济已于 2020 年四季度恢复到疫情前的预期水平，2021 年一季度保持了稳中加固、稳中向好态势。4 月 16 日，国家统计局发布的 2021 年一季度经济数据显示，中国国内生产总值为 249310 亿元，同比增长 18.3%，较 2020 年四季度增长 0.6%，相比 2019 年一季度增长 10.3%，实现了“十四五”良好开局。国际货币基金组织（IMF）4 月 6 日发布《世界经济展望报告》，预计 2021 年全球经济将增长 6%，中国经济将增长 8.4%，高于 2021 年《政府工作报告》提出的目标。

美国商务部经济分析局发布的数据显示，2021 年一季度，美国通过《新冠肺炎应对和救济补充拨款法案》和《美国救援计划法案》，向家庭和企业发放了直接经济影响支付、扩大失业救济和工资保障计划贷款等政府援助款项目。得益于疫苗接种率持续提升和经济刺激政策，一

① 本文 2021 年 5 月 18 日发表在《世界金属导报》F01 版和冶金工业信息标准研究院微信公众号，有删节。

季度美国经济取得良好进展，GDP 年化增长 6.4%，较 2020 年四季度提高 2.1 个百分点。高盛预测 2021 年美国经济增速可达 6.9%，摩根士丹利甚至预测 2021 年美国经济增速高达 7.3%。

中美经济强劲复苏正在深刻带动全球经济全面恢复，促进全球钢材及相关产业需求加速释放，由于欧美限制钢材进口叠加本土钢材供应恢复相对滞后、废钢等原材料价格高企等因素，欧美现已成为全球钢材价格高地，并向全球传导和辐射，带动全球钢价持续上行。

此外，世界钢协统计数据显示，2020 年全球 64 个国家粗钢产量 18.76 亿吨，同比下降 0.3%，仅 14 个国家正增长；2021 年 1—3 月，全球 64 个国家粗钢产量 4.87 亿吨，同比增长 9.99%，46 个国家实现正增长，仅 18 个国家负增长，美国为最大的负增长国，这也是美国目前钢价高企的原因之一。全球粗钢产量快速增长，再次印证了全球需求正在加速释放并促进价格提升。

二、主要经济体财政货币政策双宽松，通胀导致原燃料价格上涨

2020 年，为应对疫情，美国政府在疫情期间向社会发放了近 3 万亿美元的救助金，随后在 12 月下旬，又出台了 9000 亿美元的刺激法案；2021 年 3 月 6 日，美国政府通过了 1.9 万亿美元的刺激法案，该法案规定向符合条件的家庭一次性发放 1400 美元现金，并将 300 美元的失业救助金延长至 9 月初。累计超过 5 万亿美元的救市计划投放市场，意味着美国债务将增至 28 万亿美元左右。而目前正在讨论且颇具争议的 2.3 万亿美元基础设施法案一旦通过，美国债务将进一步飙升，进而加剧新兴市场国家资本外流的压力。

2020 年疫情期间，由于欧央行三大利率下行空间有限，在货币政策上的主要应对方案是加大量化宽松货币政策（QE）规模，创新流动性工具，发布紧急抗疫购债计划（PEPP），扩大抵押品范围。3 月 12 日，欧洲央行加大量化宽松和流动性工具，公布新的长期再融资计划（LTRO）工具，并额外增加 1200 亿欧元资产购买规模，直至 2020 年底。3 月 26 日，欧洲央行表示通过 PEPP（7500 亿欧元）开始债券购买，希腊债务也可纳入 PEPP 范围。5 月 27 日，欧盟委员会主席冯德莱恩向欧洲议会提交了一项命名为“欧盟下一代”的全面复苏计划，被外

界称为现代版的“马歇尔计划”。2021 年 4 月 22 日，欧洲央行宣布维持主导利率和购债计划不变，继续推行超宽松货币政策，以支持经济复苏。

迫于通胀压力，全球其他国家也陆续通过货币或财政政策应对通货膨胀，区别于欧美的量化宽松货币政策，新兴国家正在被动加息，使得下游逐渐可以接受不断上涨的原料价格。可见，通胀正在推动全产业链物价上涨，从某种程度上讲，各国正在被动接受欧美的通胀输出，被动接受价格上涨。

随着欧美经济从疫情中逐步恢复，因制造业复苏相对滞后导致关键材料供应短缺现象不断加剧，钢铁作为工业必需的基础原材料不仅难以独善其身，还成为全球价格上涨的引领者。近期，联合国粮农组织数据显示，从 2021 年 2 月开始，粮价指数已经出现了“九连涨”，除了粮食之外，原油、黄金、铁矿石、铜、铝、钢铁等生产资料价格全面上涨，众多生产资料价格突破历年新高，预示着全球通胀正在升温。“烫手”的钢价短期很难降温，但必须高度警惕价格高位回调。

三、全球碳中和进行时，供需预期推动钢价上涨

2020 年，越来越多国家承诺实现碳中和目标。据有关机构统计，目前已有欧盟及 31 个国家和地区实现或者明确提出碳中和，包括 2 个已实现、6 个已立法、6 个处于立法状态、20 个发布政策目标。另外，还有 98 个国家和地区在讨论“碳中和”目标。

在各国明确碳中和目标的同时，作为碳排放主体的钢铁企业也积极响应国家政策。宝武集团、河钢集团、安米集团、蒂森克虏伯、浦项、JFE 等宣布力争 2050 年实现碳中和。

世界银行发布的最新全球碳定价报告称，当前全球已有 61 项碳定价机制正在实施或计划实施，其中 31 项关于碳排放交易体系，30 项关于碳税，共涉及 120 亿吨二氧化碳，约占全球温室气体排放量的 22%。钢铁行业作为碳排放重要责任主体，碳成本增加的预期，叠加大宗原料价格上涨，也从成本端支撑钢价上涨。

据有关机构数据，2021 年铁矿石港口库存基本保持在 1.2 亿吨以上，近期在 1.3 亿吨左右，远高于 2020 年全年水平，略低于 2019 年同期水平。据中钢协数据，重点统计钢铁企业 4 月下旬铁、钢、材平均日

产量分别同比增长9.89%、19.27%和20.82%。数据显示，钢铁产业链供应基本面并非趋紧，与钢材价格上涨也并非高度相关，但产能产量双控的重要举措和环保限产加大了市场减产预期。5月6日发布的新版《钢铁行业产能置换实施办法》和《钢铁冶炼项目备案管理的意见》，以及5月10日两部委发布的《关于做好2021年钢铁去产能“回头看”检查工作的通知》，进一步增加了钢铁减量预期，从供应端提升钢价上涨情绪。

2021年以来，尤其是进入5月，国内钢材需求大幅增加，国外市场复苏显著，受益于持续宽松的货币政策，钢价持续高位运行带动下游恐慌性采购需求，国内外钢材价差增强国内出口意愿，机电产品出口带动钢材间接出口增长明显。5月、6月作为钢材传统消费旺季，需求端稳定支撑钢材消费增长，进而推动钢材价格持续走高。

四、钢材价格走势展望

大宗商品价格全面上涨、全球经济加快复苏加速释放需求，成本上涨预期、供应减量预期、需求增长预期和资本市场炒作是本轮钢价上涨的主要推手，钢价与铁矿石等原燃料价格循环博弈上涨。但是，持续上涨的原料价格频频向下游传导成本压力，终端产品却难以短时间通过价格调整转嫁原料成本，同时钢贸商资金压力也不断累积，备货意愿明显降低，板材社会库存已经开始上行，螺纹钢和线材库存降幅也已明显收窄，本轮钢价高点即将到来。

据普氏数据，2021年5月中国钢价涨幅超过美国，当前国内钢筋和线材价格已经与美国相当（5月7日，美国中西部钢筋和线材出厂均价为5418元/t和5952元/t，中国江苏出厂完税价分别约为5445元/t和5630元/t)，其他产品价差也逐渐缩小，5月10日，热卷吨钢价差由5100元左右缩小至4400元左右，冷轧卷吨钢价差由5500元降至4600元，中厚板吨钢价差由3500元左右降至1900元左右。随着国内外价差缩小，出口退税调整政策将逐步发挥作用，国内供应将有所增加，届时钢价将有所回落，并保持在较高位波动调整，但也不排除期间会经历一次大幅调整的过程。随着雨季的到来，各种预期影响逐渐减弱，海外QE或将因疫苗接种率提升而缩减，钢材价格将逐步回归合理区间，届时铁矿石价格也将得到一定的平抑。

坚定信心　积极应对　全年钢铁行业将保持盈利[①]

——钢铁行业下行原因分析与应对建议

张龙强

当前，全球疫情影响仍在持续、地缘政治冲突加剧、欧美通胀率屡创新高、加息范围进一步扩大、经济增速持续下滑。受此影响，我国钢铁市场当前呈现“供给减量、需求收缩、库存高企、价格低位、成本上涨、利润下滑”的运行特征，钢企生产经营面临较大挑战。近期，国内钢铁企业纷纷召开专题会议，分析和预判当前行业形势，各方说法不一，判断不尽相同，但总体偏悲观。以下笔者将就当前钢铁行业下行成因和未来走势进行分析，并提出一些建议，供广大同仁参考。

一、当前多因素聚集叠加，钢铁市场弱势运行

（一）全球经济增速持续下滑，钢材需求明显减弱

2022 年以来，多因素聚集叠加导致全球经济增速持续下滑，产业链受阻，供应受限，市场需求和预期双减，企业生产动力不足或受限，全球钢材市场弱势运行。世界银行和国际货币基金组织（IMF）最新预测，2022 年全球经济增长预期分别比年初预期下调 1.2 个百分点和 0.8 个百分点。上半年，全球累计粗钢产量 9.49 亿吨，同比下降 5.51%，扣除中国影响仍比 2021 年同期减少 1872 万吨，与 2021 年全球经济稳步复苏带动钢铁供需强劲增长形成鲜明对比。

（二）疫情冲击叠加传统淡季，国内钢材市场供需两弱

2022 年上半年，我国粗钢产量 5.27 亿吨，同比下降 6.5%。但随

① 本文 2022 年 7 月 29 日发表在冶金工业信息标准研究院微信公众号，有删节。

着采暖季和冬奥会限产结束，钢铁产量从4月开始快速增长，日均粗钢产量连续3个月超过300万吨，与同期疫情导致的需求释放滞后呈现较强的不同步性。目前我国疫情虽得到有效控制，但多点散发情况仍在，又恰逢传统淡季，疫后需求恢复速度不及预期，很多钢铁企业开始主动停产检修，钢材市场仍处于供需两弱局面。

（三）大宗商品价格震荡，钢材市场信心大幅下滑

2022年一季度，全球市场还在消化前期增加的流动性，通胀危机不断累积，随着地缘政治冲突加剧，大宗商品价格冲高，钢材生产成本居高不下。二季度开始，美联储加快货币紧缩步伐，加息缩表同步进行，7月欧洲及多国央行开启加息对抗通胀模式，流动性收紧，金融市场动荡，大宗商品价格失去支撑进入下跌通道。原燃料价格一升一降，很大程度侵蚀了企业和贸易商库存周期内的利润空间，市场信心大幅下滑。

钢铁行业发展呈现一定的周期性，价格、利润、成本等指标的起伏波动属于正常现象。如“十三五”末期粗钢产量快速增长，从8亿吨增至10亿吨以上，在市场需求增幅趋弱甚至已经收缩时，产量继续增长必然导致新的阶段性过剩；再如，行业盈利水平不可能一直延续2021年的历史最高水平，高点之后下行恰恰是市场调节机制发挥的作用。对于当期下行市场，既要认清严峻形势，也要看到中国钢铁的承压空间，既不能盲目乐观，更不能一味悲观，动辄使用“寒冬”“危机”“全行业亏损”等，既不是对市场的全面与准确判断，更与提振市场信心背道而驰。

与2015年底相比，目前我国钢铁行业产业集中度由34.2%上升至41.4%，资产负债率由71.4%下降至61%左右，主业人均劳效由495t上升至800t以上，能耗强度和碳排放强度持续降低，资金储备更为充沛。上述指标的提升，为我国钢铁行业积极主动应对市场形势下行，提供了坚实的产业基础和相对充足的时间与空间。

二、艰难的7月，8月底开始企稳，全年将保持盈利

（一）中国经济逐渐企稳回升，钢材市场逐步弱势反弹

2022年上半年宏观经济数据显示，我国经济同比增长2.5%，二季

度克服了全球经济增速加速下滑传导、国内疫情多点散发尤其是重点区域遭遇疫情冲击等困难，实现同比正增长，彰显了中国经济强大的韧性和潜力。未来几个月，中国经济将继续保持恢复性增长，对钢材市场的提振作用也将逐步显现，多雨高温的7月或将为本年度钢铁行业运行最艰难时刻，8月开始钢铁市场将逐步企稳抬头。

（二）下游复产稳产步伐加快，钢材消费需求逐步释放

目前我国疫情防控已经取得阶段性成效，下游行业复工复产加速，稳增长政策效果已初步显现。2022年6月，我国制造业采购经理指数（PMI）回升至50.2%，标志着制造业正在稳步复苏。各地正加大力度助力企业复产稳产、因地制宜出台提振消费政策、有序推进重大项目建设，有效促进需求回升，叠加上半年被抑制的需求逐步释放，传统淡季过后，钢材消费需求将呈现增长态势，但仍面临较大下行压力。

（三）压产工作有序稳步推进，钢材市场供需逐步改善

2022年6月以来，全国各地已经陆续启动压产工作，一些企业也因行业形势下行主动减产检修。6月下旬开始，钢铁产量开始逐步回落，原燃料价格波动下降，成本重心下移，市场压力小幅释放。后期随着压产工作不断深入，一揽子稳经济政策措施逐步发力，将从供需两端改善钢材市场供需平衡，我国钢铁市场将在传统淡季期间完成底部修复。

综上，全球经济发展形势并不乐观，我国也很难独善其身。但是，我国经济发展韧性足、潜力大、空间广，以国内大循环为主体、国内国际双循环的新发展格局，将最大限度减少国际局势变化对我国经济社会发展的影响。中国钢铁经过“十三五”以来的深化供给侧结构性改革，产业竞争力和抵御风险能力显著增强，有能力、有信心应对国际形势变化和疫情反复的冲击，继续发挥“稳定器”和“压舱石”作用，支撑国民经济发展。全年看，钢铁行业仍将保持一定程度的盈利，但将明显低于2021年。

需要特别关注的是，后续市场的抬头并不是大幅反弹，仅是一定程度的抬头和小幅反弹，不宜太过乐观。随着超过2亿吨产能置换项目逐步落地，行业若无较大调整并积极作为，2023年或将面临更大压力。

三、主要应对措施及建议

（一）畅通国内大循环，推动内需发力

进一步贯彻落实构建以国内大循环为主体的发展格局，借国际大宗商品价格下行“东风”，加快国内项目建设，推动内需发力，促进国内钢材消费并降低项目投资成本。

（二）加强资源保障，稳定钢材生产成本

稳步推进“基石计划”，加强资源保障，降低我国铁素资源的对外依存度，提升资源供给安全度和成本控制力，有效应对国际局势变化对国内钢铁市场的干扰，持续提振市场信心。

（三）加强协同发展，促进产业链平稳运行

加快构建促进全产业链发展的有效机制，引导产业协同发展，适度均衡利润分配，提升全产业链共同应对行业下行的能力，促进平稳运行。

（四）加强供给调控，促进供需平衡发展

扎实推进粗钢产量压减工作，科学调整钢铁供应能力，从供给侧改善市场供需平衡，抑制原燃料价格非理性上涨，促进钢铁行业健康有序发展。必要时，研究出台加强版压产措施，如引入合理产能利用率指标，从产量端缓解批建不符等建设端监管困境。

（五）深挖降本提质空间，全面提升综合竞争力

加强节能减污降碳协同治理，提高能源效率，加大研发投入、产品结构调整和升级改造，深挖降本提质空间，降低生产成本，提升产品质量，全面提升企业综合竞争力。

（六）继续推进兼并重组，进一步提升产业集中度

横纵双向推动兼并重组，横向提升企业规模、集中优势资源、理顺区域布局、化解同质竞争、推动产业耦合、提升话语权；纵向加强资源能源保障、提高产品附加值、促进产业链协同，提升抗风险能力。

我国钢铁行业典型市场下行历程分析与应对探讨[①]

张龙强

钢铁工业是我国国民经济的重要基础产业。我国已建成世界上最完整、最大规模的钢铁工业体系，主体工艺装备达到国际先进水平，创新发展能力和产品质量与服务水平均显著提升，但行业发展进程也并非一帆风顺，期间经历多次不同程度的市场下行历程。

自20世纪90年代我国钢材价格逐步市场化以来，钢铁行业发展大体经历了五次典型的下行历程，成因与应对措施各有侧重，但都经受住了考验，并有一定程度的提升。笔者就五次典型市场下行历程成因和应对措施进行分析，以期对当前正处于第六次市场下行周期的钢铁行业发展提供借鉴和参考。1990年以来，我国钢材价格综合指数变化趋势如图1所示。

一、20世纪90年代以来五次典型市场下行成因与应对分析

（一）第一次市场下行（1993年7月—2001年12月）

市场经济体制转轨过程中，价格秩序重构、低水平项目重复建设、不规范竞争，叠加亚洲金融危机和进口冲击，钢材价格持续下跌。

20世纪90年代初，我国市场经济体制转轨过程中，经济高速增长甚至出现过热，1993年经济过热达到高峰，超过60%的投资增速仍然跟不上需求增长，行业保持高盈利态势，全年利润总额高达290亿元，掀起地方和民营资本投资钢铁热潮。同年，钢材价格“双轨制”终结开启了市场定价模式，原燃料和钢材价格暴涨暴跌，国家开始加强宏观调控。

① 本文2022年11月1日发表在《世界金属导报》头版和冶金工业信息标准研究院微信公众号，有删节。

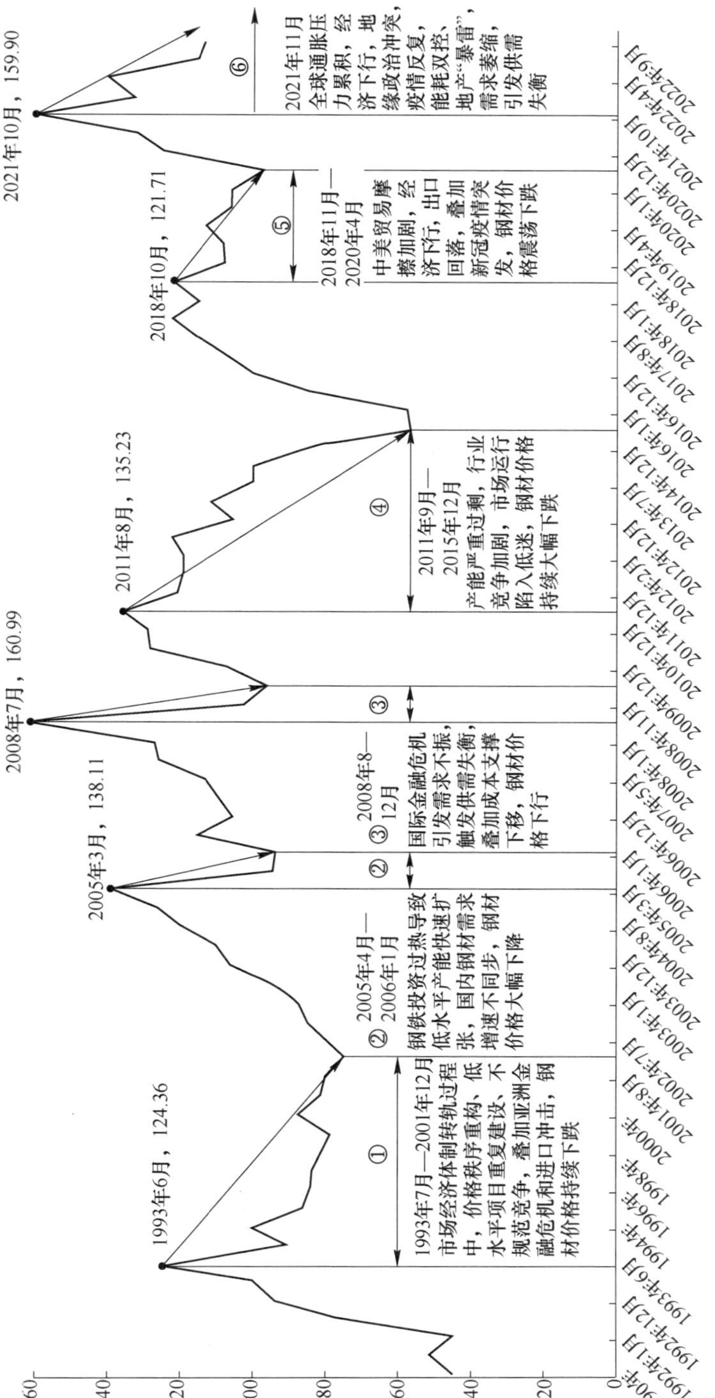

图1　1990年以来我国钢材价格综合指数变化趋势

（数据来源：中国钢铁工业协会、冶金工业信息标准研究院）

1994年，随着宏观调控效果逐步显现，当时冶金工业部决定钢铁发展由规模扩张向结构调整转变，经济和固定资产投资增速逐步降温，钢材需求增长放缓，价格开始回落趋稳，行业效益小幅下滑，全年利润264亿元。但前期快速增加的钢铁投资逐步释放，其中不乏大量的低水平重复建设项目，钢铁市场呈现出需求降温但产量继续增长的局面，供大于求矛盾逐渐显现，钢铁行业由钢材数量短缺逐步向阶段性、结构性过剩发展，竞争加剧，价格下行，行业效益持续下滑，到1997年行业利润只有23亿元。

1998年，亚洲金融危机波及全球，钢材需求锐减，价格走低，日韩低价出口钢材冲击国际市场，进一步加剧我国钢材价格下行趋势，供求矛盾进一步激化，全行业处于亏损边缘，全年行业利润只有9亿元，1999年陷入全行业亏损。

我国采取扩大内需以及适当宽松的财政和货币政策等举措，积极有效应对亚洲金融危机。1999年初，国家冶金工业局遵照国务院和国家经贸委的部署，做出了“控制总量，优化结构，大力提高冶金工业发展质量和效益”的决定。但是，在钢铁行业大规模现代化升级以及民营企业蓬勃兴起的背景下，结构优化效果显著而总量控制影响有限，产量继续保持增长。2000年随着国民经济重新走上快速增长轨道，钢材需求旺盛推动价格回升，2001年下半年受“9·11”事件和入世后进口增长冲击影响，钢材价格再次较大幅度下跌，综合价格指数降至2001年末的75.03，但行业已经开始盈利并逐步上行。

在此期间，我国钢铁行业现代化升级、自主创新和管理提升加速，以宝钢为代表的特大型企业集团相继组建，并建立现代企业制度和管理模式，推动企业运行实现精干高效发展；以连铸为中心的六项关键共性技术相继开发并在全行业推广应用；以全国深入学习邯钢为代表的粗放经营向集约经营转变，对标挖潜降本增效力度加大，企业竞争力持续增强；一批集体所有制钢铁企业转制，钢铁企业主辅分离、减人增效步伐加快，生产效率提升。

（二）第二次市场下行（2005年4月—2006年1月）

钢铁投资过热导致低水平产能快速扩张，国内钢材需求增速不同步，钢材价格大幅下降。

2002年开始，我国经济实现跨越式增长，钢材产品一度供不应求，钢材价格大幅攀升（平均上涨20%以上），据国家统计局数据，钢铁行业出现了1994年以来的首次全行业盈利。丰厚的利润与回报吸引社会各方资本纷纷进入钢铁行业，再次兴起钢铁投资热潮，2002—2004年，钢铁行业固定资产投资同比增长分别为45%、125%和34.3%，产能迅速增加。然而，同期高速增长的钢材需求仍显不足，供求失衡风险快速累积，并于2005年暴发。中国钢铁工业协会首次表示，钢铁生产的总体产能已经由不能满足市场需要转向产能过剩，产能增长过快与需求增速不足的矛盾成为当时钢材价格大幅下滑的关键因素，钢材综合价格指数由2005年4月的139.14下降到2006年1月的93.34，降幅达32.9%。2005年行业仍保持盈利，全年实现利润1274亿元。

2006年，全球经济稳步增长，内需充足外需旺盛。同时，国家相继发布《关于加快推进产能过剩行业结构调整的通知》《关于钢铁工业控制总量淘汰落后加快结构调整的通知》等文件，对缓解前期累积的供需矛盾起到积极作用，同期铁矿石长协价上涨，成本上升和需求增长共同推动钢材价格上涨。全行业实现利润1699.5亿元，增长30%以上。

（三）第三次市场下行（2008年8—12月）

国际金融危机引发需求不振，触发供需失衡，叠加成本支撑下移，钢材价格下行。

2006—2007年，我国经济增长超预期，钢铁行业效益大幅提升，产能规模继续保持快速增长。2008年，美国次贷危机引发国际金融危机重创全球经济，全球GDP增速下降至2.07%，我国GDP也下降至9.65%。内需回落外需疲软，钢材需求大幅下降，触发本轮供需失衡。同期，铁矿石价格暴涨暴跌，年初进口铁矿石价格上涨60%~80%，引发钢材价格上涨预期，企业盲目进口高价铁矿石，导致成本高企、资金紧张等问题。后期因进口铁矿石量远超实际需求，港口铁矿石库存高企，铁矿石现货价格与长协价严重倒挂，钢材价格失去成本支撑迅速下跌。此外，企业为应对下行压力竞相压价，加剧市场波动，全行业开始亏损，钢材综合价格指数由7月的最高点162.26下降到12月末的103.30，下降幅度达36.34%。

2008年11月，为应对国际金融危机，国家推出进一步扩大内需、促进经济平稳较快增长的十项措施，包括加快建设保障性安居工程、加快农村基础设施建设、加快重大基础设施建设等，有效拉动了国内用钢需求。2009年初，国务院常务会议审议并原则通过包含钢铁产业在内的十大产业振兴规划，推动各行业逐步走出低谷。其中《钢铁产业调整和振兴规划》提出，调整产业结构，优化产业布局，提高创新发展能力和产业集中度，规范行业流通秩序等应对措施。

在此期间，国内钢铁行业企业在调整和优化产业布局方面取得明显进展，鞍钢营口鲅鱼圈钢铁基地一期工程、京唐曹妃甸钢铁基地一期工程、邯钢邯宝钢铁基地相继建成；宝钢重组韶钢、广钢组建广东钢铁集团，武钢重组柳钢组建广西钢铁集团，唐钢、邯钢联合重组河北钢铁集团，济钢、莱钢联合重组山东钢铁集团。此外，钢铁企业积极开展技术改造、降本增效、新产品开发等系列攻关，提升产品质量、种类和降低生产成本。

（四）第四次市场下行（2011年9月—2015年12月）

产能严重过剩，行业竞争加剧，市场陷入低迷，钢材价格持续大幅下跌。

尽管在一系列应对国际金融危机的政策驱动下，我国钢铁工业与经济保持同步恢复，2009年实现反转，全年钢铁行业实现利润554亿元（中国钢铁工业协会重点统计钢铁企业利润总额，下同），利润率2.43%。但前期过高的固定资产投资增速推动多行业产能加速扩张，明显高于同期需求增速。“十二五”时期，国外市场持续保持低迷，国内需求增速趋缓，我国众多行业面临供过于求的困境，而钢铁行业尤为凸显，经济效益大幅下降，企业大面积亏损。产能尤其是低效产能过剩、需求收缩、竞争加剧、原燃料价格下跌等是导致当时钢材价格大幅下跌的主要因素，钢材综合价格指数从2011年2月的最高点136.31波动下行至2015年12月的最低点54.48，降幅高达60.03%，当年全行业亏损，亏损额847亿元。

2013年、2015年，《国务院关于化解产能严重过剩矛盾的指导意见》《关于印发对钢铁、电解铝、船舶行业违规项目清理意见的通知》相继发布，行业进一步开展淘汰落后、打击违法违规钢铁产能等工作，并积极推动沿海钢铁基地建设、城市钢厂搬迁、转型升级等调整工作，鼓励有条件企业开展兼并重组，不断提高产业集中度，规范行业发展。

“十二五”期间，随着钢铁工业发展趋缓，企业扩大产能意愿明显减弱，更多企业积极开展转型升级、提高核心竞争力。市场形势倒逼部分竞争力弱的企业逐步退出。面对低迷的市场需求和不断下行的钢材价格，钢铁行业逐步取得产能过剩共识，开始进入由规模增长转向品种质量提升的发展阶段。2016 年，为推进钢铁行业供给侧结构性改革，国务院印发《关于钢铁行业化解过剩产能实现脱困发展的意见》，正式拉开了钢铁行业去产能的序幕，为“十三五”行业企业实现脱困发展打下了坚实基础。

（五）第五次市场下行（2018 年 11 月—2020 年 4 月）

中美贸易摩擦加剧，经济下行，出口回落，叠加新冠疫情突发，钢材价格震荡下跌。

2016 年以来，钢铁行业扎实推进供给侧结构性改革相关工作，通过三年时间完成压减过剩产能 1.5 亿吨以上，全面出清“地条钢”1.4 亿吨。钢铁行业 2016 年当年实现扭亏，2017 年利润大幅增长至 1906 亿元，利润率上升至 5.47%。伴随着设备升级、技术进步和管理提升，钢铁产能利用率大幅提高并推动钢铁产量继续增长，供给过剩压力不断累积。2018 年，中美贸易摩擦不断升级，钢材出口持续下降，同时国内经济下行压力增大，钢材消费增速减慢，11 月进入需求淡季叠加环保限产力度减弱，钢材价格开始回落，但仍保持 7.2%的利润率，全年实现利润 2851 亿元。2019 年，供给侧结构性改革政策红利逐渐退出，经济增速趋缓导致需求减弱，钢材价格进一步下行。同时铁矿石、废钢等主要原材料价格却普遍上涨，成本压力上升，行业效益持续下滑，利润率大幅下滑至 4.57%，全年实现利润 1890 亿元。

2020 年，新冠疫情暴发初期，全球需求萎缩，大宗商品价格全面下行，钢材价格指数降至 2020 年 4 月的低点 96.62，与 2018 年 8 月的高点 122.98 相比降幅达 21.43%，但行业仍保持较好的盈利水平，全年钢铁行业实现利润 2074 亿元。随着我国疫情防控在全球率先取得突破，一揽子稳经济政策逐步发力，内需稳步回升，叠加国际上供需错配形成旺盛出口需求，2020 年 4 月我国钢铁行业运行实现 V 形反转，2021 年行业效益再次刷新历史新高，全年实现利润 3524 亿元，利润率回升至5.08%。

纵观20世纪90年代以来钢铁行业历次典型下行历程，主要呈现以下特点。

一是每一次市场下行都是钢铁供需失衡的体现。一个周期内大都要经历需求增长加速、价格和利润率上升、产能快速扩张并超过需求增速，供需矛盾不断累积并导致失衡，行业开始下行。可见，供给和需求的矛盾长期存在，且基本都是在行业上行期间加速累积，在下行期间集中显现。

二是每一次市场下行都有铁矿石、煤焦等原燃料成本波动的严重影响。一个周期内，前期钢材市场预期良好，原燃料价格不断上涨，并进一步助推钢材成本和价格双升，后期市场供需失衡，钢材价格下行，呈现出高成本、低利润的行业运行态势。

三是每一次市场下行行业深层次矛盾都会显现并加重下行影响。深层次矛盾主要有产业集中度低、话语权不足、产业链延伸不够及违规建设等，这些矛盾在市场上行期往往不被重视，不断累积并持续影响行业发展，成为下一次市场下行的隐患。

四是每一次市场下行行业发展都会受到冲击，同时也取得一定程度的进步。其间，政府、行业企业采取措施积极应对，如布局调整、技术创新、管理优化、转型升级、兼并重组、产业链延伸等，钢铁产业竞争力也因此不断增强并为下一次上行提供动能。

二、我国钢铁行业已进入第六次市场下行周期

2020年以来的新冠疫情对全球经济造成严重冲击，发达经济体普遍采取宽松的货币政策来提振本土经济，但也给后续通胀危机埋下隐患。2021年，全球经济增速放缓、国外通胀危机不断累积、能源供需缺口逐渐增大，导致包括钢材在内的大宗商品价格大幅波动。

2021年，我国钢铁行业发展同样出现较大幅度波动。当年行业利润达3524亿元（钢协会员企业利润），创历史新高，但12月全行业亏损；钢材八大品种平均价格从1月的4870元/t大幅上涨至5月的6139元/t（其中5月第二周高达6744元/t），后又在12月降至5235元/t 。11月，受疫情、能耗双控特别是地产“暴雷”影响，钢材需求锐减，价格也从10月的6065元/t快速降至5422元/t，由此开启本轮下行通道。

之所以认为行业进入了市场下行通道或市场下行周期，主要原因是占钢材消费比重近35%的房地产市场已经趋于饱和，很难再维持近年来建筑钢材消费水平，更难提供消费增量，除非有重大调整（如快速大规模推行钢结构建筑），钢材消费量、价格和效益的较大幅度增长短期内已经不具备支撑条件。

2022年以来，地缘政治冲突进一步加剧全球经济下行压力，主要发达经济体掀起加息潮对抗通胀，全球经济增速持续下滑，钢材需求明显萎缩，但原燃料采购成本较长时间处于高位，特别是焦炭已经成为又一影响成本的重要因素。钢铁市场呈现供给减量、需求收缩、成本上涨、利润下滑等特征，钢材价格持续下行。总体看，2022年钢铁行业已经度过最艰难的7月，8月实现小幅抬头，9月进一步回升，全年将保持盈利，但下行趋势没有改变。考虑到疫情、地缘政治、置换产能逐步落地等因素，明年如无重大利好，钢铁行业将面临更为严峻的考验。

三、应对策略探讨

党的二十大报告提出，未来五年是全面建设社会主义现代化国家开局起步的关键时期，高质量发展是全面建设社会主义现代化国家的首要任务。当前中国钢铁工业正处于高质量转型发展关键时期，面临的困难和挑战是全球性的，但也蕴含着无限发展机遇，是中国钢铁工业引领全球必须要攻克的难关，需要政府、行业和企业勠力同心，共同应对新形势、新挑战，建议重点做好以下几方面工作。

（一）政府层面

一是继续实施产能产量双控，积极探索调控新方式。如畅通产能指标、产量指标、能耗指标等要素流动通道，优化要素资源配置，支撑我国统一大市场建设；引导底单外产能、统计外产量合规化或有序退出；适时引入合理产能利用率指标，从产量端缓解批建不符等建设端监管困境。

二是进一步鼓励支持优势企业加快兼并重组步伐，包括跨区域、跨行业、跨所有制及产业链重组，大幅提高产业集中度和促进产业链耦合发展，促进优质要素资源向优势企业集中，发挥更大的重组整合协同效应。

三是加强原燃料保供稳价力度，如进一步加强国产铁矿石和废钢资源保障，适度放开焦煤企业限产管理。

四是鼓励高端产品出口，充分发挥中国钢铁产品竞争力优势，稳定并提升高端产品全球市场份额。

五是优化钢材消费结构，推动产业链绿色协同发展。如大规模推行钢结构建筑，经初步测算，若考虑80%新增公路桥梁和70%房屋采用钢结构，年用钢增量将达到亿吨量级（基于2021年数据测算）。

（二）行业层面

一是充分发挥标准的基础性、引领性作用，推动下游行业广泛引用钢铁行业相关标准，畅通钢铁应用通道。

二是加快推动钢铁材料替代，如钢制公共设施、家具、餐具等，也包括钢结构建筑。

三是组织协调产业链各方，加强钢铁材料基础和应用研究，促进关键共性技术、新材料研发、高端装备等实现重大突破。

四是坚定信心，保持战略定力，坚持高质量发展，持续推动钢铁行业能效提升、智能制造、绿色低碳等重点工作。

（三）企业层面

一是以极致能效为主线，开展技术创新、产线升级、管理优化等相关工作，实现节能降碳协同发展。

二是充分把握下行期的发展机遇强身健体。不同于上行期企业要积极生产和固本培元，下行期侧重于降本增效、技改升级、兼并重组等，如2015年建龙集团成功整合500万吨规模的山西海鑫钢铁集团。

三是以拓展生存空间为导向，及时谋划转型突破提升。如传统建筑用钢（钢筋和线材）需求下降，相关企业须及时调整发展战略。

四是积极推进数字化、智能化进程，进一步提升企业生产效率、管控能力和产品质量，逐步建立卓越产品的国际竞争优势。

五是坚持“三定三不要”① 原则，积极应对，在市场冲击中获得新的成长，实现高质量发展。

---

① “三定三不要”是中国钢铁工业协会党委书记、执行会长何文波基于当前市场形势，向行业推荐的经营原则，即以销定产，不要把现金变成库存；以效定产，不要产生经营性“失血”；以现定销，不要把现金变成应收款。

四、结语

“十四五”我国钢铁行业已经进入新一轮下行周期，但下行深度和周期长度都不会超过“十二五”时期。经过“十三五”以来持续供给侧结构性改革，钢铁行业竞争力和抗压、抗风险能力明显增强，应对行业下行的经验更为丰富，资金储备更为充足，为行业化危为机、走出困境赢得抓手，释放更多的时间和空间。全行业应保持战略定力，坚定不移推进行业高质量发展。

出口税则税目调整　助力钢材出口分类施策[①]

张龙强

2021年，财政部、税务总局两次发布关于取消部分钢铁产品出口退税的公告，国内钢铁产品出口不再享有退税优惠。取消出口退税在压减国内钢铁产量、保障资源供应、限制初级产品出口和促进国内市场供需平衡等方面发挥了重要作用，但也一定程度影响了我国高端钢材产品出口竞争力。

中国钢铁工业协会积极向有关部门反映钢铁企业继续参与高端产品国际竞争的诉求，提出鼓励高端产品出口、控制一般产品出口，避免“一刀切”等建议，同时组织行业专家开展高端产品划分和税则号细分研究工作，冶金工业信息标准研究院参与了相关工作。

一、税则税目调整新增3个税号

2022年12月28日，国务院关税税则委员会发布公告，对部分货品税则税目进行调整，其中涉及钢材产品的调整主要包括以下内容。

税则号7225（其他合金钢平板轧材，宽度在600mm及以上）下原子目72253000（其他卷材，除热轧外未经进一步加工）删除，调整后为72253（其他卷材，除热轧外未经进一步加工），并在此项下新增72253010（厚度在2mm及以下）和72253090（其他）两个子目。

税则号7227（不规则盘卷的其他合金钢热轧条、杆）下原72279090（其他）子目删除，调整后为7227909（其他），并在此项下新增72279091（截面为圆形的）、72279099（其他）两个子目。

税则号7228（其他合金钢条、杆；其他合金钢角材、型材及异型材；合金钢或非合金钢制的空心钻钢）下原72283090（其他）子目删

① 本文2023年1月1日发表在冶金工业信息标准研究院微信公众号上。

除，调整后为7228309（其他），并在此项下新增72283091（截面为圆形的）和72283099（其他）两个子目。

综上，本次涉钢税则税目调整主要是新增了3个细分税号，即72253010（厚度在2mm及以下合金钢卷材）、72279091（截面为圆形的不规则盘卷的合金钢条杆）和72283091（截面为圆形的合金钢条杆）。

2023年，我国涉钢税则税目调整对应情况见表1。

表1　2023年我国涉钢税则税目调整对应情况

序号	调整前		调整说明	调整后		税则号列对应关系	
	税则号列	货品名称		税则号列	货品名称	调整前	调整后
1	72.25	其他合金钢平板轧材，宽度在600mm及以上		72.25	其他合金钢平板轧材，宽度在600mm及以上		
	7225.3000	——其他卷材，除热轧外未经进一步加工	删除子目			7225.3000	7225.3010、7225.3090
					——其他卷材，除热轧外未经进一步加工		
			新增子目	7225.3010	——厚度在2mm及以下	ex7225.3000	7225.3010
			新增子目	7225.3090	——其他	ex7225.3000	7225.3090

续表 1

序号	调整前		调整说明	调整后		税则号列对应关系	
	税则号列	货品名称		税则号列	货品名称	调整前	调整后
2	72.27	不规则盘卷的其他合金钢热轧条、杆		72.27	不规则盘卷的其他合金钢热轧条、杆		
		——其他			——其他		
	7227.9010	——含硼合金钢制		7227.9010	——含硼合金钢制		
	7227.9090	——其他	删除子目			7227.9090	7227.9091、7227.9099
					——其他		
			新增子目	7227.9091	——截面为圆形的	ex7227.9090	7227.9091
			新增子目	7227.9099	——其他	ex7227.9090	7227.9099
3	72.28	其他合金钢条、杆；其他合金钢角材、型材及异型材；合金钢或非合金钢制的空心钻钢		72.28	其他合金钢条、杆；其他合金钢角材、型材及异型材；合金钢或非合金钢制的空心钻钢		

续表 1

序号	调整前		调整说明	调整后		税则号列对应关系	
	税则号列	货品名称		税则号列	货品名称	调整前	调整后
3		——其他条、杆，除热轧、热拉拔或热挤压外未经进一步加工			——其他条、杆，除热轧、热拉拔或热挤压外未经进一步加工		
	7228.3010	——含硼合金钢制		7228.3010	——含硼合金钢制		
	7228.3090	——其他	删除子目			7228.3090	7228.3091、7228.3099
					——其他		
			新增子目	7228.3091	——截面为圆形的	ex7228.3090	7228.3091
			新增子目	7228.3099	——其他	ex7228.3090	7228.3099

注：含 ex 项的税则号列，代表仅为该项税则号列的一部分。

二、税则税目调整有积极意义

本次税则税目调整重点关注出口数量较大、钢铁企业反映较为集中的品种。虽然钢铁产品进出口关税税率仍维持 2022 年水平，但是通过细分税号为我国钢材出口精准调控奠定良好基础，对我国钢铁产品的生产和国际流通有积极意义。

一是有利于应对国际贸易摩擦。2015 年取消含硼钢出口退税前，合金钢条、杆曾是我国出口占比最高的钢材品种，也是我国国际贸易摩擦频发品种。本次通过对部分合金钢品种税号细化分类，有利于规范出口秩序。

二是有利于钢材出口分类施策。税号细分是下一步完善钢铁高端产品划分方案的基础。通过对钢铁高端产品和一般产品出口分类施策，避免“一刀切”，有利于解决当前我国高附加值产品出口配额被占用问题，助力提升我国高端钢材国际竞争力和市场份额。

三是有利于钢铁行业转型升级。税号细分充分体现了我国钢铁企业积极参与高端产品国际竞争的意愿与诉求，通过税号细分有利于引导我国钢铁企业优化产品结构，提高资源利用水平，促进转型升级和高质量发展。

三、涉钢税则税目调整仍需加大推进力度

本次钢材进出口税则税目细分是继 2021 年取消钢材出口退税后又一重要调整。钢材品种众多且国际贸易形势复杂多变，构建科学、与时俱进的税则税目是一项长期的工作。进一步推进高端钢材税号精准划分，实现规范性、专业性与可操作性的统一，对提升我国高端钢材国际竞争力、应对国际贸易摩擦、促进产品结构优化等方面将发挥更大作用。

标准引领篇

砥砺奋进新时代　开创钢铁标准化事业新篇章[①]

张龙强

标准作为经济活动和社会发展的技术支撑，是国家治理体系和治理能力现代化建设的基础性制度，是钢铁行业高质量发展的重要技术支撑。党的十八大以来，钢铁行业深入学习习近平新时代标准化工作重要论述，立足新发展阶段，贯彻新发展理念，构建新发展格局，奋力开创我国钢铁标准化事业新局面。

党的十八大以来，钢铁行业持续推动深化标准化改革举措落地见效，标准体系日臻完善，标准数量和质量大幅提升，标准化管理体制和运行机制更加顺畅，标准化人才队伍不断发展壮大，全行业标准化意识不断提升。截至 2022 年 6 月底，在标准体系建设方面，钢铁行业已发布国家标准 1600 余项、行业标准 1400 余项、国家军用标准 150 余项，团体标准 260 余项；在标准化课题研究方面，钢铁行业已完成国家部委重点标准研究课题 100 余项，转化标准数量超 500 项；在技术组织和专家队伍建设方面，建立了 39 个标准化专业技术组织（含技术委员会、分技术委员会、工作组），委员近 1600 名，其中包括 6 位两院院士；在国际标准化方面，承担 ISO 国际标准化技术机构秘书处 6 个，担任 ISO 技术机构主席 6 人，注册国际专家超 300 名，提出并发布 ISO 国际标准 83 项；在国际标准化对外合作交流方面，与日本铁钢联盟（JISF）、德国钢铁标准委员会（FES）等多个国外标准化技术组织建立了广泛的合作交流机制。

党的十八大以来，钢铁行业以创新驱动为牵引，以服务行业发展需求为目标，坚持绿色低碳、智能制造双轮驱动，突出标准引领，参与国

① 本文发表在《冶金标准化与质量》2022 年第 5 期，2022 年 8 月 10 日发表在《中国标准化》，有删节。

际标准化治理，推动钢铁行业高质量发展。

一、实现“质”和“量”的提升

党的十八大以来，钢铁行业作为我国国民经济的重要基础产业和我国最具全球竞争力的优势产业，以标准化战略为指引，依托全国标准化技术委员会平台和国际标准化组织国内技术对口单位平台，构建国标、行标、军标、团标“四位一体”的多元建设模式，标准数量增加到3400余项，覆盖钢铁行业全流程，涵盖基础通用、产品、方法和管理等各个领域；与国际先进标准相比，约85%的标准达到国际先进水平，近1%的标准达到国际领先水平。

二、聚焦重点关键技术标准研制

党的十八大以来，钢铁行业以满足重大装备和重大工程需求为目标，围绕行业发展中遇到的瓶颈问题和突出共性问题，开展了200多项重点新材料标准研制，发布了《超高洁净高碳铬轴承钢通用技术条件》《船用高强度止裂钢板》《深海油田钻采用高强韧合金结构钢棒》等一批重点标准，将先进适用的科技创新成果融入标准，加快成果转化应用，助力钢铁行业转型升级；开展了《钢筋混凝土用钢　第2部分：热轧带肋钢筋》《铁路用热轧钢轨》《桥梁缆索钢丝用盘条》等一批重点质量提升标准项目的研制，通过提升标准技术水平，增强钢铁产品的市场竞争力。

三、用国际标准再造行业发展新优势

党的十八大以来，钢铁行业创新工作思路，瞄准重点产品，发挥国际秘书处和国际标准化组织国内技术对口单位的平台优势和资源优势，将行业内优秀的企业聚集起来，积极参与国际标准化治理，将“国内标准”升级为“国际标准”，实现标准从国内到国际“无缝衔接”。服务上百家企业参与国际标准化活动，推动83项国内标准升级为国际标准，发布百余项标准外文版，推动中国标准与国际标准体系兼容，提升企业国际品牌影响力，增强行业国际话语权，服务钢铁行业全球技术创新和贸易发展。

四、构建“绿色低碳”标准化体系建设

党的十八大以来，钢铁行业贯彻落实党中央应对气候变化方面的战略决策，积极推进“双碳”标准化工作。钢铁行业开展一批绿色产品、绿色工厂等重点标准研制；组织成立钢铁行业低碳工作推进委员会低碳标准研究工作组，编制《钢铁行业低碳标准体系建设指南》，发布《钢铁生产企业二氧化碳排放核算方法》标准；参与钢铁产品EPD（环境产品声明）平台建设，在碳达峰、碳中和“3060”目标约束下，立足绿色低碳高质量发展方向，坚持生态优先绿色低碳标准引领，推动钢铁行业绿色低碳可持续发展。

五、推动行业由“制造”向“智造”转变

党的十八大以来，钢铁行业加快推进智能制造标准化工作，包括成立全国钢标委冶金智能制造标准化工作组，成为国家智能制造标准化总体组成员单位、国家制造强国建设战略咨询委员会智能制造专家委员会委员；按照“共性先立、急用先行”的总体原则，启动钢铁行业智能制造重点标准研制项目；提出了《钢铁行业智能制造标准体系建设指南》。在行业协同努力下，目前已有超过150家单位参与到100项标准的研制中，有力推动了智能制造优秀项目在钢铁行业落地，赋能钢铁行业高质量发展。

六、抢占科技创新和行业发展“制高点”

党的十八大以来，钢铁行业积极落实“以科技创新提升标准水平”的要求，把更多的自主创新成果、核心关键技术转化为标准，发挥标准作为科技创新“助推器”的作用。钢铁行业持续加强科技创新与标准互动机制，将标准研制嵌入科技研发全过程，开展“钢铁工业科技成果转化标准”行动，承担科技部重点专项计划《战略性关键矿产材料及相关试验方法国际标准研究与应用》等国家部委数十项重点标准科研项目，加快推动一批科技创新成果转化为标准，依靠科技创新提升标准质量水平和竞争力，提高标准的“含金量”，服务钢铁行业创新发展。

七、持续强化标准“行得通”“用得好”

党的十八大以来，钢铁行业持续谋划顶层设计，加大先进标准的有效供给、提高标准的先进性和协同性，抓好标准制定，强化标准宣贯、实施和应用。钢铁行业组织召开各种形式的标准宣贯会、研讨会、技术交流会、云课堂和培训班上百次，针对《全工艺冷轧电工钢》《钢筋混凝土用钢　第2部分：热轧带肋钢筋》等有重大影响力的标准进行及时有效宣贯，确保标准“行得通”“用得好”。同时，钢铁行业在标准宣贯的形式和内容上做了新尝试，成功举办了“首届钢铁标准与检测技术发展论坛”，受到行业的广泛关注和一致好评。

八、以“高标准”推动企业产品质量提升

党的十八大以来，钢铁行业紧跟国家标准化改革创新的要求，以标准为牵引，推动计量、检验检测、认证认可融合发展，健全国家质量基础设施一体化发展体制机制；通过实施标准创新型企业制度，以标准创新推动企业技术创新、管理创新和服务创新。钢铁行业开展了电工钢、轴承钢、冷镦钢等一批重要产品企业领跑者评价工作，一批领军企业获得企业标准“领跑者”证书。通过推动企业立足自身发展制定高水平企业标准，以标准全面提档推动钢铁行业和企业转型升级。

九、为标准化人才竖“航标”建“航道”

党的十八大以来，钢铁行业积极落实国家关于“加强标准化人才队伍建设”的要求，持续培养建立多层次高水平人才。在国内标准化方面，有近1600名（包括6位两院院士）委员参与到标准化活动中；在国际标准化方面，有6名专家担任ISO技术机构主席，有超300名注册国际专家；在职业教育培训方面，已开展3期冶金工业领域标准编审职业技能等级证书学习班，培训百余名专业人员。通过积极培养标准化高端和实用人才，培养更多为国奉献钢筋铁骨的高素质标准化人才，夯实钢铁标准化事业发展人才根基。

进入新时代，站上新起点，我们将以习近平新时代中国特色社会主义思想为指导，认真贯彻落实《国家标准化发展纲要》，以钢铁强国的使命担当，坚持标准引领，坚持国际突破，促进钢铁行业创新发展、绿色低碳发展，以钢铁标准化工作的新成效迎接党的二十大胜利召开！

贯彻落实《国家标准化发展纲要》促进钢铁行业标准化高质量发展再上新台阶①

张龙强

标准化是国家治理体系和治理能力现代化建设的基础性制度，是钢铁行业高质量发展的重要技术支撑。2021 年 10 月，中共中央、国务院印发的《国家标准化发展纲要》（以下简称《纲要》），为钢铁行业标准化中长期发展指明了方向，对我国钢铁行业标准化事业发展具有重要里程碑意义。

一、全面系统把握《纲要》内涵

当今世界正经历百年未有之大变局，全球治理体系与治理规则正在深刻调整，国际社会越来越关注和重视标准化工作。近年来，美国等发达国家，以及 ISO 等国际标准组织普遍制定实施标准化战略规划，以应对新一轮科技革命和产业变革。我国高度重视标准化工作，党中央、国务院将其纳入国家、地方政府专项规划的重要内容，这充分凸显了标准化在推进国家治理体系和治理能力现代化中的基础性、引领性作用。

《纲要》提出，到 2025 年，我国标准化发展将实现四个转变，即：标准供给由政府主导向政府与市场并重转变，标准运用由产业与贸易为主向经济社会全域转变，标准化工作由国内驱动向国内国际相互促进转变，标准化发展由数量规模型向质量效益型转变。面向 2035 年，《纲要》从标准体系更加健全、标准化管理体制更加完善、标准化工作格局全面形成三个方面描绘了远景目标。

这些目标在凝聚社会共识、把握国内外发展趋势的基础上提出，既考虑了我国标准化工作现实基础和国家发展重大需求，也兼顾了国际标

① 本文发表在《中国标准化》2022 年第 2 期（上），有删节。

准化发展环境和趋势。这意味着，在未来五年及更长时期，标准化将更加有效推进国家综合竞争力提升，促进经济社会高质量发展，在构建新发展格局中发挥更大作用。

二、标准化推进钢铁行业治理

钢铁行业是我国国民经济的重要基础产业，是我国最具全球竞争力的产业之一。新中国成立70多年来，在中国钢铁行业曲折而辉煌的奋斗中，钢铁行业标准化发挥了重要的支撑和引领作用，走出了一条“探索-发展-提升”的进阶之路。党的十八大以来，钢铁行业持续深化标准化工作改革，以创新为牵引，以服务行业发展需求为目标，突出标准引领，参与国际标准化治理，推动钢铁行业高质量发展。

一是深化标准化改革，着力构建新型标准体系。1991年，伴随着全国钢标准化技术委员会的成立，钢铁行业就率先建立了钢铁行业标准体系。截至目前，我国现有钢铁行业国标、行标、军标、团标共计3000余项，基本形成了一套支撑行业高质量发展的标准体系。2021年，全国钢标准化技术委员会作为试点单位，按照《国家标准体系优化试点工作方案》提出的“六个一批”的要求，着力构建新型钢铁行业标准体系，用先进标准进一步支撑和引领钢铁行业高质量发展。

二是增加标准有效供给，支撑行业创新发展。聚焦制约钢铁行业高质量发展的热点、难点问题，依托全国标准化技术委员会和团体标准秘书处的平台，快速响应市场需求，积极有效地开展各层级标准研制，特别是在先进性团体标准、量大面广产品、新材料、绿色低碳和智能制造标准化方面，开展了大量卓有成效的工作，支撑钢铁行业创新发展。

三是贡献中国智慧和方案，持续推动中国钢铁走向世界。钢铁行业在国际标准化领域稳打稳扎，国际标准化工作取得显著成效。截至目前，钢铁行业累计牵头发布ISO国际标准数量70余项，约占全国总数的10%；发布外文版标准80项（含1项俄文版），约占全国总数的8%；国际标准转化率达83%；选派上百位专家持续深入参与工作，其中18人次专家获得“ISO卓越贡献奖”，占全国获奖人数的39%。

四是加强关键技术成果研究，推动科技成果与标准转化。钢铁行业高度注重以标准固化创新研究成果，在2001年，承担了科技部“十五”国家重大科技专项计划“安全、环保型汽车用材料标准体系的研究”，并先后承担了国家部委百余项重点标准科研项目；“十三五”期间，开展“钢铁工业科技成果转化标准”行动，下达科技成果转化标准计划；2021年，牵头承担了科技部重点专项“战略性关键矿产材料及相关试验方法国际标准研究与应用”，助推一批科技创新成果转化为标准，以标准化服务行业发展。

五是强化标准实施应用，积极开展标准宣贯。钢铁行业历来重视标准的实施应用。近两年，全国钢标准化技术委员会等钢铁行业秘书处组织召开线上线下各种形式的标准宣贯会、研讨会、技术交流会、云课堂和培训班20余次，共计约3000余人次参会，受到了行业和企业的广泛关注和一致好评，为标准的顺利实施打下了坚实的基础。

三、新形势下钢铁行业标准化工作的思考

2021年10月，《纲要》的发布，在钢铁行业引起了强烈的反响。钢铁行业标准化工作者一致认为，《纲要》充分体现了党中央、国务院对标准化工作的高度重视，为进一步统筹推进钢铁行业标准化发展指明了方向，对我国钢铁行业标准化事业发展具有重要里程碑意义。

面向未来五年及更长时期，钢铁行业将深入学习并认真贯彻落实《纲要》精神，更加重视并发挥标准化工作的基础性、引领性作用，着力做好以下五项重点工作，为钢铁行业高质量发展提供重要技术支撑。

一是做好重点领域标准体系规划布局。《纲要》提出，要加快构建推动高质量发展的标准体系。钢铁行业要抓紧落实《国家标准体系优化试点工作方案》的要求，持续优化标准供给结构，在做优现有钢及合金标准体系的同时，重点做实新型标准体系，做到新型领域标准体系与传统标准体系的融合发展，实现钢铁行业高质量标准体系建设再上新台阶。

二是持续优化钢铁行业标准数量和结构。《纲要》提出，要优化标准化治理结构。钢铁行业要进一步贯彻国标、行标、军标、团标“四位一体”的建设模式，把市场急需、质量提升、关键基础材料、绿色低碳、智能制造等标准纳入工作重点，持续强化钢铁行业重点标准研制，提出重点产品质量分级标准，实现钢铁行业标准化由数量规模型向质量效益型转变。

三是持续深度参与国际标准活动。《纲要》提出，要提升标准国际

化对外开放水平。钢铁行业要继续按照国家标准化战略部署，响应国家“一带一路”倡议，以我国标准在国内市场的实际应用为基础，支持企业牵头提出重点领域国际标准提案，力争“十四五”末国际标准转化率达到90%以上；同时牵头承担新兴领域国际秘书处和管理职位，加快重点产品外文版标准制定，积极贡献中国智慧，分享中国方案。

四是持续提升标准化技术支撑水平。《纲要》提出，以科技创新提升标准水平。钢铁行业要加强国家产业政策研究，紧跟国内外科技前沿，聚焦制约行业高质量发展的热点、难点问题，探讨建立共性技术研发机制，探索建立行业标准验证中心，力争到“十四五”末国家技术标准创新基地有较大突破；深入推动实施企业领跑者制度，强化标准服务科研成果转化机制，通过标准推动行业进步、提升标准化水平。

五是夯实标准化人才队伍根基。《纲要》提出，加强标准化人才队伍建设。人才是做好标准化工作的基础，钢铁行业要持续培养建立多层次高水平人才。要积极选派年轻同志参与国际国内标准化工作，牵头制定标准、主持标准科研项目，提升标准化工作能力；要充分发挥年轻标准化人才和行业老专家的积极性，建立优势互补、资源共享的标准化人才库，夯实标准化工作人才队伍根基，让人才助力行业发展。

逐梦新征程，标准引未来。钢铁行业要立足新发展阶段，践行新发展理念，加快贯彻落实《纲要》的要求，持续深化标准化工作改革，以标准为抓手，强化行业治理，推动钢铁行业高质量可持续发展。

贯彻落实《国家标准管理办法》推动钢铁行业高质量发展[①]

张龙强

2022年9月，国家市场监督管理总局公布了《国家标准管理办法》(以下简称《办法》)。《办法》从规范国家标准制定、实施和监督等方面对钢铁行业提出了具体要求；《办法》的发布，将对钢铁行业更好发挥标准基础性、引领性作用，推动钢铁行业高质量发展起到积极促进作用。

一、《办法》提出新背景

一是贯彻落实《标准化法》的需要。新修订的《中华人民共和国标准化法》(以下简称《标准化法》)于2018年1月1日起施行，对国家标准的制定、实施和监督管理等方面都提出了新的要求，对国家标准的范围、实施、复审等要求予以进一步明确。为了贯彻落实新《标准化法》要求，有必要修订《办法》。

二是完善标准化管理制度体系的需要。原国家技术监督局1990年发布的《国家标准管理办法》对强制性国家标准和推荐性国家标准的管理作了统一规定，但二者在标准属性、功能定位上都有所不同，特别是新《标准化法》发布后，现有规定已不再适应新的工作要求。为了完善标准化管理制度体系，构建协调配套的国家标准管理体制机制，有必要修订《办法》。

三是实现与国际接轨的需要。原国家技术监督局1990年发布的《国家标准管理办法》提出了积极采用国际标准和国外先进标准的要求，但是对结合国情采用国际标准、推进中国标准与国外标准之间的转

① 本文发表在《冶金标准化与质量》2022年第6期和冶金工业信息标准院微信公众号，有删节。

化运用、鼓励同步开展国家标准中外文版制定并没有明确的规定。为了积极推动我国标准体系更好与国际衔接协调，加强国家标准外文版制定，有必要修订《办法》。

二、《办法》发布新要求

一是更加突出标准支撑引领。《办法》提出，制定国家标准应当有利于便利经贸往来，支撑产业发展，促进科技进步，规范社会治理，实施国家战略。可以看出，随着国家标准化改革深入推进，标准化从生产贸易的技术手段上升为规范社会治理和实施国家战略层面，在推动经济社会发展的重要地位凸显。

二是更加突出全域标准化。《办法》提出，对农业、工业、服务业以及社会事业等领域需要在全国范围内统一的技术要求，可以制定国家标准（含国家标准样品）。可以看出，标准化发展要面向经济社会全领域，实现农业、工业、服务业和社会事业等领域的全覆盖，推动全域标准化深度发展。

三是更加突出标准全生命周期管理。《办法》提出，根据国家标准实施情况，定期组织开展重点领域国家标准实施效果评估。可以看出，标准要实行全生命周期管理，不仅要抓好标准的制定，更要加强标准的实施和监督，提高标准的先进性和协同性，提高国家标准应用效果和质量。

四是更加突出标准国际转化。《办法》提出，积极推动结合国情采用国际标准；鼓励国家标准与相应国际标准的制修订同步，加快适用国际标准的转化运用。可以看出，标准要实现先进适用国际标准及时转化、同步推进，促进我国在相关领域标准的国际化，推动我国标准体系更好与国际衔接协调。

三、钢铁行业落实《办法》的工作建议

标准作为经济活动和社会发展的技术支撑，是国家治理体系和治理能力现代化建设的基础性制度，是钢铁行业高质量发展的重要技术支撑。党的十八大以来，钢铁行业以创新驱动为牵引，以服务行业发展需求为目标，坚持绿色低碳、智能制造双轮驱动，突出标准引领，参与国际标准化治理，持续推动深化标准化改革举措落地见效。

下一步，钢铁行业将深入学习并认真贯彻落实《办法》要求，更加重视并发挥标准化工作的基础性、引领性作用，着力做好以下五项重点工作，为钢铁行业高质量发展提供重要技术支撑。

一是结合重点工作做好标准项目立项。《办法》将重要产品和系统、引领行业发展的相关技术纳入了国家标准的制定范畴，同时鼓励将科技成果转化为国家标准，围绕国家科研项目和市场创新活跃领域，同步推进科技研发和标准研制。当前，钢铁行业正处在高质量发展的转型期，智能制造和绿色低碳成为行业高质量发展的两大主题，钢铁产品质量不断提升，一大批与重大装备和工程配套的关键产品、新材料不断被攻关突破。钢铁行业应及时将这些新产品、新技术以及新的科研成果转化为国家标准，以更高的效率、更快的速度在全国范围内推广应用，以标准化服务行业创新发展。

二是持续严格规范标准制定程序。《办法》指出，由全国专业标准化技术委员会，受国务院标准化行政主管部门委托，负责组织开展推荐性国家标准的起草、征求意见、技术审查、复审工作，承担归口推荐性国家标准的解释工作。钢铁行业将持续以“公开的申报渠道、严格的审核标准、规范的管理流程”为准则，进一步规范国家标准的制定程序，从源头上保障项目的必要性、可行性；同时，以全国标准化技术委员会为依托，充分调动并利用技术委员会委员的作用严把标准的科学性、合理性、适用性、规范性，按照《办法》的要求，确保在18个月内全面高质量地完成国家标准计划，在现有国家标准计划平均完成率已达到95%的基础上提升至100%。

三是持续增加标准有效供给。《办法》明确，国际标准的采用和转化运用机制，增设团体标准转化制定为国家标准的特殊程序。钢铁行业将继续通过加强标准比对分析，加大钢铁领域国际标准的转化力度，力争“十四五”末，国际标准转化率提升至90%以上，国家标准外文版超200项，提高我国标准体系与国际标准衔接度。同时，厘清国家标准与团体标准的定位和边界，转化已不适合继续作为国家标准、但仍在市场上发挥作用的国家标准为团体标准；采信符合国家标准定位、填补国家标准空白的、已实施一段时间且实施效果良好的团体标准为国家标准，通过“总结经验、固化机制”，建立钢铁领域政府标准与市场标准转化的畅通渠道。

四是促进冶金标准样品再升级。《办法》强调，国家标准规定的技术指标以及有关分析试验方法，需要配套标准样品保证其有效实施的，应当制定国家标准样品；同时明确标准样品的编号规则。冶金标准样品将继续广泛征集国家标准样品研制项目，对符合国家产业政策，加快促进行业高质量发展和市场急需的标准样品研制，重点围绕特种钢、汽车用钢、海洋工程用钢、能源用钢、高强结构钢、稀土钢、高温合金、新一代功能复合化建筑材料、铁矿石、铁合金等领域加强开展标准样品开发力度，确保标准样品的均匀性、稳定性、准确性和溯源性，加大标准样品的市场供给力度，支撑钢铁产品质量不断升级。

五是更好促进标准实施应用。《办法》规定，国家标准的发布与实施之间应当留出合理的过渡期，国家标准发布后实施前的过渡期内，企业可在新旧版本标准间选择执行；而新版国家标准一旦实施，原国家标准即同时废止。此外，《办法》不仅明确给出了国家标准实施效果的评估内容，还规定国家标准的复审工作应与标准实施信息反馈及实施效果评估情况有机结合。钢铁行业将积极调研重点标准的实施应用情况，跟进标准实施效果评估，做好标准新旧版本衔接。同时，以点带面，建立健全覆盖钢铁行业标准制定实施全过程的追溯、监督和纠错机制，逐步实现标准研制、实施和信息反馈闭环管理，推动钢铁行业标准实施应用取得新成效。

把握好钢铁标准化工作的五个着力点①

张龙强

2022年3月5日，十三届全国人大五次会议在北京开幕，李克强总理在《政府工作报告》（下称《报告》）中就“加强高标准市场体系建设”“高标准高质量建设雄安新区”“推动与更多国家和地区商签高标准自贸协定”等提出明确要求。贯彻落实《报告》要求和标准化工作密切相关，随着国家标准化改革深入推进，标准化从生产贸易的技术手段上升为国家治理的基础性制度，在推动经济社会发展的重要地位凸显，标准化工作迎来新的战略机遇期。

2022年，结合《报告》和《2022年全国标准化工作要点》（下称《要点》）等，笔者认为钢铁标准化工作要重点在五个着力点上下功夫，切实服务行业高质量发展。

一、着力加快构建推动高质量发展的标准体系

高质量发展的标准体系是推动行业健康发展的重要引擎。在碳达峰、碳中和目标下，提升中国钢铁行业全球竞争力，全面建成钢铁强国、全面引领世界钢铁，钢铁行业应更加重视并发挥标准化工作的基础性和引领性作用。2021年，全国钢标准化技术委员会作为全国首批开展国家标准体系优化工作的五家试点单位之一，从全产业链角度，针对绿色化、智能化、高端化和国际化发展新需求，初步形成了体系优化方案。2022年，全国钢标准化技术委员会将在优化重构体系的过程中，充分体现体系的科学性、先进性和协调性，存量整合标准项目达到30%，同时按需提出一批绿色、低碳、智能等领域增量标准项目，构建与行业发展相适应的标准体系，以新型标准体系为抓手促进形成行业发展新优势。

① 本文2022年3月15日发表在《世界金属导报》A11版和冶金工业信息标准院微信公众号，有删节。

二、着力增强标准化发展的内生动力

紧跟国家标准化改革创新的要求，建立标准创新型企业制度，以标准创新推动企业技术创新、管理创新和服务创新。近两年，钢铁行业加快推进企业标准“领跑者”制度。2021 年，宝钢、津西、荣钢等一批优秀企业通过建立具有自身特色的技术指标脱颖而出，已通过电工钢、热轧钢板桩、预应力盘条等标准“领跑者”评价。2022 年，钢铁行业将持续深入开展企业标准“领跑者”评价工作，推动企业立足自身发展制定高水平企业标准，以标准全面提档推动钢铁行业和企业转型升级。

三、着力强化标准实施和应用

标准要实行全生命周期管理，不仅要对标准的研制进行布局，更要加强标准的实施和应用，要让标准真正“活”起来、“化”下去。近两年，钢铁行业组织召开线上线下各种形式的标准宣贯会、研讨会、技术交流会、云课堂和培训班 20 余次，共计约 3000 余人次参会。2021 年，钢铁行业在标准宣贯的形式和内容上做了新的尝试，举办了“首届钢铁标准与检测技术发展论坛”，受到了行业和企业的广泛关注和一致好评。2022 年，钢铁行业要继续强化标准的实施和应用。一方面，要从标准制定源头抓实施，在标准立项和制定的过程中，进一步优化企业和用户参与标准制定的机制，确保标准“行得通”；另一方面，要举办“第二届钢铁标准与检测技术发展论坛”，同时针对 GB/T 228. 1—2021 等有重大影响力的标准要及时有效地宣贯，确保标准“用得好”。

四、着力深化国际交流合作

深化标准化交流合作是促进国内国际双循环的重要抓手，要积极参与国际标准化活动，进一步提升国际标准一致性，促进全球技术创新和贸易发展。钢铁行业通过持续深度参与国际标准化活动，国际标准化贡献率位居全国前列。2021 年，钢铁行业牵头发布 5 项国际标准，完成 43 项标准外文版项目，国际标准转化率达 83%。截至目前，钢铁行业累计牵头发布 ISO 国际标准数量 73 项，占全国总量的 9. 5%；发布外文版标准 80 项（含 1 项俄文版），占全国总量的 7. 9%。2022 年，钢铁行业将多方位参与国际标准化活动，力争在“十四五”末国际标准转化率达到90%以上，在钢铁绿色低碳、智能制造等重点领域提案上有新突破。

五、着力提升标准化治理能力

标准化是系统性、全局性工程，要不断提升自身标准化工作的治理能力和水平。2021 年，全国钢标准化技术委员会及其下属的 19 个分技术委员会完成了委员动态调整，行业专家不断加入到标准化工作队伍中来。2022 年，钢铁行业要持续做好委员调整工作，对现有标准化相关的规章制度开展清理评估，不断完善各项规章制度。与此同时，钢铁行业要在前期研究成果的基础上，搭建标准化服务平台，面向重点领域、重点区域，培育标准化服务市场，开展标准化服务工作，开创钢铁行业标准化工作新局面。

标准助力钢铁行业绿色低碳高质量发展[①]

张龙强

钢铁工业是我国国民经济的重要基础产业，是建设现代化强国的重要支撑，也是实现绿色低碳发展的重要领域。做好低碳转型发展的标准化工作，推动碳达峰、碳中和标准体系建设，助力钢铁行业实现碳达峰，为实现碳中和愿景提供标准化支撑是当前的重要工作。钢铁产品作为绿色可循环材料，从全生命周期角度有助于促进全产业链参与低碳工作，形成以钢铁产业为核心的绿色低碳生态圈。开展钢铁固废资源高效利用，与建材等行业构建循环经济产业链，替代高能耗的建材原料加工环节，是我国钢铁行业及建材行业协同落实碳达峰、碳中和目标任务的重要途径。通过钢铁行业低碳标准与上下游产业链的协同创新，将促进工程建设标准化事业的改革发展，推动绿色低碳高质量发展。

一、贯彻实施《国家标准化发展纲要》及其行动计划提出的“双碳”要求

标准是经济活动和社会发展的技术支撑，是国家基础性制度的重要方面，标准化在推进国家治理体系和治理能力现代化中发挥着基础性、引领性作用。

2021 年 10 月，为统筹推进标准化发展，中共中央、国务院印发《国家标准化发展纲要》，明确提出建立健全碳达峰、碳中和标准；2022 年 7 月，市场监管总局等 16 部门印发贯彻实施《国家标准化发展纲要》行动计划，明确 2023 年底前重点工作，有序推进任务落实，提出“实施碳达峰碳中和标准化提升工程”的行动计划，从能源计量、能耗限额、碳排放核算核查、化石能源清洁高效利用、新能源利用、生态碳汇及碳捕集封存等方面开展标准化工作。

① 本文 2022 年 9 月发表在《工程建设标准化》期刊第 9 期，有删节。

当前全球加速绿色低碳转型，钢铁行业发展已经进入由规模效益向质量效益转变加速演进期，处于实现由大到强转变关键阶段。我国钢铁产量基数大，能源消费密集，作为化石能源消耗大户，大力推动能源绿色低碳转型是实现钢铁行业“双碳”目标，加快构建现代能源体系的重要举措，而做好绿色低碳标准化工作，是钢铁行业高质量发展的重要技术支撑。

二、钢铁行业坚持标准引领，促进绿色低碳高质量发展

钢铁行业坚持标准引领，遵从源头化、减量化、资源化原则，围绕产业政策和行业发展要求，从工作机制、顶层设计和标准研制等方面加强标准化工作。

第一，从工作机制上，钢铁行业专门组织成立了钢铁行业低碳工作推进委员会，下设低碳标准研究工作组，来统筹推动钢铁行业低碳标准化工作。针对碳排放管理、低碳冶金技术两个重要领域，在全国钢标准化委员会下专门设立碳排放管理和低碳冶金标准化工作组，分别由刘正东、王国栋两位院士领衔担任组长，同时充分汇集钢铁企业、设计单位、科研院所，以及钢铁行业上下游等各方力量，共同开展标准制定工作。

第二，从顶层设计上，编制《钢铁行业低碳标准体系建设指南》，做好绿色低碳体系建设。体系在设计思路上主要体现在以下四个方面。

（1）核算核查是基础。通过核算标准来摸清钢铁企业碳排放量的底数；通过核查标准来确保碳排放数据的准确性。

（2）技术和装备是手段。通过推广应用先进或突破性低碳技术和装备来减少钢铁行业碳排放。

（3）监测和评价是工具。通过监测标准了解企业当前碳排放情况，为钢铁企业做好碳排放管理提供支撑；利用低碳评价，了解企业自身水平，有助于企业识别差距、查找不足并逐步改进。

（4）碳资产及碳金融是支撑。通过碳资产、碳金融标准指导并规范企业参与碳市场交易，帮助企业应用金融管理服务手段在国家碳市场中实现降本增效，取得环境和经济效益的双赢。

第三，在标准项目研制上，紧贴国家政策和体系安排，发布《钢铁生产企业二氧化碳排放核算方法》标准，申报一批工信部专项行业

标准计划，目前已经有21项标准计划获得批准，主要包括基础通用类标准1项、核算核查类标准4项、低碳技术与装备类标准8项、碳排放监测类标准3项、低碳评价类标准2项、管理服务类标准3项。这些标准在研制过程中，积极与国际接轨，为行业绿色低碳发展提供技术支撑。

三、钢铁行业愿携手工程建设行业，共促产业链高质量发展

（一）钢铁产品循环利用，形成绿色低碳生态圈

钢铁产品生产制造周期相对较长，整个过程中消耗大量资源、能源，并排放污染物和温室气体，但钢铁产品的应用领域非常广泛，且具有高性能、长寿命等特点，能够循环利用。2022年5月19日，中国钢铁工业协会组织建设的钢铁行业EPD（环境产品声明）平台成功发布并上线运行，钢铁行业EPD平台的建设有助于推进行业本身工艺流程优化、极致能效提升，推进重大工艺技术创新；也有助于开展钢铁产品绿色设计，研发高强、耐蚀、低能耗的绿色钢铁新产品，促进下游行业绿色低碳转型升级；更有助于促进全产业链参与低碳工作，形成以钢铁产业为核心的绿色低碳生态圈，有力引导和支撑中国钢铁行业以更加绿色低碳的优质产品积极融入国际贸易市场。

（二）钢结构建筑符合循环经济和绿色低碳发展

我国钢结构建筑经过数十年的发展取得了巨大成就，但从世界第二大经济体和占世界钢产量一半的钢铁大国的角度来看，我国钢结构尤其是钢结构住宅的发展仍然滞后。与钢筋混凝土结构相比，钢结构具有轻质高强、抗震性能好、施工周期短、绿色环保、便于工业化生产、可循环利用等优点，属于典型的绿色环保节能型结构，被誉为21世纪的“绿色建筑”，符合循环经济和绿色低碳发展的要求。

（三）钢铁固废资源综合利用，减污降碳协同

钢铁行业固废具有种类多、成分复杂、排放量大等特点。开展钢铁固废资源高效利用，可减少矿石资源消耗，同时与建材等行业构建循环

经济产业链，替代高能耗的建材原料加工环节，是我国钢铁行业及建材行业协同落实碳达峰、碳中和目标任务的重要途径之一。近年来，我国钢铁行业积极开展资源综合利用项目建设，实施绿色转型升级发展，虽然工业固废总量增加，但资源综合利用率指标在保持较高的水平上仍有一定进步，高炉渣、钢渣、含铁尘泥综合利用技术也取得了创新发展与推广应用。

钢铁行业钢结构产品和固废资源均可以作为建筑、建材等下游行业协同降碳的原材料，通过钢铁产品的碳足迹评估分析和钢铁产品碳披露，为下游行业提供绿色循环材料；通过完善技术先进、经济合理的钢结构全生命周期标准体系，建立钢铁产品绿色标准体系；促进冶金渣等固废资源综合利用关键技术和成套技术研究成果转化为标准规范，加快钢材产品标准和冶金渣利用设计规范有效衔接。同时，重视国内标准与国外标准的转换，推动中国标准国际化。

钢铁行业愿意携手工程建设行业，共同落实“双碳”目标，促进上下游产业链绿色低碳高质量发展。

《伦敦宣言》应运而生 中国钢铁大有可为[①]

张龙强

当前，全球资源与环境问题凸显、碳中和压力日益加大，越来越多的政府和企业提出温室气体净零排放的承诺和目标，但总体缺乏明确、实用的指南，引导各领域实现温室气体净零排放。而标准作为值得信赖的全球性技术文件，在积极推动气候行动过程中，发挥着独一无二的作用，帮助政府和行业实现真正变革。由英国标准协会（BSI）牵头并经ISO批准的《伦敦宣言》，是ISO在可持续发展方面的重要承诺，将切实推进各国政府及各行业应对气候变化、实现净零碳排放目标的进程。

一、《伦敦宣言》应运而生，中国将贡献积极力量

2021年9月24日，由英国标准协会（BSI）牵头并经ISO批准，在ISO大会期间正式签署了《伦敦宣言》，这是ISO全体成员首次就气候变化工作发表共同宣言。宣言承诺：将确保全球标准支持气候行动，推进国际倡议，实现全球气候目标；将关键气候因素纳入每一项新制定的国际标准中，并针对现行国际标准的修订增加气候相关因素内容；在制定所有国际标准及出版物时，将吸纳民间社团和最易受气候变化影响群体的参与。

《伦敦宣言》发布前，世界各国及相关组织也一直在根据自身实际情况制定政策方针并开展相关工作，但相互之间在经验学习、做法借鉴上存在一定的壁垒，国际标准的制定及发布实施是击破壁垒，实现共同发展的重要手段。《伦敦宣言》是从意向走向实际行动的重要里程碑，将切实有效推进各国政府及各行业应对气候变化、实现净零碳排放目标的进程。

① 本文2022年2月27日发表在冶金工业信息标准研究院微信公众号，有删节。

《伦敦宣言》发布后，ISO承诺，将发布行动计划，并跟踪行动进展，以确保目标实现。作为ISO成员国之一，中国正在积极参与低碳领域国际标准化活动，为推进全球低碳发展贡献中国智慧。中国国家标准委（SAC）表示，中国国家标准委愿与所有ISO成员国共同制定相关国际标准，以应对气候变化，促进《伦敦宣言》有效实施，实现《巴黎协定》和联合国可持续发展目标。

二、中国钢铁助力国际低碳标准化工作

钢铁工业是制造业中碳排放大户，也是二氧化碳减排的重要责任主体。中国钢铁工业粗钢产量占全球半壁江山，且长流程比例高，在满足全球大量钢铁产品需求的同时，也面临着二氧化碳排放处于全球高位的巨大压力。

（1）应对约束挑战，钢铁行业展现决心。目前应对气候变化已成为全球共识，欧美等发达国家计划在国际钢铁贸易规则制定中重点考虑碳排放因素，如欧盟提出征收“碳边境调节税”。在此背景下，中国钢铁工业将面临从碳排放强度的“相对约束”到碳排放总量的“绝对约束”，同时还可能面临更多来自“碳经济”的国际挑战。为应对钢铁产品贸易壁垒，保证国际贸易良好运转，中国钢铁工业急需结合实际制定国际上认可的通用标准，变被动为主动。“双碳”目标的提出标志着中国钢铁工业进入绿色低碳高质量发展的新阶段，体现了中国钢铁工业的决心与魄力。中国钢铁工业正在积极开展各项工作，特别是在国内标准化工作领域，将通过标准引领，扎实推动钢铁行业低碳发展。

（2）顶层设计引领，钢铁标准助力低碳。中共中央、国务院发布《国家标准化发展纲要》中提出，要夯实标准化发展基础、推动标准化改革创新、完善绿色发展标准化保障，为进一步加强标准化工作、统筹推进标准化发展指明了方向。工业和信息化部牵头正在编制“工业领域碳达峰碳中和标准体系建设指南”，为重点行业的低碳标准化工作提出重点任务和保障措施。中国钢铁工业协会和全国钢标准化技术委员会积极开展低碳标准化工作，针对钢铁行业分布广、体量大、排放高的行业特点，优先开展钢铁行业低碳标准体系建设指南研制工作，已初步形成体系框架，指导低碳标准的研制，助力钢铁行业低碳发展。

（3）深挖行业特性，加快制定一批低碳重点标准。在“双碳”目

标约束下中国钢铁行业积极响应，按照工业和信息化部的总体工作部署和要求，全国钢标准化技术委员会牵头组织开展行业调研，深入了解行业现状及特点，挖掘低碳潜力，征集并遴选了一批急需制定的重要标准进行上报。目前已下达23项低碳专项行业标准计划，涉及钢铁企业核算核查、产品碳足迹、二氧化碳排放监测、低碳技术等方面；同时，全国钢标准化技术委员会系统梳理了低碳相关国内外标准，针对钢铁行业低碳标准存在的标准缺失问题，积极申报研制团体标准、行业标准、国家标准和国际标准，推动和引领钢铁行业低碳高质量发展。

三、钢铁低碳国际标准化工作重点方向

面对全球气候变化，中国钢铁行业将凝聚中国钢铁实力、竭力贡献中国钢铁智慧，助力全球钢铁尽早实现碳中和目标。

（1）以钢铁产品为核心，制定钢铁产品碳足迹国际通用准则。面临全球低碳发展新形势，作为世界知名汽车制造商的宝马，已要求其汽车板供应商（如中国宝武）在产品出厂时提供相关碳排放报告。国内钢铁企业也同样需要相关国际通用标准来指导其明确产品碳足迹和计算碳排放量。在《伦敦宣言》新要求下，未来钢铁产品都将需要相关碳足迹评价报告来应对贸易壁垒。占据全球钢铁行业半壁江山的中国钢铁，应加快制定钢铁产品碳足迹评价及计算的国际通用标准，确保满足下游行业对低碳产品的要求。

（2）聚焦低碳项目应用，制定钢铁低碳项目碳减排量计算方法。中国钢铁工业在多方支持下，通过超低排放、节能降碳、清洁生产等一系列升级改造，已初步改变“高污染、高耗能”的固有印象。这主要基于各类先进成熟节能减碳技术、工艺、装备等项目的应用。目前，主要包括高炉大比例球团、电炉短流程、直接轧制等节能减碳项目已在国内外诸多企业应用，并取得显著减碳效果。为加快相关节能减碳项目在国际上推广应用，助力全球钢铁行业尽早实现“碳中和”伟大目标，低碳项目碳减排量计算方法国际通用标准的制定势在必行。

（3）助力国际贸易低碳发展，制定钢铁行业碳金融国际通用标准。2020年《京都议定书》第二承诺期到期后，《巴黎协定》将成为国际间应对气候变化的纲领性文件，《伦敦宣言》作为国际标准应对气候变化的新承诺，全球企业和组织采用与温室气体净零排放目标一致的可信

标准，将有效推进全球气候行动。中国钢铁产品遍布世界各地，以碳汇、碳资产、碳配额为核心的碳金融国际标准制定将是未来钢铁行业低碳国际标准工作的重要方向。中国钢铁行业将立足实际、吸取经验，制定涵盖碳金融交易机制、管理机制、机构及人员要求等一系列基础标准，推动全球钢铁行业碳金融稳步发展。

突出标准引领作用　提升钢铁行业能效水平[①]

张龙强

为提升钢铁行业能效水平，由冶金工业信息标准研究院牵头起草的《钢铁企业重点工序能效标杆对标指南》团体标准于 2022 年 12 月 1 日起实施。为什么制定这一标准？该标准的主要内容是什么？将发挥哪些作用？后续将如何推动标准的落地实施？带着这些问题，《世界金属导报》记者专访了冶金工业信息标准研究院党委书记、院长张龙强，请他就这些问题进行解答，以飨读者。

记者：冶金工业信息标准研究院牵头起草了《钢铁企业重点工序能效标杆对标指南》团体标准，请您介绍一下为什么要制定这一标准。

张龙强：在中国钢铁工业协会的指导下，冶金工业信息标准研究院牵头制定了《钢铁企业重点工序能效标杆对标指南》团体标准。之所以制定这一标准，我认为主要来自以下四个方面的需求。

一是满足我国推进碳达峰、碳中和工作的需要。能效提升是近期钢铁工业降低碳排放，推进碳达峰、碳中和工作的首要举措。这在行业内是形成共识的。

二是满足相关政策对行业能效提升目标要求的需要。国家发改委等部门出台的相关文件提出，到 2025 年，通过实施节能降碳行动，钢铁、电解铝、水泥等重点行业达到标杆水平的产能比例超过 30%，行业整体能效水平明显提升，碳排放强度明显下降，绿色低碳发展能力显著增强。到 2030 年，重点行业能效基准水平和标杆水平进一步提高，达到标杆水平企业比例大幅提升，行业整体能效水平和碳排放强度达到国际

① 本文 2022 年 12 月 27 日发表在《世界金属导报》A06 版和冶金工业信息标准研究院微信公众号，有删节。

先进水平，为如期实现碳达峰目标提供有力支撑。我们认为，要实现这一目标，任务艰巨，需要标准的支撑。这也是起草本标准来自政策的需要。

三是来自行业的需要。这体现在两个方面。其一，在现有基础上再大幅度提高能效水平或达到标杆水平，企业认为的确非常困难。为此，我们既要在战略上服从大局，提高站位，也要实事求是，符合行业实际。根据中国钢铁统计月报，近三年来重点统计企业吨钢综合能耗变化并不大，也说明进一步大幅降低的难度越来越大；其二，钢铁企业能源成本占企业制造成本比例高，而且总量大。因此如果行业能效提升取得微小的进步，从总体上将带来明显成效。此外，当前钢铁行业处于市场下行阶段，提高能效有利于企业降本增效。这是起草本标准来自行业的需要。

四是推进能效达到标杆水平工作有效实施的需要。目前，钢铁行业GB 21256—2013、GB 21342—2013、GB 32050—2015，即相关单位产品能耗限额标准的要求是不能降低的，但是在这些标准制定时，钢铁行业尚未实施超低排放改造，且标准先进值是按照行业领先的水平界定的。近年来，钢铁行业经历了超低排放改造、绿色化智能化转型升级、低碳发展等一系列挑战，虽然通过节能改造释放了一些节能潜力，但受环保能耗提高、原燃料品质下降压力，节能潜力越来越小，达到超低排放A级企业的工序能耗不降反升。钢铁企业要达到政策中提出的“能效标杆水平以上产能比例超过30%”的要求难度很大。因此，限额标准无法支撑钢铁行业能效达标杆行动，急需制定标准，让优势的企业能够达到标杆水平，实现扶优扶强，推进钢铁行业能效达标杆行动。

记者：这项团体标准在制定的过程中，遵循什么原则？

张龙强：编制本标准的目的就是为落实国家发改委等部门上述文件精神，全面支撑钢铁行业重点工序能效标杆行动、引导企业能效升级，助力行业绿色低碳发展。为做好这项标准的编制工作，我们明确了四项编制原则。

一是先进性原则。能效标杆是按照国家发改委文件要求制定的，1级引领。为什么写的是“1级”，而不是目前实施的限额标准中的“先进值”？这是因为目前正在修订中的限额标准中均取消了“先进值”

“限定值”“准入值”的说法，改用“1级”“2级”“3级”的方式表述。为与修订后的限额标准保持一致，本标准也采用了“1级”的表述。此外，提供先进工艺参数及先进技术清单，引导钢铁企业能效提升。

二是规范性原则。本标准的起草按照国家标准《标准化工作导则 第1部分：标准化文件的结构和起草规则》（GB/T 1.1—2020）进行。

三是合理性原则。充分考虑钢铁行业能源消耗实际，增加能耗修正量。针对数据填报，适当规范工序能耗边界。

四是一致性原则。标准与GB 21256、GB 21342、GB 32050修订稿协调一致。能源及主要耗能工质折标系数按GB/T 2589、GB 21256、GB 21342、GB 32050的规定执行。

记者：本标准突出特点之一是在编制过程中充分考虑了钢铁行业能源消耗实际，增加能耗对标调整量，针对数据填报，适当规范工序能耗边界。为帮助企业理解和实施，请您详细介绍一下这部分内容。

张龙强：在钢铁生产过程中，各工序的能耗受到很多因素影响，可以把这些影响因素分为客观因素和主观因素。

客观因素是指受工序固有条件的影响而不可控制的因素，主要指工艺装备条件、原燃料条件、产品条件、地理环境和气候条件等。客观因素是造成企业间单位产品能耗不可比的主要原因。在进行能耗对标时，应尽量剔除客观因素差异造成的影响，因此需要对客观因素造成的影响进行对标调整。

主观因素是指与企业自身管理水平、技术水平、操作水平、系统匹配性等相关的因素。这些因素可以通过管理流程优化、技术改造、控制水平改善、管理水平提升等途径进行改善。这些因素是与先进指标比对时产生差距的主要原因，是进行指标差异性分析的重点，是企业实施能效提升的依据。

为使能效对标更加公平合理，本标准增加了对客观因素的对标调整。例如，企业高炉炼铁原料如果采用稀土矿、钒钛矿，那就造成工序能耗的差异，这就属于标准中列出的客观因素，在进行工序能耗计算时需要进行对标调整。

记者：标准中给出了主要工序能耗对标调整表。您能否结合具体实例详细介绍一下如何根据这些表对工序能耗进行对标调整？

张龙强：标准中给出了焦化、烧结、球团、高炉、转炉和电弧炉六个工序能耗对标调整表。这是基于企业的生产实际来制定的。以高炉工序能耗对标调整表为例，标准中入炉矿品位给出的对标基准值为62%，如果企业实际入炉矿品位是57%，那么可以从企业的实际高炉工序能耗中扣减18.05kgce/t。如果企业的入炉矿品位低于57%，工序能耗按照57%进行对标调整。炼铁行业一直倡导精料方针，考虑国内矿石品位和协同处置等因素，在工序能耗中对入炉矿品位的降低进行了扣减，但并不是入炉矿品位越低，扣减量越大。我们倡导提高入炉矿品位，从而降低工序能耗，提高能源利用效率。

通过我们的实际调研和测算，企业通过工序能耗对标调整表进行调整后，仅有少数优秀企业的工序能耗能够达到标杆水平，大多数企业仍然需要通过不断提高管理水平、开展节能技术改造等提升能效，向标杆水平努力。本次标准中提出了能效标杆技术条件，供企业在进行节能技术改造时选择。

记者：标准中提出“执行超低排放的能耗另计”。请问这是基于什么考虑？有企业反映很难确定这部分的能耗。对此您有哪些建议？

张龙强：正如前面所讲，GB 21256—2013、GB 21342—2013、GB 32050—2015标准制定时，钢铁工业尚未实施超低排放改造。近年来，钢铁企业由于推进超低排放改造，来自这方面的环保能耗提高，达到超低排放A级企业的工序能耗不降反升。此外，由于各个地区执行的超低排放的要求也存在差异，因此为增强工序能耗的可比性，本标准提出执行超低排放带来的能耗进行另计。具体能耗是否包含超低排放带来的能耗应以限额标准的修订版为准。在限额标准的修订版未发布实施前，企业根据本标准进行工序能耗计算时，应对实施超低排放所造成的工序能耗的增加进行准确计量。

对于有企业反映超低排放造成的具体能耗数据难以区分的问题，建议企业加强计量器具的配备、数据统计等，准确测算这部分的能耗数据。解决不了的可以委托第三方机构进行诊断，帮助解决。

记者：标准中 4.1.3 规定，“鼓励绿色电力消费，重点工序单位产品实际能耗值按照企业绿色电力占比及国家公布的绿色电力折标系数进行等比例扣除。”请问这是基于什么考虑？

张龙强：2022 年 11 月 16 日，国家发改委、国家统计局、国家能源局联合印发的《关于进一步做好新增可再生能源消费不纳入能源消费总量控制有关工作的通知》中提出：在“十四五”省级人民政府节能目标责任评价考核中，将新增可再生能源电力消费量从各地区能源消费总量中扣除，但仍纳入能耗强度考核。按文件规定来看，绿电的消费在计算工序能耗时不能扣除。而且绿电是电能产出来源的区分，在进行碳排放计算时应扣除，但电能本身的能量价值是不变的，企业不论消费何种方式的电能，实际能耗不会变，因此计算工序能耗时不应扣除。本标准之所以对绿电做扣除处理，主要是考虑绿电的折标系数相比现在电力的折标系数会低，鼓励企业使用绿电，为促进低碳发展而做准备。

记者：下一步如何推动标准的落地实施？按标准得出的工序能耗能否获得政府和企业的认可？

张龙强：本标准对钢铁原料（铁矿石、入炉煤等）品质变化、执行超低排放、钢产品质量升级等导致能耗增加的实际问题进行了研究，并在工序能耗技术指标中进行对标调整，体现了钢铁行业发展的实际情况。而且本标准在 GB 21256、GB 21342 标准基础上，对各工序边界进行了更加明确的划分，便于数据采集及企业间可比。再有，本标准通过对行业内先进企业情况调研及理论计算，提供了先进工艺技术参数及节能技术推荐，指导企业开展工艺调整及节能改造。因此本标准的制定符合我国钢铁行业的实际情况，标准的实施有利于钢铁企业开展节能降碳改造，提高能效水平，并向标杆水平迈进。

下一步冶金工业信息标准研究院将加强标准的宣贯，推动标准的落地实施。我们将通过会议、企业走访、媒体宣传等多种方式让政府部门、行业企业充分理解和采用本标准，提高标准在行业内的执行力度。制定本标准的最终目的是促进我国钢铁企业的能效水平普遍提升，如果越来越多的钢铁企业通过实施本标准获得能效提升，本标准也将获得行业企业以及政府部门的认可。

此外，为提高数据的真实性和准确性，中国钢铁工业协会以本标准为基础，正在构建数据填报系统，实施后根据这个系统收集的数据进行企业工序能耗测算，最终结果将报送国家发改委等有关部门，争取获得认可并在相关政策中引用本标准，从而推进本标准的政府采信，推进标准的落地实施。

记者：提高能效水平，力争极致能效应是未来三年我国钢铁企业的工作重点。对如何提升企业能效水平，您有何建议？

张龙强：提高能效水平的确是今后三年内钢铁企业的重点工作之一。当前，国家发改委、地方政府对重点耗能领域的能效提升工作非常重视，我院也正在承担国家发改委“两清单一方案”的评估工作。中国钢铁工业协会也启动了能效标杆三年行动方案，全面启动极致能效工程。为此，对企业提高能效水平提出以下三点建议。

一是要高度重视能效提升工作。面对严格的能效提升目标约束，建议钢铁企业深入领会能效提升对我国钢铁工业推进高质量发展，推进碳达峰、碳中和工作的重要意义，对节能、减污、降碳等工作进行系统部署，持续推动企业绿色转型。

二是加强本标准的学习。本标准在编制过程中，进行了广泛的调研，总结了行业先进企业的经验，对企业能效提升具有实际的指导意义。因此建议钢铁企业加强对本标准的学习和应用，从而指导企业能效提升工作。

三是制定能效提升三年行动计划。建议企业对照自身能效水平现状进行系统梳理，开展对标分析，找出与标杆水平的差距和原因。参照钢铁重点工序能效达标杆技术清单，制定能效提升三年行动计划，集中资源，有重点、系统地推进节能降碳工作。

规划视角看标准化工作①

张龙强

标准是经济活动和社会发展的技术支撑，是国家基础性制度的重要方面。标准化在推进国家治理体系和治理能力现代化中发挥着基础性、引领性作用。近年来，随着科学技术进步和经济社会发展，标准从生产贸易的技术手段上升为国家治理的基础性制度，在推动经济社会发展的作用和地位日益凸显。钢铁行业作为我国国民经济的重要基础产业和我国最具全球竞争力的优势产业之一，如何立足新阶段推动标准化事业高质量发展值得深入思考。

本人较长时间从事钢铁行业规划研究工作，培养了涵盖宏观性、战略性和可操作性的规划思维，也即兼具高度、广度、深度、速度和满意度的“五度”思维，与目前从事的标准化工作有机结合，从规划的视角看标准，逐步构建起**“标准化+规划”**的理念，努力系统性、全局性和前瞻性地推进标准化工作，助力钢铁行业高质量发展。

一、我国钢铁标准化发展历程

我国钢铁行业标准化工作始于20世纪50年代，是新中国最早开展标准化工作的领域之一。钢铁行业标准化发展与我国经济体制模式和产业发展态势紧密相连，伴随着钢铁行业日益发展壮大，我国钢铁标准化工作经历了**四个转变**，即钢铁标准主要作用经历了由计划经济生产型向市场经济贸易型的转变，钢铁标准属性经历了由强制性向推荐性的转变，钢铁标准国际化水平实现了国际标准由单一采用向采用与制定并重的转变，钢铁标准化组织机构建设由单个标委会向多个标委会、分委会及工作组的转变。

钢铁行业高度重视标准化工作。新中国成立70多年来，钢铁行业

① 本文发表在纪念冶金工业规划研究院建院50周年特刊——《钢铁规划研究》2022年第4期和冶金工业信息标准研究院微信公众号，有删节。

标准化工作从最初只能参照国外标准制定几项产品标准，逐步发展至覆盖钢铁行业全流程各个领域，走出了一条**“探索–发展–提升”**的进阶之路。党的十八大以来，钢铁行业持续深化标准化改革，以创新为驱动，以服务行业发展需求为目标，突出标准引领，参与国际标准化治理，有力推动了钢铁行业高质量发展。

截至2021年底，钢铁行业已发布国家标准（含军用标准）、行业标准和团体标准3000余项，其中发布绿色低碳标准300余项、智能制造标准7项（还有95项在研制过程中）；牵头发布73项国际标准，占我国牵头发布国际标准总数的9.52%；发布钢铁外文版标准93项，约占我国发布国际标准总数的8%；培养了一批既懂外语又掌握技术和规则的复合型国际人才，承担秘书处和主席职位数量分别占全国总数的10%，获得“ISO卓越贡献奖”人数占全国获奖总数的39%。

钢铁行业标准化工作在推动产业发展中发挥了重要的支撑和引领作用。目前，钢铁行业已经进入高质量发展转型的关键时期，需要**进一步发挥标准的基础性、引领性作用，进一步释放“标准化+”的催化效能、提振效能，**持续推动钢铁大国向钢铁强国迈进。

二、规划视角看标准化工作

规划是全面长远的发展计划和部署，既可以体现为政府对国民经济和有关行业、专项、区域发展设定的目标、规模、速度，以及相应的步骤和措施等，也包含企业层面的发展战略、目标和举措。规划也可以理解为通过现在的行动影响未来的一种能力，规划对预期结果的影响力越强，规划就越成功，一个好的规划，应是可实施、可引领的。标准是通过标准化活动，按照规定的程序经协商一致、共同制定，为各种活动或其结果提供规则、指南或依据，供共同和重复使用的文件。一个好的标准应是能助推科技进步，引领时代进步的。规划随时间、环境等众多因素的变化而变化，不同的历史时期和背景，规划的评判标准具有明显的阶段性和时代性特征；标准是人类文明进步的成果，在不同时期其发挥的作用也不尽相同。

习近平主席在第39届ISO大会贺信中指出，中国将积极实施标准化战略，以标准助力创新发展、协调发展、绿色发展、开放发展、共享发展。以高标准助力高技术创新、促进高水平开放、引领高质量发展。

标准已不再是单纯满足各项指标要求的一种规则或条件，标准先行、标准引领，正在成为高质量发展的重要抓手和主要着力点，不断释放**“标准化+规划”**的催化效能，具体表现为以下五个方面。

一是全面实施标准化战略，将其纳入战略发展规划。标准是创新发展的驱动力，是高质量发展的技术基础，是高质量管理的顶层设计。标准决定质量，只有高标准才有高质量。行业企业在制定高质量发展规划的同时，应统筹考虑标准化战略，贯穿“标准化+规划”的理念，提升高度、布局长远，充分发挥标准对创新传播和产业化的联通作用，形成技术适度领先于产业发展的标准，提升产业基础能力和产业链现代化水平。

二是全面开启需求导向模式，打造上下游联动的标准体系。在全球绿色低碳发展的大背景下，企业除了依托自身的流程结构调整、能效提升、智能变革、技术革新等降碳脱碳措施外，还必须依靠产业耦合、循环经济等方式才有可能实现碳中和。产业边界越来越模糊、产业生态圈越来越大，多产业交叉融合领域综合标准化工作导向日趋明显。打造产业链上下联动的标准体系，推动全产业链高质量发展正在成为一种必然选择。

三是全面统筹科研资源，推进科技成果和标准互动转化。标准化研究是一项系统性、全局性工程，需要自上而下、全方位统筹科研资源，开展研究工作。在标准化顶层设计方面，以主要科研攻关方向为核心，研制标准化战略布局指南，系统性开展标准化科研项目；在科研项目研究设计方面，要将标准化全面融入科研过程，提前布局科研中的标准化工作，依托科研项目实现科技成果与标准的深度融合和转化，全面服务于高质量发展。

四是全面参与国际标准化活动，增强行业企业话语权。标准是规则，是世界“通用语言”，也是开放合作共赢的通行证，体现了国际规则的话语权。世界需要标准协同发展，标准促进世界互联互通。企业通过积极参与国际标准化活动，推动国内标准与国外标准之间相互转化和应用，开展标准互认，推动中国标准与国际标准体系兼容，提升企业自身国际品牌影响力的同时，不断增强我国钢铁行业的国际话语权。

五是培养标准化人才队伍，提升全域标准化意识。人才是做好标准化工作的基础。钢铁行业企业要积极参与标准研制相关工作，与时俱进、积极参加标准化相关培训，全面提高标准化意识，稳步建立一支“过硬”的标准化专业队伍，培育一批熟悉标准化规则、精通业务又擅长语言的标准化专家，不断夯实标准化工作人才队伍根基，为我国标准化工作贡献钢铁力量。

三、新形势下钢铁行业标准化工作的思考

2022年是新时代推动高质量发展、全面贯彻落实《国家标准化发展纲要》（以下简称《纲要》）的关键一年。新时代赋予钢铁行业标准化工作新使命，钢铁行业应更加重视并发挥标准化工作的基础性、引领性作用，以**“标准化+规划”**的理念，着力做好以下六项重点工作。

一是标准化工作要以落实《纲要》为着力点全面推进。《纲要》是近年标准化改革发展成果的再提升，是未来标准化发展的总规划，是具有历史意义的重要跨越。面向未来五年及更长时期，钢铁行业要深入学习并认真贯彻落实《纲要》精神，统筹推进钢铁行业标准化发展。钢铁行业要开展系统性、前瞻性、战略性研究和布局，从整体上、顶层上谋划行业标准化发展，推动钢铁行业标准化事业发展再上新台阶。

二是标准化工作要以“标准化+规划”的理念构建新型体系。标准化作为国家治理体系和治理能力现代化建设的一种基础性制度、一种方法、一种手段，应用到经济社会发展的方方面面。标准化工作不仅要制定标准，还要运用“标准化+规划”的思维和理念，推动构建行业高质量发展标准体系。目前，全国钢标准化技术委员会正从全产业链角度对现行标准进行系统优化，精简整合存量标准项目将达到30%，同时按需提出一批增量标准项目，构建与行业发展相适应的标准体系，用新型高质量标准体系促进形成行业发展新优势。

三是标准化工作要以更加开放的姿态为世界贡献智慧。深化标准化交流合作是促进国内国际双循环的重要抓手，钢铁行业要积极参与国际标准化活动，牵头提出重点领域国际标准提案，力争“十四五”末国际标准转化率达到90%以上；在钢铁绿色低碳、智能制造等重点领域提案上有新突破；探讨承担新兴领域国际秘书处和管理职位，推动中国标准海外应用，加快重点产品外文版标准制定，持续深度参与国际标准化活动，积极贡献中国智慧，分享中国方案。

四是标准化工作要更加注重绿色低碳和智能制造引领。在碳达峰、

碳中和目标下，钢铁行业要以绿色低碳和智能制造标准为抓手，引领钢铁行业高质量发展。**工作机制方面**应充分发挥钢铁行业工作推进委员会的桥梁和纽带作用，汇集钢铁产业生态圈各方力量，共同开展标准制定工作；**标准研制方面**应严格按照国家政策要求，以绿色低碳和智能制造体系建设为牵引，高效率高质量完成专项标准计划。

五是标准化工作要持续推动关键技术成果研究与标准互动转化。钢铁行业要围绕质量提升的痛点和堵点，发挥标准在衔接科研与产业的桥梁作用，有效推动科技成果转化。截至目前，钢铁行业先后主持或参与了国家重点研发计划“先进结构材料领域关键技术标准研究”等百余项国家部委重点标准科研项目。下一步，钢铁行业要坚持标准引领，充分释放标准在推动科研成果转化的催化效应，布局钢铁行业质量基础设施建设工作。

六是标准化工作要注重提升自身治理能力和水平。做好标准化工作，必须坚定不移地苦练“内功”，切实提升标准化工作自身的治理能力和水平。2021 年，教育部首次将“标准化技术”专业纳入国家职业教育序列，并在多个省市开展“1+X”标准编审职业技能等级证书的试点工作。钢铁行业一方面要大力推动**“1+X”标准编审职业技能等级证书**的试点工作，积极培养标准化高端和实用人才；另外，钢铁行业要在前期研究成果的基础上，搭建标准化服务平台，培育标准化服务市场，开展标准化服务工作，开创钢铁行业标准化工作新局面。

踔厉奋斗新征程，标准引领铸未来。钢铁行业要立足新发展阶段，践行新发展理念，加快贯彻落实《纲要》要求部署，持续深化标准化工作改革，以标准为抓手，强化行业治理，推动钢铁行业绿色低碳可持续高质量发展，构建钢铁行业标准化事业发展新格局。

绿色低碳篇

推动工业领域绿色低碳转型
确保碳排放2030年前达峰[①]

张龙强

2022年8月1日，工业和信息化部、国家发展和改革委员会、生态环境部发布《工业领域碳达峰实施方案》（以下简称《方案》）。冶金工业信息标准研究院党委书记、院长张龙强第一时间对《方案》进行解读。以下为《中国工业报》报道原文。

一、《方案》对工业领域做好碳达峰工作具有重要意义

工业是我国二氧化碳排放的主要领域之一。做好工业领域碳达峰工作，贯彻落实《方案》要求，对2030年前我国能否整体如期实现碳达峰，具有重要意义。

（1）进一步强化顶层设计。2021年10月国务院发布的《2030年前碳达峰行动方案》（以下简称《行动方案》）首次提出了“碳达峰十大行动”。《方案》与《行动方案》充分衔接，进一步强化顶层设计，是工业领域碳达峰工作的总体部署和路线图，将科学指导我国工业加快推进绿色低碳转型。

（2）进一步量化发展目标。《行动方案》提出了“十四五”“十五五”两阶段的总体发展目标，筑牢碳达峰基础。《方案》在《行动方案》基础上，进一步量化工业领域2030年前碳达峰发展目标，提出单位工业增加值碳排放下降幅度、能耗下降等阶段性目标，分步推进产业结构调整和提升能源资源利用效率。

（3）进一步细化达峰工作。《行动方案》提出工业领域碳达峰主要降碳路径，确定了钢铁、有色金属等重点行业碳达峰主攻方向。《方案》聚焦2030年前碳达峰目标，以深化供给侧结构性改革为主线，以

① 本文2021年8月9日发表在《世界金属导报》A01版，有删节。

重点行业达峰为突破，提出了六大任务、两大行动，进一步细化工业领域碳达峰工作措施，推动重点行业实施碳达峰行动。

二、落实国家碳达峰行动，确保工业领域碳排放2030年前达峰

《方案》作为工业领域碳达峰工作指南，具有较强的针对性和可操作性，将科学引领重点行业推进实施碳达峰工作。

（1）遏制“两高”项目盲目发展，以产业结构深度调整为重点推动降碳。据有关测算，产业结构调整对我国当前碳减排的总体贡献度超过50%，是工业领域实施碳达峰的主要路径。自供给侧结构性改革以来，我国持续推动产业结构调整和布局优化。进入“十四五”时期后，重点行业进一步严控产能规模，钢铁行业实行产能产量双控，建材行业总产能只减不增，为产业结构深度调整奠定了坚实基础。《方案》提出坚决遏制“两高”低水平项目盲目发展，通过严格落实产能置换等政策措施不断优化产能规模，持续深度调整产业结构，构建有利于碳减排的产业布局和协同耦合发展，降低碳排放。

（2）调整优化用能结构，以能源资源利用效率提升为着力点推动降碳。促进工业能源消费低碳化，推动化石能源清洁高效利用，提高可再生能源应用和循环利用比重，是工业领域实现碳达峰的必要路径。我国自“十一五”开始将能耗强度作为经济社会发展的重要约束性指标之一，不断强化能耗双控，能源利用效率持续提升；同时，多年来工业固废综合利用和再生资源循环利用水平的显著提升，大幅削减了工业领域碳排放。《方案》的实施将有效提升化石能源消费的节约与高效利用水平，加快推进可再生能源替代及工业电气化水平，推动重点行业节能改造，降低碳排放。

（3）推行绿色制造和低碳产品，以绿色低碳转型为切入点推动降碳。构建绿色制造体系，增加低碳产品供给，是工业领域实现碳达峰的有效路径。2017年，工业和信息化部已发布我国第一批绿色制造示范名单，至今已发布六批，绿色制造体系逐步完善，绿色低碳转型的典型示范作用日趋显现。同时，我国在新能源汽车、绿色家电等方面的供应能力显著增强。据相关统计数据，截至2021年底，新能源汽车保有量达784万辆，比2015年翻10倍以上，大幅降低碳排放。《方案》的实

施将推动工业全产业链低碳化发展，加快完善绿色制造体系，构建绿色低碳产品产业链供应链，加快推动工业绿色低碳转型，降低碳排放。

（4）加快低碳工艺技术创新，以绿色低碳技术变革为抓手推动降碳。低碳技术工艺创新与应用是工业领域实现碳达峰的重要路径。以钢铁行业为例，2014—2020年，粗钢产量增长超过2亿吨，但碳排放总量仅少量增长，通过积极应用低碳工艺技术、推进节能减排及装备升级等措施，大幅降低碳排放强度。2021年，中国宝武和鞍钢集团已发布碳中和方案和低碳路线图，引领钢铁行业“双碳”发展。《方案》的实施将加快重点行业重大低碳技术工艺装备创新突破与改造应用，推动重点行业形成一批可复制可推广的方案和经验，以低碳示范工程为引领，加大绿色低碳技术推广力度，降低碳排放。

（5）推进数字化转型，以数字化智能化绿色化融合发展为突破推动降碳。2022年《政府工作报告》强调“促进数字经济发展”“促进产业数字化转型”，不断提升工业领域数字化水平，是工业领域实现碳达峰的关键路径。近两年，重点行业不断运用物联网、云计算、区块链等信息技术，用于工艺流程优化和设备升级改造，以数字化智能化提升降低碳排放。《方案》的实施将加快推动数字赋能工业绿色低碳转型，以数字化为驱动提升重点行业绿色低碳水平，促进传统产业与新一代信息技术深度融合发展，降低碳排放。

此外，针对钢铁、有色金属等工业领域重点行业，《方案》在“重点行业达峰行动”中提出了具体的工作方向和分阶段完成目标，为下一步各行业制定碳达峰实施方案提供了政策依据和技术指导。

三、抢抓碳达峰发展机遇，推动工业领域实现绿色低碳转型

实施工业领域碳达峰行动，将为我国工业绿色低碳转型创造重要的发展机遇期。国家相关部门将按照《方案》中提出的“健全法律法规、构建标准计量体系、完善经济政策、完善市场机制、发展绿色金融、开展国际合作”六个方面做好政策保障，完善工业领域碳达峰相关配套制度，合力推动《方案》更好的落地实施。

《方案》提出，各地区相关部门要充分认识工业领域碳达峰工作的重要性、紧迫性和复杂性，结合本地区工业发展实际，按照《方案》

编制本地区相关方案。各地区相关部门应加强与地方有关部门的统筹协调，做好区域内工业的碳达峰时间表、路线图、施工图，组织好、实施好、落实好《方案》提出的重点任务和重大行动，为重点行业如期实现碳达峰创造条件。同时，建议重点行业企业加快产业结构优化升级，开展节能降碳改造，建立健全碳达峰标准体系，通过自我声明或自愿性认证方式积极发布绿色低碳产品名单，推动企业加快形成绿色低碳的产业结构和生产方式。

钢铁行业作为工业领域的碳排放大户，更要牢牢抓住碳达峰的发展机遇。截至2021年底，我国废钢铁加工准入企业年加工能力约1.5亿吨，短流程炼钢占比约10%。《方案》的实施，将有效提升钢铁行业绿色发展基础能力。绿色原料方面，到2025年，废钢铁加工准入企业年加工能力将超过1.8亿吨；流程结构方面，鼓励先进电炉短流程发展，到2025年短流程炼钢占比达15%以上，到2030年达20%以上；低碳技术方面，积极推进低碳炼铁技术示范推广，到2030年富氢碳循环高炉冶炼、氢基竖炉直接还原铁、碳捕集利用封存等技术取得突破应用。钢铁行业必须抢抓发展机遇，按照《方案》有序推进各项政策措施落地实施，以绿色低碳转型为我国经济社会实现“双碳”目标贡献钢铁力量。

标准引领促进能效约束分级 助力绿色低碳高质量发展[①]

张龙强

2021年11月15日，国家发展和改革委员会等五部门联合发布《关于发布〈高耗能行业重点领域能效标杆水平和基准水平（2021年版）〉的通知》（发改产业〔2021〕1609号，以下简称《通知》），其作为进一步落实《关于严格能效约束推动重点领域节能降碳的若干意见》（发改产业〔2021〕1464号，以下简称《意见》）的政策性文件，具有更强的可操作性和执行性，对于有效提升能效水平，降低碳排放强度，推动高耗能行业转型升级，促进低碳高质量发展具有重要意义。

一、政策细化落地，引导高耗能行业规范发展

（1）《通知》是“双碳”目标实现的重要基础。《通知》工作部署更加科学、任务更加具体、目标更加明确，有助于遏制“两高”项目盲目发展、优化高能耗产业结构、促进绿色低碳发展等工作的整体推进，实现产业结构深度调整；有助于能源消费强度和总量双控、提升能源利用效率、控制化石能源消费、发展非化石能源等工作的统筹协调，构建清洁低碳安全高效能源体系，为“双碳”目标实现夯实基础。

（2）《通知》是高质量发展的重要支撑。实现碳达峰、碳中和，是党中央、国务院作出的重大战略决策，是推动实现高质量发展的内在要求。高耗能行业是国民经济的重要组成部分，对健全产业体系、稳定市场供给、促进经济增长具有重要支撑作用。《通知》通过标准引领、能效分级、细化要求、强化责任落实，将有效平衡控能控碳与经济发展、转型升级与产业安全的关系，对新建、存量项目分类处置，有力推动项目能效提升达标，遏制高耗能项目不合理用能，引导和倒逼企业加快转

① 本文2021年11月22日发表在国家发改委网站，有删节。

型升级，优胜劣汰，为高质量发展提供有力支撑。

(3)《通知》是落实《意见》的重要抓手。《通知》统筹考虑各重点领域实际情况，科学划定了石油、煤炭及其他燃料加工业，化学原料和化学制品制造业，非金属矿物制品业，黑色金属冶炼和压延加工业，有色金属冶炼和压延加工业等行业重点领域能效标杆水平和基准水平，具有很强的分类指导意义和可操作性，为各级政府部门的分类指导、精准施策提供了重要的参考标准，成为落实《意见》的重要一环。

(4)《通知》是企业转型升级的重要指引。绿色低碳转型是高耗能企业发展的必由之路。《通知》确定了能效达到基准水平以上是对企业的硬约束目标，力争标杆水平是企业的提升目标；为企业提高能源利用效率、优化用能结构、绿色低碳转型提供了政策遵循。未来能效水平的高低将成为影响企业能否享受阶梯电价、高质量金融服务等的参考依据，将在一定程度上影响企业的发展空间。

二、聚焦重点行业领域，科学有序强化能效约束

(1) 标准引领，有据可依，规范促进行业健康发展。标准化在推进国家治理体系和治理能力现代化中发挥着基础性、引领性作用。《通知》参考国家现行单位产品能耗限额标准，对标国际先进水平，按照重点领域进一步细化明确标杆水平和基准水平指标。未来，企业节能降碳目标更加明确、方向更为清晰，行业能效相关管理工作将有章可循、有的放矢。

(2) 能效分级、分类施策，避免“一刀切”和“运动式”减碳。《通知》对高耗能行业重点领域设置标杆水平和基准水平，统筹考虑“双碳”目标、保持生产供给平稳、便于企业操作实施等因素，科学引导和提升高耗能行业整体能效水平，充分考虑产业链供应链稳定和经济社会平稳运行等因素，强调要稳妥有序推动节能降碳技术改造，切实避免“一刀切”管理和“运动式”减碳。

(3) 奖限结合，优胜劣汰，加快高耗能行业绿色升级。《通知》有奖励有限制，对节能减排显著的重点项目提供高质量金融服务，落实节能专用装备、技术改造、资源综合利用等税收优惠政策；对能效低于基准水平且未能按期改造升级的项目限制用能。该政策的实施，将加快推动高耗能行业绿色转型升级，全面提升能效水平。

三、高度重视、主动应对，提升企业发展的内生动力

低碳行动已经成为一场影响人类共同命运的全球行动，是人与自然和谐共生的内在要求。我国尚处工业化和城镇化发展的中后期，在未来一段时间内，节能降碳压力依然巨大。高耗能行业要深刻认识严格能效约束推动节能降碳工作的重要性，对标能效标杆水平和基准水平，引导企业积极开展能效提升工作，为有效缓解我国资源、环境和气候容量约束注入动力。

（1）坚持总量控制，加快结构调整，推动绿色低碳路径落实落细。我国化石能源消费总量大、强度高，需求仍在持续增长，与资源、环境、气候、安全等方面的矛盾呈加剧之势。高耗能行业要坚持总量控制，加快结构调整，实施绿色低碳升级，提高生产运行能效，切实减少碳排放量，为企业生存和发展空间扩容增量。

（2）严格能效约束，对标挖潜找差距，持续提升节能降碳潜力。对照《通知》及相关政策文件，及时开展能效评估工作，对标挖潜找差距，促进能效提升，推动绿色低碳发展路径落实落细。驱动能效水平低的企业抓住有利时机，加快推广应用先进成熟绿色低碳技术和装备；驱动能效水平高的企业向节能低碳前沿技术探路，引领行业和产业间协同绿色转型升级，持续提升节能降碳潜力。

（3）立足实际，突出标准，加快标准体系承接和制订。各行业根据发展实际，对照重点行业能效标杆水平和基准水平，同时对标国内外相关行业先进能效水平，精准施策，及时完善优化相关标准体系，开展相关领域标准的制修订、宣贯和推广应用工作，视情况对相关指标进行动态调整，不断引领行业整体能效水平逐步提升，为行业转型升级提供标准支撑。

（4）横纵向延伸，产业融合，有序推动全产业链协同降碳。有序推进兼并重组、横向联合，提高集中度、加强资源掌控能力、聚集低碳发展合力、共享低碳发展技术；积极推进产业融合、纵向延伸，构建绿色循环产业链和供应链。通过生产要素流通、能量梯级利用、废弃物循环利用、资源能源共享、全生命周期角度优化配置，充分发挥产业集群的规模效应和循环经济效应，有序推动全产业链协同降碳。

（5）创新驱动，技术储备，主动适应能效“双碳”要求。高耗能

企业要抓住低碳发展带来的机遇，在降碳的同时形成新业务模式和增长点；加快推动能效提升、资源循环利用、清洁生产等关键共性技术开发推广和应用；加快推进前沿技术研究和突破，如低成本高安全地制备、储存和运输绿氢，在重点领域实现对化石能源的替代；加快突破碳中和关键材料、仪器装备、生产工艺等方面的瓶颈。

两大央企发布路线图
示范引领钢铁碳中和①

张龙强

实现碳达峰、碳中和是以习近平同志为核心的党中央统筹国内国际两个大局作出的重大战略决策，是着力解决资源环境约束突出问题、实现中华民族永续发展的必然选择，是构建人类命运共同体的庄严承诺。钢铁工业作为支撑国民经济发展的基础性产业，也是实现碳达峰、碳中和的重要责任主体，在“十四五”开局之年，各大钢铁企业纷纷践行新发展理念，开启低碳发展新征程。

2021年上半年，四家大型钢铁企业相继发布宣言提出碳达峰、碳中和时间表：中国宝武率先提出2021年发布低碳冶金路线图，力争2023年实现碳达峰，2050年实现碳中和；河钢集团宣布2022年实现碳达峰，2050年实现碳中和；包钢集团提出力争2023年率先实现碳达峰，2050年实现碳中和；鞍钢集团宣布在2021年底发布低碳冶金路线图，2025年前实现碳排放总量达峰，成为我国钢铁行业首批实现碳中和的大型钢铁企业。

目前，中国宝武和鞍钢集团已发布碳中和方案和低碳路线图，引领钢铁行业“双碳”之路，彰显央企责任、使命和担当。

一、中国宝武碳中和行动方案

2021年11月18日，中国宝武正式发布了《中国宝武碳中和行动方案》，高屋建瓴，实事求是，技术创新引领，既展现了中国宝武在低碳冶金创新领域的探索和实践，也充分彰显了中国宝武心怀“国之大者”的使命和担当。

作为全球最大的钢铁企业，中国宝武在“一基五元”的产业布局

① 本文2022年1月1日发表在冶金工业信息标准研究院微信公众号，有删节。

下，主要以极致能效、富氢碳循环高炉、氢基竖炉、近终形制造、冶金资源循环利用、碳回收及利用六大低碳冶金技术路径，重申“以 2020 年为基准，2035 年降低碳排放 30%至每吨钢 1.3t，力争 2050 年实现碳中和”的目标。富氢碳循环高炉和氢基竖炉两条主要工艺路线加上碳资源综合利用及电加热等多项技术的有机组合，最终形成中国宝武的低碳发展技术路线，如图 1 所示。

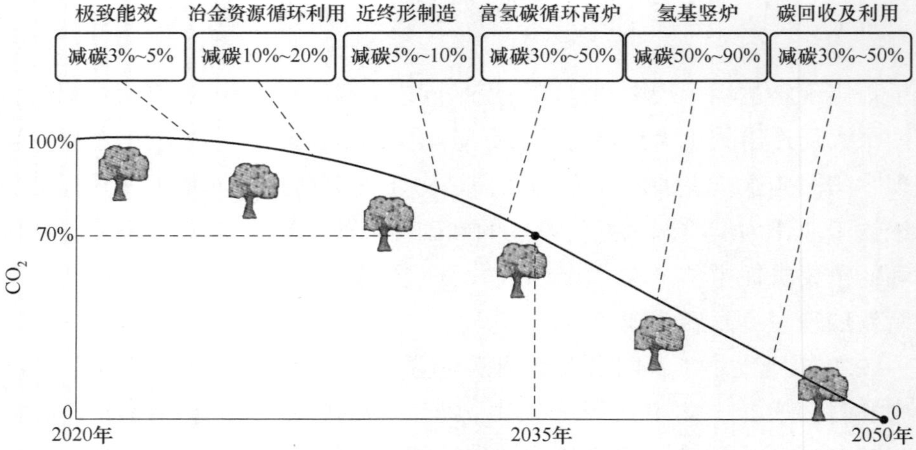

图 1　中国宝武低碳发展技术路线

（一）低碳冶金技术创新，推动流程结构调整

中国宝武 2015 年就开始了低碳冶金探索。从最早的冶金煤化工耦合起步，尝试把冶金过程产生的煤气制成化工产品，减少碳排放，到 COREX（熔融还原炼铁工艺）创新为欧冶炉，成为中国宝武低碳冶炼探索的“急先锋”；从八一钢铁的富氢碳循环试验使功勋高炉获得绿色新生，到湛江钢铁叫停高炉方案，改为建设百万吨级的氢基竖炉+电炉+薄板坯连铸短流程，最终建成全氢竖炉冶炼和极致短流程工艺的绿色全流程零碳工厂；再到新疆巴州的全废钢电炉冶炼+薄带连铸绿色钢铁短流程示范项目，这些前沿技术创新行动生动地刻画了中国宝武在低碳冶炼上孜孜不倦的探寻与求索。

（二）强化全生命周期理念，推动绿色产品升级

宝钢早在 2003 年就开始关注钢铁产品生命周期评价工作，并于

2004年正式立项进行电镀锌产品生命周期评价（LCA）研究，至今一直持续推动该领域的研究工作。如通过开展绿色产品设计、制造工艺创新，提供强度更高、寿命更长、效能更好的绿色产品，减少钢铁材料本身材料使用量的同时，替代高碳材料，支撑全社会实现低碳发展。从中国宝武近年开展的建筑行业脚手架、高速公路的护栏、混凝土搅拌车和运输渣土车车厢板、集装箱等高强减薄轻量化工作，下游减碳效果明显；到近期开发的免涂镀光伏支架材料，实现25年免维护，既省锌，又减碳；再到电磁性能更高、耐热温度更高的高牌号硅钢助力白鹤滩等大型水电站，为全社会减碳作出了巨大贡献。

（三）多元布局绿色产业，金融杠杆推进低碳行动

中国宝武通过绿色布局助力钢铁行业碳中和。利用资源和区域优势，布局发展绿色能源，未来计划与地方政府合作建设绿色自备电厂；成立绿色低碳冶金创新基金，利用金融杠杆推进绿色产业发展；组建碳中和基金，助力低碳冶金发展。此外，中国宝武还将布局绿色资源、绿色新材料、绿色智慧服务等产业，协同助力钢铁行业碳中和。

二、鞍钢集团低碳冶金路线图

2021年12月29日，鞍钢集团正式发布低碳冶金路线图，提出了低碳发展愿景、“三个使命”和“五大路径”，2025年实现碳排放总量达峰；2035年碳排放总量较峰值降低30%，吨钢碳排放强度降低30%以上。充分彰显了“共和国钢铁工业的长子”风范，央企责任担当。

鞍钢集团低碳发展“五大路径”充分利用资源优势、钒钛产业优势，结合内陆与沿海、多区域、多基地布局特点，因地制宜，统筹推进低碳发展。“五大路径”在不同阶段将各自发挥主体作用，协同实现碳达峰、碳中和目标，充分体现了以绿色、低碳、可持续发展引领钢铁行业高质量发展，追求企业经济效益、生态效益与社会效益的和谐统一的原则。“十四五”期间，将以“格局流程再造”为主，实现碳达峰；2026—2035年，通过“资源消耗减量、能源结构优化”，持续降碳；2035年之后，在前期技术研发、试验成功的基础上，规模化应用低碳工艺技术，深度降碳，最终实现碳中和。鞍钢低碳发展时间表如图2所示。

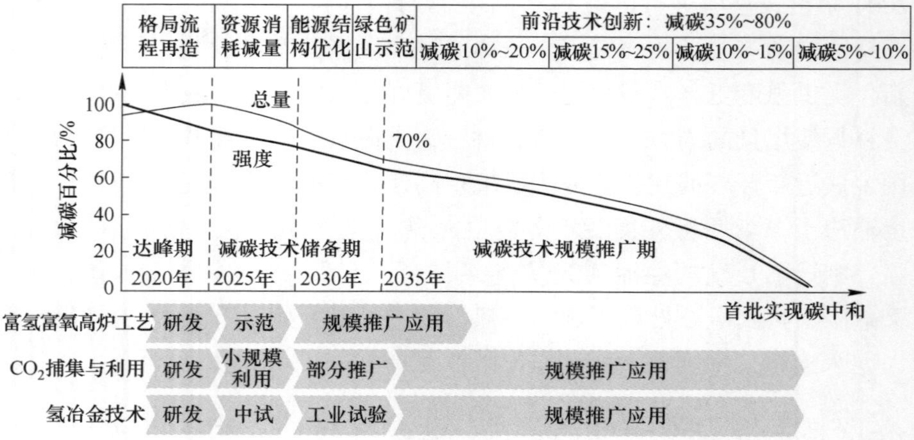

图 2　低碳发展时间表

（一）格局流程再造

推进兼并重组，产业布局优化，工艺流程再造，能效提升、减排降碳。推动全工序极限化能效提升，采用节能技术，实现工序内部能源高效利用；矿铁钢轧全工序界面优化衔接，提升工序界面能效；余热余能资源高效回收，实现极限化节能降碳。

（二）资源消耗减量

推进产品全生命周期管理，推动绿色生产，制造低碳材料，降低社会资源消耗。实施资源循环利用，布局再生钢铁原料回收与加工产业，提升含铁含碳固废资源利用；深化产城融合，能源资源互供，节约和替代原生资源协同减碳；增强员工低碳意识，倡导简约适度，绿色低碳生活方式。

（三）能源结构优化

布局新能源产业，调整能源结构，发展储能技术、构建源网荷储、多能互补能源体系。布局钒电池储能，鞍钢全钒液流电池关键材料电解液能量密度取得重大突破，在此基础上加速推进全钒液流储能技术产业化，为大容量储能提供解决方案。

(四) 绿色矿山示范

发挥先进采选技术优势，提高矿产资源利用效率；充分利用矿山土地资源，发展绿色能源；加大复垦力度，增加生态碳汇。建设绿色智能智慧示范矿山，提高资源综合利用效率，实施高效智能采选，降低过程消耗；发挥工艺技术优势，提升铁精矿品位，提高钒钛矿综合利用率。

(五) 前沿技术创新

坚持科技创新引领，加快研发应用低碳冶金技术和碳捕集、利用与封存技术，成果开放共享。研发流态化氢基直接还原技术，利用风电、光电等绿电，高效电解水制绿氢，制取直接还原铁，建设国内首台套中试生产线。

三、“南有宝武、北有鞍钢”殊途同归

当前，中国钢铁行业已形成“南有宝武、北有鞍钢”的产业新格局，两大钢铁领军企业已发布的碳中和行动方案或低碳发展路线图，从不同角度提出了中国钢铁实现“双碳”目标的方向和路径，但殊途同归，为钢铁行业绿色低碳高质量发展起到试点示范作用，为钢铁行业低碳高质量发展注入了“新动力”，为我国全面建设钢铁强国、全面引领世界钢铁明确了方向，展现了中国自信。

(一) 优化完善产业布局，推动绿色产品升级

通过推进兼并重组，提高钢铁产业集中度，助力解决行业长期存在的同质化竞争严重、资源配置不合理、研发创新协同能力不强等问题；同时，基于全生命周期理念开展生态产品设计，开发优质、高强、长寿命、可循环的绿色钢铁产品，推动钢铁全产业链、全供应链、全价值链三链协同跨入低碳发展新循环。

(二) 调整流程及原燃料结构，有效促进低碳发展

通过调整流程结构带动资源和能源结构调整，适度布局电弧炉短流程炼钢、非高炉炼铁等结构性降碳工艺，推广应用全流程全工序界面衔接等先进工艺技术，加大力度研究低碳冶金技术促进低碳发展。同时，

优化原燃料结构，开展高比例球团矿冶炼、降低高炉燃料比冶炼、喷吹富氢煤气冶炼、提高综合废钢比等技术研究和应用；积极采用和布局可再生能源，加大清洁能源使用比例，研发非化石能源替代技术、储能技术等，并在行业推广使用。

（三）提高资源能源利用效率，科学助力减排降碳

能效提升和资源循环利用是钢铁行业现阶段减碳的有效手段和重要基础，也是清洁生产、节能降耗促进企业降本增效的重要措施。深挖能效提升潜力，积极开发并推广能源梯级利用，大幅提高能效利用水平；同时，重视资源的再生循环利用，充分利用好含铁含碳固废、钢铁循环材料和有机生物质资源，最大限度地使用二次资源和能源，与其他行业协同推动循环经济发展，为实现全社会碳中和提供新的发展模式。

（四）研发突破性低碳技术，创新驱动低碳发展

以科技创新为引领，重点围绕“以氢代煤”关键冶炼技术突破，温室气体排放控制与处置利用技术，包括生物与工程固碳技术，生态碳汇开发，二氧化碳捕获、封存及利用技术等，开展低碳冶金工业化研究试验，加快推动先进低碳技术在钢铁工业的应用，形成示范项目工程，创新驱动中国钢铁低碳高质量发展。

四、“三碳一能一氢”助力企业低碳发展

实现碳达峰、碳中和并非一蹴而就，而是全社会的一场持久战，行业企业应统筹兼顾、科学谋划、有序推进钢铁行业低碳发展，通过做好顶层设计、加强标准引领、储备低碳动能、夯实低碳基础、革新低碳技术，推动“双碳”目标实现。

（一）做好顶层设计——碳规划

编制低碳发展规划是地方、行业、企业科学、合理实现碳达峰、碳中和的基本条件，也是企业在“双碳”背景下赢得先机的重要一环，提高核心竞争力的必然选择。

（二）突出标准引领——碳标准

标准是行业企业生存发展的重要技术基础，低碳发展更需要标准的

引领、规范和指导，钢铁企业要积极主导、参与建立低碳发展标准体系，研制核算核查、技术装备、监测评估、管理服务等标准，在“双碳”行动中占据主动。

（三）储备低碳动能——碳资产

有序开展碳资产评估、管理与运营工作，让“碳”从压力转变为活力，而非束缚企业发展的绊脚石。摸清一个底数，预测一个潜力，打好一个基础，盘好一个布局，运作一个模式，使其成为获得碳配额的路径、撬动碳金融的杠杆、盘活资金链的砝码、对冲碳成本的工具。

（四）夯实低碳基础——能效提升

能源消耗是影响钢铁行业碳排放的重要因素，能效提升为节能降碳做出了积极贡献，未来还将持续助力“双碳”目标实现。做好能源审计和监察、节能诊断和规划、能效评估和提升、能源结构优化和调整是“十四五”时期钢铁行业低碳发展的重要基础。

（五）革新低碳技术——氢能冶金

氢能在冶金领域的创新与应用，将推动传统“碳冶金”向新型“氢冶金”转变，使钢铁生产摆脱对化石能源的绝对依赖，一旦技术取得突破，将全面改变钢铁行业高碳排放的格局。但必须清醒认识到，氢能冶金在全球范围内仍处于技术探索和试验阶段，距离近零排放还有很长的路要走。行业企业应高度重视氢能冶金投资和成本等不确定性问题，高度重视氢气储存、输送、安全和价格等问题，高度重视氢能冶金用于钢铁生产的工序衔接问题，持续关注氢能冶金发展动态和技术进展、不断夯实氢能冶金研究基础和推进技术产业化，而不是一哄而上盲目投资。

全国碳市场再启征程 钢铁企业需未雨绸缪[①]

张龙强

2022年3月15日，生态环境部印发《关于做好2022年企业温室气体排放报告管理相关重点工作的通知》（以下简称《通知》），部署2022年全国碳市场重点工作和任务，同时更新了全国电网排放因子和《企业温室气体排放核算方法与报告指南 发电设施（2022年修订版）》（以下简称《指南》），进一步细化并加强了碳排放数据质量监管。首个履约期内，全国碳市场总体运行平稳，取得显著成果。目前，生态环境部已向中钢协发出《关于委托中国钢铁工业协会开展钢铁行业碳排放权交易相关工作的函》，意味着钢铁行业纳入全国碳市场的相关工作已启动，广大钢铁企业应及时掌握政策导向，积极调整企业战略布局，主动应对碳市场带来的机遇和挑战。

一、排放报告管理新变化，碳排放数据质量至关重要

碳排放数据质量是全国碳市场平稳有效运行和健康持续发展的基石，也是维护碳市场信用信心和国家政策公信力的底线与生命线，碳排放数据不准确将直接影响行业基准线的设定，造成碳配额发放不公平。因此，《通知》侧重于监测、报告与核查（MRV）过程，大幅增加并细化了保证数据质量的相关内容，通过制度设计压缩数据涉假造假空间。

（一）调整全国电网排放因子

电网排放因子与可再生能源、火电机组单位供电标煤耗密切相关，可再生能源比例越高，火电机组单位供电标煤耗越低，电网排放因子越

① 本文2022年3月29日发表在世界金属导报微信公众号，有删节。

小。近年来，我国可再生能源发电装机容量和消纳比例不断提升，截至2021年，全国可再生能源发电装机规模达10.63亿千瓦，占全国总发电装机容量的44.8%；火电企业持续进行降碳改造，供电标煤耗不断降低，我国电力结构进一步优化，而0.6101t CO_2/(MW·h)反映的是2015年单位用电量隐含的二氧化碳排放，与当前实际情况已有较大差异。《通知》将全国电网排放因子由0.6101t CO_2/(MW·h)调整为0.5810t CO_2/(MW·h)，更符合当前我国电力结构的实际情况，能够及时、准确、客观评估企业消耗电力的实际碳排放水平。

“双碳”背景下，我国将加快实施能源绿色低碳转型，可再生能源发电比例将进一步提升，全国电网排放因子将随着电力结构的变化及时调整。

（二）完善发电行业核算指南

《指南》旨在规范发电行业重点排放单位碳排放核算与报告工作，提高碳排放数据质量，完善全国碳市场数据质量管理长效机制。

一是进一步明确核算边界和机组定义。《指南》新增核算边界示意图，便于清晰识别纳入碳市场发电设施的核算边界；根据配额分配需要，新增了“热电联产机组”“纯凝发电机组”和“母管制系统”定义，进一步明确热电联产机组的界定标准，便于企业、核查机构和监管部门确定企业碳排放核算边界。

二是进一步细化检验检测标准。《指南》细化检验检测机构的检测、记录和结果认定管理规定，明确要求元素碳含量检验检测机构或实验室具有中国合格评定国家认可委员会（CNAS）或检验检测机构资质认定标志（CMA）认证资质，并严格按《指南》中的相关标准管理检验样品的检测、记录、传递、保存、取样、制样、送检、存证等环节，统一检验检测规程，提升可操作性，确保检测数据准确、可靠。

三是完善核算细节提升可操作性，确保公平统一。《指南》进一步完善化石燃料碳排放核算方法，直接采用实测的元素碳含量计算燃煤碳排放量，结果更准确，计算原理也更好理解；完善供电量、供热比及机组负荷系数等与配额分配相关生产数据的计算方法，减少核算、报告和核查过程中的自由裁量和数据填报的不确定性，降低对企业应分配碳配额数量的影响。

（三）强化数据质量监管

一是规范企业碳排放原始数据管理。《通知》要求企业通过环境信息平台对以下台账和原始记录开展月度信息化存证，主要包括与碳排放量核算相关的参数数据及盖章版台账记录、加盖 CMA 资质认定标志或 CNAS 认可标识章的检验检测报告原件、与配额核算和分配相关的生产数据及其盖章版台账记录原件扫描等，规范企业碳排放原始数据管理。

二是提高核查机构监管力度。碳核查机构的专业能力、公平性、独立性决定了碳排放数据质量，也决定了企业的碳资产，关乎企业切身利益。《通知》要求通过核查机构自查、省级生态环境主管部门抽查等方式对核查机构的工作质量、合规性、及时性等进行评估，并通过环境信息平台向社会公开，确保核查技术服务机构的公正性、规范性和科学性。

三是强化政府日常监管。加强设区的市级生态环境主管部门对企业、核查机构和检验检测机构的日常监管，严格落实监管职责；明确要求采用“双随机、一公开”方式对控排企业进行日常监管与执法，增强监管效果；生态环境部每季度汇总、检查设区的市级生态环境主管部门日常监管工作的执行情况，增加日常监管频率。

目前，全国碳市场建设已进入关键期，对碳排放数据质量要求更高，国家也将通过压实企业和相关技术服务机构责任、不断优化碳排放量核算的技术手段和监测方式、加大监管和惩处力度、有效帮扶等方式，进一步规范碳排放核查、检验检测服务行为，保障碳排放数据质量。

二、全国碳市场扩容在即，钢铁企业需提前布局

首个履约周期内，被纳入全国碳市场的 2162 家发电企业中有超过半数参与市场交易，碳配额累计成交量 1.79 亿吨，累计成交额 76.61 亿元；日成交均价在 40~59 元/t 范围内波动，基本保持平稳；按履约量计，履约完成率为 99.5%。截至 2022 年 3 月 25 日，全国碳市场碳配额累计成交量 1.89 亿吨，累计成交额 82.04 亿元，如图 1 所示。整体来看，全国碳市场运行健康有序，碳配额交易价格稳中有升，促进企业温室气体减排和加快绿色低碳转型的作用初步显现。

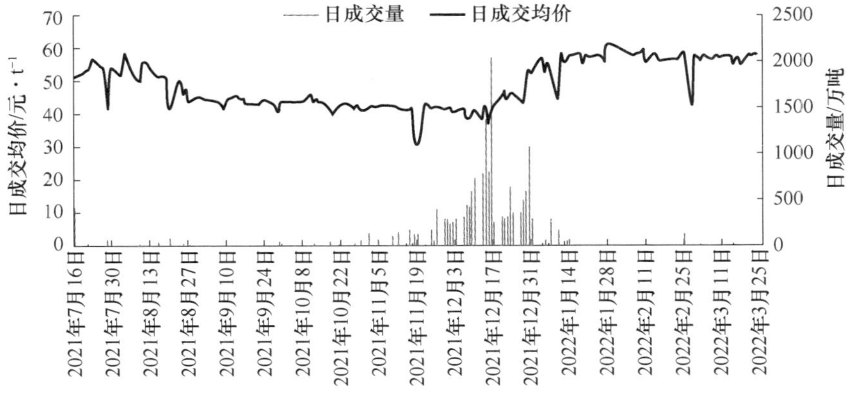

图 1　全国碳市场日成交均价和日成交量变化趋势

（数据来源：上海环境能源交易所）

全国碳市场尚处于起步阶段，为应对交易产品单一、活跃度不足、交易周期性明显、金融化程度低等挑战，生态环境部正通过逐步完善碳市场制度体系、稳步推进全国碳市场扩容、推动重启国家核证自愿减排项目等方式，激发市场活力、增强市场流动性。当前，全国碳市场第二个履约期已经启动，钢铁行业纳入全国碳市场为期不远，钢铁企业应高度重视，充分抓住碳市场机遇，主动作为，将碳市场相关工作纳入企业发展规划，并重点做好以下工作。

一是开展能效提升。能效提升是“十四五”时期钢铁行业绿色低碳发展的重要工作基础。一方面，按照国家有关政策要求，到 2025 年所有钢铁企业必须有序有效限期分批实施改造升级和淘汰，提升能效水平至少达到国家基准水平以上，全国至少 30%以上要达到国家标杆水平以上，做好能效评估和提升是必然要求。另一方面，钢铁行业被纳入全国碳市场大概率会采用行业基准线法核定配额，企业能效越高，单位产品碳排放强度越低，配额盈余越多；反之，能效偏低的企业获得的配额不足，需购买配额进行履约，增加企业履约成本。

二是开展碳资产评估管理。企业应从战略层面开展碳资产管理工作，有序开展碳资产评估、管理与运营，做到“四个全面”（全面摸清碳资产底数、全面评估碳资产现状、全面挖潜碳资产潜力、全面跟踪碳市场运行走势）、“四个提前”（提前平衡碳配额、提前储备碳财富、提前布局碳金融、提前规划碳资产），持续调优碳资产结构，最终实现碳资产的保值、增值，让“碳”从压力转变为活力。同时，持续开展碳市场能力建设，培养碳资产管理相关人才，熟悉碳市场政策、交易规则；做好碳排放数据的监测、报告与核查管理，并结合企业特点逐步建立碳资产管理体系。

三是积极参与碳标准制定。标准是规范行业碳排放核算方法、数据管理、技术推广等低碳发展工作的重要依据，其水平的高低将一定程度影响行业低碳发展质量。钢铁企业应积极参与绿色低碳发展标准体系的建立，研制核算核查、监测评估、技术装备、管理服务等相关标准，在标准制修订过程中建言献策，提升标准的适用性和可用性，引领行业企业低碳发展工作落实落细，也为企业自身在全国碳市场竞争中赢得先机。

未雨绸缪应对欧盟“碳关税”[①]

张龙强

2022 年 6 月 22 日，欧洲议会多数票通过碳边境调节机制（又称“碳关税”，简称 CBAM）的“一读”文本，对欧盟委员会“2021 年 7 月公布减碳 55% 提案提出了正式修正意见”。与欧盟委员会一年前的“立法草案”相比，欧洲议会本次通过的修正草案扩大了纳入行业范围、增加间接排放、加快免费配额退出时间，延长了过渡期，主要变化见表 1。

表 1 “碳关税”修正草案主要变化

内容	欧盟委员会草案	欧洲议会修正草案
实施时间	过渡期：2023—2025 年 正式实施：2026 年	过渡期：2023—2026 年 正式实施：2027 年
产品范围	钢铁、水泥、铝、化肥、电力	钢铁、水泥、铝、化肥、电力 新增：有机化学品、塑料、氢和氨
排放范围	直接排放	直接排放和间接排放
免费配额退出时间	免费配额逐渐减少 2023—2025 年 100% 2026 年 90% 2027 年 80% 2028 年 70% 2029 年 60% 2030 年 50% 2031 年 40% 2032 年 30% 2033 年 20% 2034 年 10% 2035 年完全退出	免费配额逐渐减少 2023—2026 年 100% 2027 年 93% 2028 年 84% 2029 年 69% 2030 年 50% 2031 年 25% 2032 年完全退出

① 本文 2022 年 6 月 27 日发表在财新网，有删节。

欧盟在能源危机和经济下行压力下仍积极推动 CBAM，实施过程中将面临哪些不确定性？中国应如何应对？

一、CBAM 距正式立法还有一定距离

欧洲议会通过“碳关税”立法后，将向欧盟理事会提交修正草案，由欧盟理事会对修改草案进行“一读”，如果欧盟立法机构的各方不能达成一致意见，可能还需进行“二读”甚至“三读”，距完成真正立法仍有一定距离，欧盟“碳关税”法案最终版本在具体细则上还可能发生改变。欧盟碳关税立法历程和程序如图 1 和图 2 所示。

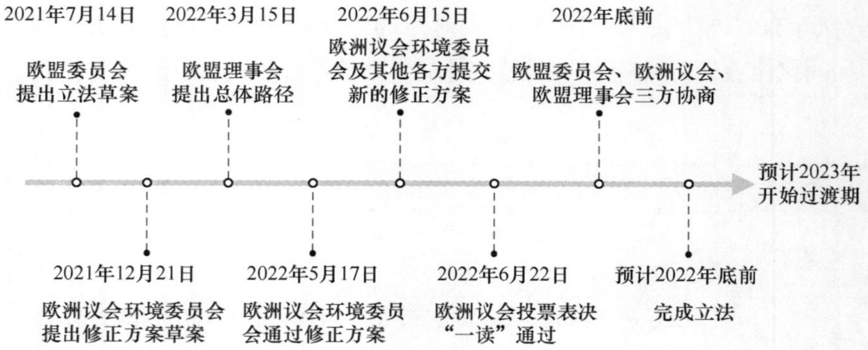

图 1　欧盟“碳关税”立法历程

二、CBAM 实施面临存在不确定性

（一）欧盟内部存在分歧

欧盟委员会、欧洲议会、欧洲理事会均提出各自的“碳关税”草案或修正建议，但对征收范围、目标等仍存在一定分歧。各行业、企业对 CBAM 态度也不一致，如钢铁、水泥等行业在过渡期内可享受一定免费配额，碳减排合规成本并不高；CBAM 一旦实施，免费配额将逐渐取消，因此部分企业对其持反对态度。

（二）国际市场存在争端

CBAM 仅对进口产品单边征收碳关税，与本地产品待遇存在差异。

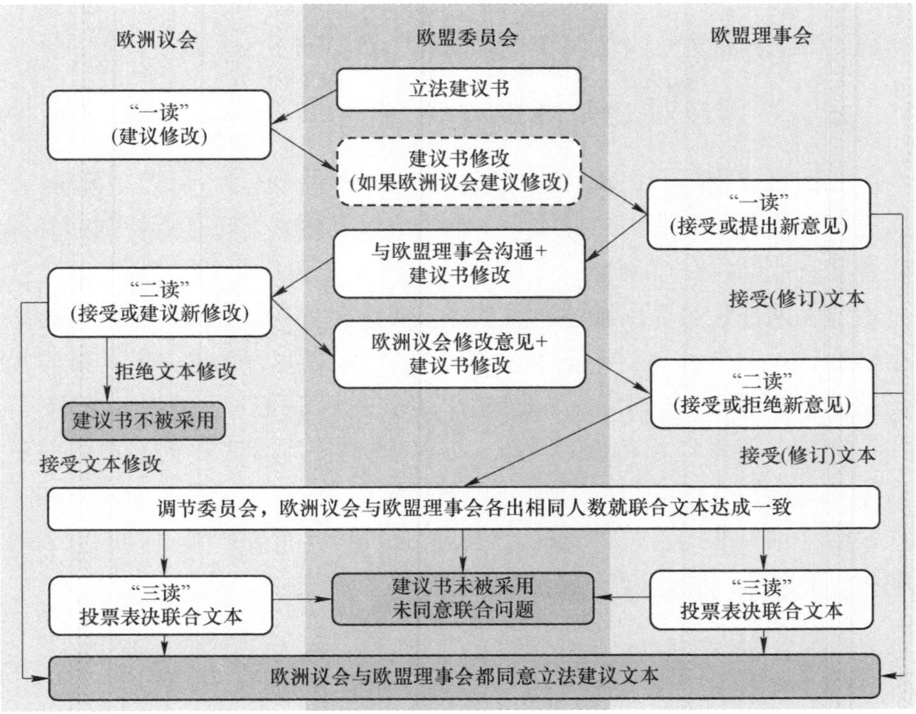

图2 欧盟立法程序

（图片来源：欧盟委员会欧盟碳排放权交易系统手册）

很多国家对欧盟“碳关税”是否符合国际现行贸易规则存有疑虑，认为CBAM不应与WTO贸易规则、相关国际气候协定规定的减排责任等有原则性冲突，更不能成为新的贸易保护工具。

（三）核算规则尚需统一

CBAM核算产品隐含碳排放时，在核算边界、核算标准和数据基础等方面尚未形成统一规则，导致行业、企业的碳排放数据不能在统一基准下进行对比，也无法准确核算隐含碳排放量，不利于全球碳市场统一，对国别间贸易往来也将形成一定障碍。

（四）能源系统仍然脆弱

高度依赖国外供应的欧盟能源系统十分脆弱，难以应对复杂多变的国际形势，也间接反映了其低碳发展基础不牢固。欧盟能源危机已迫使多个成员国重启燃煤发电，这必然导致其碳排放强度上升。在此背景下实施 CBAM，将进一步增加欧盟“内外”贸易的不公平程度。

三、中国应对 CBAM 的建议

我国是欧盟第一大贸易伙伴国和最大的商品进口来源国，CBAM 的实施短期内将增加我国制造成本，削弱出口竞争力，长远看将倒逼我国能源和产业结构深度调整，促进高耗能产业转型。此外，美国、英国、日本等国家在碳关税领域的动向也应引起高度重视。如美国参议院金融委员会已收到名为《清洁竞争法案》的“碳关税”立法提案；英国提出要推动欧盟和 G7 国家一起创建“碳关税”联盟；加拿大表态支持“碳关税”；日本宣称将探讨美欧日三方就包括边境调整机制在内的贸易体系采取联合行动的可行性。预计未来 5~10 年，以欧盟为首的碳关税联盟将逐步形成，届时将对中国经济发展产生重要影响。我国应未雨绸缪，提前布局，建议重点做好以下工作。

（一）政府层面的应对建议

一是成立“碳关税”谈判组织，动态评估 CBAM 对我国经贸活动的影响，并团结发展中国家与欧盟展开深层次谈判，努力影响规则制定，变被动为主动。

二是进一步完善减碳政策体系，加强规划战略引领，强化标准体系建设和国际话语权，提升技术创新能力等，形成一整套激励约束机制，科学有序推动绿色低碳转型。

三是充分利用过渡期，稳步完善全国碳市场建设。设立碳关税+碳市场专项课题，充分研究碳关税和碳市场在博弈中相互支撑的规律，引导碳价至合理水平，促进碳市场平稳运行。

（二）企业层面的应对建议

欧盟“碳关税”促使全国碳市场建设进入关键 5 年期，企业层面应全面加强碳能力建设相关工作。钢铁行业是制造业中碳排放量大户，实现绿色低碳转型至关重要，以钢铁企业为例应对建议如下。

一是持续提升节能减污降碳协同治理能力。“十四五”期间，应重点通过能效提升降低碳排放强度，减少产品碳足迹。同时注重氢冶金和碳捕类、利用与封存（CCUS）等低碳技术的创新研究，做好技术储备。

二是有序开展环境产品声明（EPD）。规范量化产品环境足迹，满足全产业链绿色低碳发展需求，打通国内外标准对话渠道，应对国际“碳关税”风险，突破国际贸易壁垒。

三是全面加强碳能力建设。将碳能力建设纳入企业战略，持续开展 CBAM 影响研究，培养和储备一批既懂业务又熟悉碳市场的专业人才队伍，全面提升应对“碳”变化的能力。

用好钢铁行业 EPD 平台 携手产业链低碳高质量发展[①]

张龙强

当前，全球资源与环境问题凸显，应对气候变化实现碳中和的压力日益加大，以生命周期理念披露产品或服务的环境影响越来越得到国际支持和采纳，环境产品声明（EPD，Environmental Product Declaration）就是按国际统一的标准体系，对产品碳足迹及环境绩效数据进行报告，经由第三方机构验证，成为科学的、可比的、国际认可的开展国际贸易的重要辅助性文件。

钢铁工业作为重要基础产业，是全球关注的碳排放重点领域，越来越多的钢铁产品用户及汽车、家电、造船等下游产业在国际贸易中对钢铁企业提出 EPD 报告要求。在此背景下，作为政府和企业间的桥梁和纽带，中国钢铁工业协会组织发布钢铁行业 EPD 平台，是行业及上下游产业链共同推动绿色低碳发展的重大举措，有助于提升中国钢铁在国际绿色低碳产品领域的话语权，也将为应对欧盟碳边境调节机制、突破国际绿色低碳贸易壁垒发挥积极作用。

一、钢铁行业 EPD 平台应运而生

2022 年 5 月 19 日，中国钢铁工业协会组织建设的钢铁行业 EPD 平台成功发布并上线运行，这是全球钢铁行业践行“双碳”发展的一个里程碑事件。EPD 平台具有三大功能和作用：一是规范量化产品环境足迹，满足全价值链绿色低碳数据需求，打通国内外标准化语言对话渠道，应对国际各种碳税体系，指导外贸决策和对外贸易活动；二是致力于成为钢铁行业高质量完成环境绩效评估的重要手段之一、行业绿色低碳转型发展的重要基础之一、钢铁企业获取具有公信力第三方验证产品

① 本文 2022 年 6 月 1 日发表在冶金工业信息标准研究院微信公众号，有删节。

环境足迹信息的工具；三是帮助下游企业获取准确的上游钢铁材料环境信息，实现绿色采购，通过开展产品全生命周期环境绩效评估，帮助企业更科学地制定及实现减碳路线图。

在EPD平台的组织建设过程中，作为国内有威信、国际有影响的行业组织，中国钢铁工业协会聚集钢铁企业和科研院所的智慧，按照国际标准开发了产品种类规则（PCR）及相关标准，并编制了EPD-tools，为EPD平台推广应用打下了坚实基础，同时也为对接国际钢铁行业及国际互认创造了条件。EPD平台的发布，将辅助钢铁企业从生命周期角度探索绿色低碳发展之路，增强中国钢铁在国际绿色低碳产品领域的话语权。

二、钢铁行业EPD平台助力下游产业绿色低碳发展

EPD作为一种为公众提供可验证的、量化的产品环境绩效数据的技术性声明，且作为产品生态设计、绿色采购、绿色消费的支持手段，目前被越来越多的行业高端品牌作为选择合作供应商、打造“零碳”供应链的重要判断依据。在工信部组织的“绿色设计产品”和“工业产品绿色设计示范企业”申报中，均明确要求需要开展产品的生命周期评价报告，包括EPD报告，通过客观公正的第三方验证，为客户提供基于多方参与和验证的全程透明的产品环境信息声明，满足客户可持续发展的需求，同时向客户及市场展示产品在绿色可持续发展方面的努力、所取得的生态优势以及将为客户创造的绿色价值。

钢铁产品生产制造周期相对较长，整个过程中消耗大量资源、能源，并排放污染物和温室气体，但钢铁产品的应用领域非常广泛，且具有高性能、长寿命等特点，能够循环利用。钢铁行业EPD平台的建设有助于推进行业本身工艺流程优化、极致能效提升，推进重大工艺技术创新；也有助于开展钢铁产品绿色设计，研发高强、耐蚀、低能耗的绿色钢铁新产品，促进下游行业绿色低碳转型升级；更有助于促进全产业链参与低碳工作，形成以钢铁产业为核心的绿色低碳生态圈，有力引导和支撑中国钢铁行业以更加绿色低碳的优质产品积极融入国际贸易市场。

三、钢铁行业EPD平台运行重点工作

当前，中国在应对气候变化领域已取得较大成绩，但在EPD方面

起步较晚、经验较浅，除少数钢厂外，大部分企业尚未开展此项工作。建议钢铁企业尽早开展 EPD 报告的编制工作，通过开展生命周期评估，挖掘产品绿色提升的潜力和机会，从能源消耗、资源利用、环境影响、碳足迹评估等方面提升企业的绿色低碳发展竞争力，促进绿色生产，引导绿色消费。

（1）制定钢铁产品生命周期环境影响评估标准规范。全球各国高度重视标准化工作并制定标准化战略，以新兴产业领域的国际标准化制定为主要方向，中国重点构建国内国际双循环相互促进的新发展格局，开展国家标准外文版工作，制定新兴领域的国际标准，有助于发挥中国标准在国际中的作用，助推国际标准化体系不断完善创新。信息标准院拥有一流的标准团队、一流的创新理念、一流的开放视野，积极推动和参与新兴领域国际标准化工作，凝聚全球资源和智慧，充分发挥标准化引领和支撑全球绿色低碳可持续发展的重要作用；打好基础、统筹规划、兼容并蓄，利用钢铁行业 EPD 平台的优势有力引导和支撑中国钢铁行业以更加绿色低碳的优质产品积极参与国际市场竞争。

（2）推动钢铁行业 EPD 平台与国际接轨互认。EPD 是一项国际公认的发布报告，详细说明某一产品在其整个生命周期内以何种方式对环境造成影响。钢铁产品广泛应用在各领域，绿色低碳循环经济是国际产品贸易的重点，推动国内大多数钢铁企业加入产品环境声明发布平台，确立该项工作的权威，共同推动整个行业的高质量发展。作为占全球半壁江山的中国钢铁行业，开展 EPD 工作势必会产生强烈的反响，融合国内外钢铁行业的特色，共同建立国际通用的钢铁产品环境声明规范，推动形成共识。EPD 平台的发布，是钢铁行业主动落实习近平总书记“促进钢铁产业创新发展、绿色低碳发展”指示精神的重要举措，是践行国家“双碳”目标的战略部署，也是积极应对国际碳边境税的重大举措，必将赋能中国钢铁绿色低碳高质量发展，共同推动钢铁行业上下游产业链共赴低碳发展之路，提升该领域话语权和国际贸易竞争力。

钢铁工业实现碳达峰探讨及减碳建议[①]

张龙强

气候变化是当今人类面临的全球性挑战之一，为应对气候变化、推动构建人类命运共同体，需要世界各国协同一致减少温室气体排放。中国政府高度重视气候变化问题，积极主动地做出减排承诺，习近平主席宣告“二氧化碳排放力争于2030年前达到峰值，努力争取2060年前实现碳中和”，已将应对气候变化上升为国家战略，中央经济工作会议也将做好碳达峰、碳中和工作作为八项重点任务之一。钢铁工业是我国国民经济的重要基础原材料产业，是建设现代化强国的重要支撑，同时在生产制造过程中消耗了大量化石能源，成为我国制造业的碳排放大户。近年来，随着我国钢铁工业生产结构调整、节能技术普及和管理水平的提高，能源消耗得到进一步下降，部分钢铁企业的能源利用效率已达到世界先进水平。但在我国钢铁生产能源结构以煤炭为主、流程结构以高炉-转炉长流程为主的模式下，粗钢产量的快速增长导致我国钢铁工业碳排放总量仍处于高位。无论是应对全球气候变化，还是支撑中国制造高质量发展，中国钢铁工业都责无旁贷地需要加快低碳转型，特别是在碳达峰和碳中和的目标约束下，尽早实现碳达峰，为最终实现碳中和奠定良好基础，并为持续深度降碳贡献钢铁力量。

一、中国钢铁工业二氧化碳排放现状

钢铁工业未在《国民经济行业分类》中单独分类，工业分类中黑色金属冶炼及压延加工业包括炼铁、炼钢、钢压延加工和铁合金冶炼四个分类行业，其中前三类均属于钢铁工业。根据国家统计局编制的《中国统计年鉴》中黑色金属冶炼及压延加工业的能源消费数据统计值，2000—2020年，我国黑色金属冶炼及压延加工业能源消耗和粗钢

① 本文2021年9月发表在《中国冶金》第9期，有删节。

产量的变化趋势如图 1 所示。近 20 年来，我国粗钢产量快速增加，2014 年粗钢产量达到高点并出现短暂的负增长，2015 年之后连续 5 年正增长至 2020 年粗钢产量突破 10 亿吨大关，达到 10.65 亿吨；在此期间，黑色金属冶炼及压延加工业的能源消耗总量逐年增加，在 2014 年达到峰值，之后逐年下降；根据中国钢铁工业协会重点钢铁企业的统计值，吨钢综合能耗随着粗钢产量的增加呈现持续降低的趋势，表明行业节能工作取得较大进展。

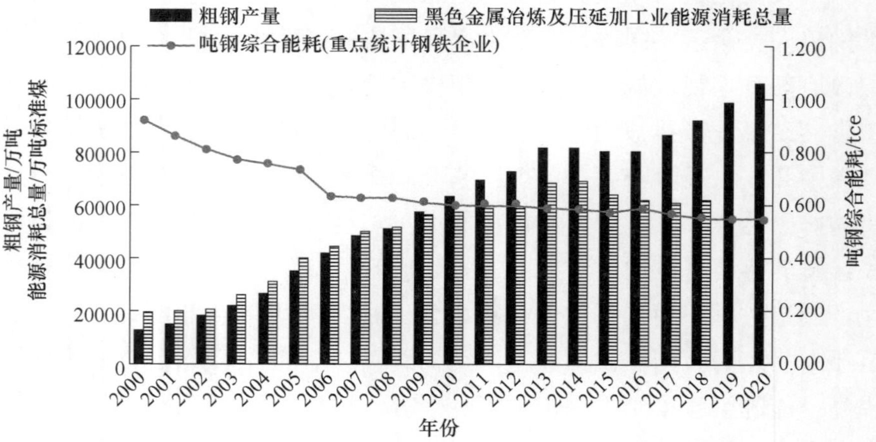

图 1　粗钢产量和黑色金属冶炼及压延加工业能源消耗变化趋势

黑色金属冶炼及压延加工业的能源消耗大部分发生在钢铁工业，吨钢能耗的持续下降趋势可近似表示钢铁工业的能源消耗情况。碳排放与能源消耗密切相关，基于黑色金属冶炼及压延加工业的数据，有研究人员对由能源消耗引起的 CO_2 排放进行估算，近似表示中国钢铁工业的碳排放情况。结果显示，2000—2017 年，中国钢铁工业 CO_2 排放总量随着粗钢产量的不断增加呈明显上升趋势，2014 年达到高点后开始下降，吨钢 CO_2 排放量持续降低，但计算数据有一定差异。荷兰格罗宁根大学单钰锂研究员计算我国 2017 年的吨钢 CO_2 排放为 1.93t，钢铁研究总院上官方钦博士在剔除铁合金和重复计算部分后，我国 2017 年的吨钢 CO_2 排放为 1.89t。2018 年以后，我国钢铁工业碳排放总量数据未见报道，但随着中国钢铁工业实施一系列节能控煤减排措施，吨钢综合能耗持续降低，表明吨钢碳排放也在持续下降。笔者采用《温室气体排放核算方法与报告要求　钢铁生产企业》（GB/T 32151.5—2015）计算方法，2000—2020 年黑色金属冶炼和压延加工业的化石能源消耗产生的 CO_2 排放情况计算结果如图 2 所示。国家统计局《中国统计年鉴》2018 年后分行业的能源消费数据未发布，根据中国钢铁工业协会重点统计钢铁企业吨钢综合能耗降低比例：2019 年同比降低 0.41%，2020 年同比降低 1.18%，在国家统计局黑色金属冶炼及压延加工业能源消耗数据计算的 2018 年吨钢 CO_2 排放的基础上，估算了 2019 年和 2020 年我国黑色金属冶炼及压延加工业吨钢 CO_2 排放和排放总量。估算结果显示，虽然吨钢 CO_2 排放量在持续降低，但随着粗钢产量的快速增长，CO_2 排放总量仍在上升，2020 年已超过 2014 年的排放总量水平。

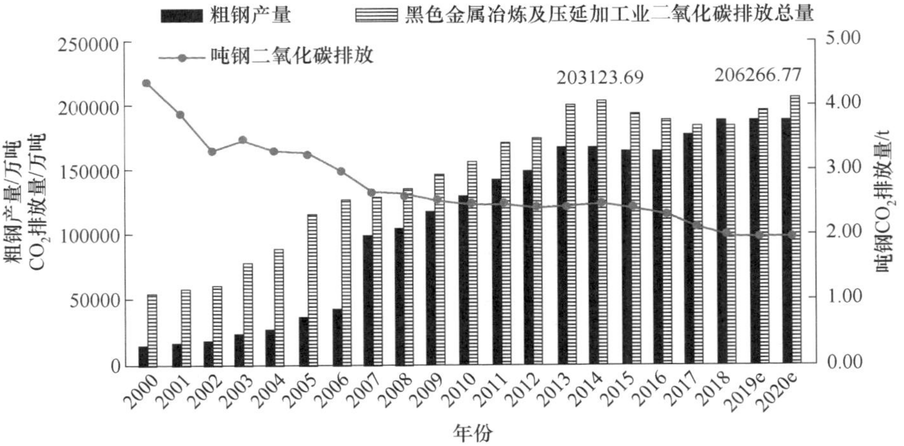

图 2　粗钢产量及黑色金属冶炼和压延加工业的化石能源消耗产生的 CO_2 排放

调研国内部分企业的碳排放数据，2019 年平均吨钢 CO_2 排放在 1.9~2.0t 之间，河北地质大学高春艳博士研究结果显示，从 2008—2018 年行业和企业层面的钢材碳排放强度主要集中在 1.50~2.50t CO_2/t 之间，其平均值为 1.97t CO_2/t。对比国际部分长流程企业，如日本制铁、JFE、POSCO、俄新钢、谢韦尔、安赛乐米塔尔集团、塔塔钢铁各企业年报公布的碳排放数据（见表 1），如果去除这些企业的电炉流程比例影响，我国长流程钢铁企业吨钢碳排放水平或优于上述企业，尽管中国钢铁工业也有 10%的短流程炼钢比例，但大都添加铁水，与上述企业全废钢短流程炼钢有很大区别。

表 1　国际部分长流程钢铁企业吨钢 CO_2 排放数据（tCO_2）

年份	日本制铁	JFE	POSCO	俄新钢	谢韦尔	安米集团	塔塔钢铁
2016	1.99	2.02	1.88	1.91	1.99	2.14	2.30
2017	2.01	2.06	1.90	1.90	1.91	1.12	2.29
2018	2.02	2.04	1.92	1.91	2.10	2.12	2.30

综上所述，在目前我国钢铁工业的流程结构和粗钢规模下，吨钢碳排放已处于国际先进水平，但粗钢产量的快速增长，导致碳排放总量仍然处于高位，或已超过 2014 年碳排放总量的高点，我国钢铁工业碳排放峰值何时出现仍无定论。

二、钢铁工业/企业碳排放达峰的形势与挑战

当前绿色低碳发展已成为钢铁工业高质量发展的广泛共识，碳达峰目标、碳中和愿景的提出成为业内关注的焦点，全行业积极贯彻落实国家决策部署，推进行业低碳转型发展。中国钢铁工业协会发布《钢铁担当，开启低碳新征程——推进钢铁行业低碳行动倡议书》，指出钢铁行业将面临从碳排放强度的“相对约束”到碳排放总量的“绝对约束”，加快推进低碳转型并提前实现碳达峰是国家建设的需要，是行业转型升级、高质量发展的重要标志。截至目前，已有四家大型钢铁企业提出碳达峰时间表：中国宝武集团率先提出 2023 年力争实现碳达峰，随后，河钢集团提出 2022 年实现碳达峰，包钢集团同样提出力争于 2023 年实现碳达峰，鞍钢集团承诺 2025 年前实现碳排放总量达峰。中国钢铁工业是实现全国碳达峰、碳中和目标的重要产业之一，加快低碳转型、确保提前达峰是钢铁工业自身发展的内在需求，对于实现我国碳达峰、碳中和目标具有重要作用。

碳排放总量是否达峰首先要预判达峰时间点和峰值，钢铁工业碳达峰的峰值取决于粗钢产量和吨钢碳排放强度。据中国钢铁工业协会统计，随着节能降碳水平的不断提高，重点统计钢铁企业吨钢综合能耗一直在不断降低，意味着吨钢碳排放强度持续下降，因此我国钢铁工业碳达峰短期内取决于粗钢产量何时达峰。工业和信息化部提出，2021 年将确保粗钢产量同比下降，如果粗钢产量在 2021 年实现同比下降并在未来几年持续下降或保持不变，我国钢铁工业碳达峰就已经在 2020 年

实现，之后碳排放总量逐渐降低或处于平台期。然而，粗钢产量是否达峰是由市场供需决定的，当前我国钢铁总量已经处于高位，今后有可能会保持低速增长，当吨钢碳排放强度下降速率高于粗钢产量增长速率时，钢铁工业的碳排放总量将达到峰值。就目前来看，我国拥有世界最完整、最大规模的钢铁工业体系，配备世界最先进的装备、工艺和技术，正在进行世界最高要求的超低排放、节能减排应用实践，并已取得显著成效，未来还将持续开展节能减碳工作。但在当前技术背景下，继续通过节能技术探索降碳空间已非常有限，如果在总量上不能够适当地满足控制发展要求而继续快速增长，我国钢铁工业就很难实现碳达峰。

“十四五”开局，中国经济进入内循环为主的发展格局，国内钢铁内需增长放缓，同时叠加政策驱动钢材出口回流，政策压实国内粗钢产能规模，整体来看，国内粗钢产量将进入平台区。对于钢铁企业来说，如果不采取切实有效的低碳发展措施，将面临“缩减产量、优胜劣汰”的压力，在当前钢铁市场大好的形势下，压减产量将对企业造成巨大损失，甚至在市场竞争中逐渐被淘汰。因此，钢铁工业率先实现碳达峰需要在严禁新增产能并科学合理压缩粗钢产量的情况下，各企业采用成熟度高、实用性强的低碳冶金技术，如提高短流程炼钢比例、降低铁钢比、增加废钢比例、提高下游产品使用效率等多措并举，最终减少煤炭等化石燃料的消耗，协同推进钢铁行业低碳转型高质量发展。

三、钢铁企业推进碳达峰并深度减碳实施路径建议

作为行业发展的主体，钢铁企业推进碳达峰并深度减碳直至实现碳中和，将面临严峻挑战，同时也迎来绿色转型发展的重要机遇，将对钢铁工业产生深远的变革性影响。在碳达峰目标、碳中和愿景的牵引下，低碳转型是推动企业高质量发展的重要引擎，将推动钢铁工业碳达峰目标率先实现，同时研究和制定达峰后的深度减碳实施路径。

（一）开展碳排放管理工作

培养并建立碳排放管理专业团队，开展碳排放管理工作，提高钢铁企业对碳减排、碳达峰工作的认知；制定碳排放计算标准、建立数据库，全面梳理自身二氧化碳排放现状，积极配合碳核查相关工作，持续挖掘碳减排潜力；关注学习发电行业及试点碳排放权交易系统和流程，

掌握不同配额分配下的碳交易情况，为参与全国统一碳市场做好准备工作。

（二）贯彻落实产业政策

推动钢铁企业结构转型，加快淘汰落后产能，严格执行新版《钢铁行业产能置换实施办法》和《关于钢铁冶炼项目备案管理的意见》的相关要求，从源头减少碳排放。积极开展资源整合和兼并重组工作，推进产业链、价值链向高质、高端、高附加值迈进。根据市场行情和下游行业需求，坚决执行错峰生产，以有效压减生产总量和碳排放量，助力钢铁行业率先实现碳达峰。

（三）加快流程结构调整

系统调研企业产品特点、区域分布及未来市场需求，加快优化产业布局，调整工艺流程结构，适时布局电弧炉短流程炼钢、非高炉炼铁、球团替代烧结等结构性降碳工艺。随着我国废钢资源产生量不断增加，《再生钢铁原料》标准正式实施推动再生钢铁原料进口，未来废钢资源短缺现象将逐步缓解，为电弧炉短流程发展和降低转炉铁钢比提供了资源条件。企业可以结合自身实际情况因地制宜采用球团替代烧结实现降碳，关注并试行非高炉炼铁的工艺研发，尽早占据竞争力优势。

（四）提高资源能源利用效率

清洁生产和节能降耗是企业降本增效的重要手段，在实施超低排放改造的同时重视源头减碳，深挖能效提升潜力，积极开发并推广能源梯级利用，大幅提高能效利用水平。促进能源结构调整，探索采用光伏发电、风力发电等可再生能源技术，研发使用替代能源、替代原料，加强全过程节能管理，提高燃料替代率，减少化石能源使用，从而降低碳排放。

（五）制定碳达峰行动方案

积极响应钢铁行业碳达峰、碳中和行动倡议，立足产品市场区域特点、产线装备现状、产业链延伸模式等企业自身实际，提前谋划与布局碳减排工作，切实制定企业碳达峰行动方案和路线图，推进钢铁企业节能降耗和绿色低碳转型升级。同时，总结分析国内外先进企业的经验做法，加强企业间交流与合作，持续修正和拓展企业低碳发展路径，为推进企业碳达峰后深度减碳释放空间。

（六）研发推广低碳工艺技术

加快实施钢铁企业绿色低碳改造升级，以“减污降碳协同增效”为抓手，进一步研发推广适用的节能减排技术、先进的钢铁低碳工艺、有效的多行业耦合模式。优化生产工艺，实行低碳技术试点示范及推广应用，采用碳捕集、利用与封存（CCUS）等碳汇技术，在二氧化碳排放到大气中之前将其捕集，作为工业生产的原料并循环利用。高效利用企业二次能源及资源，与其他行业协同推动循环经济发展，为实现全社会碳中和提供新的发展模式。

（七）开展低碳产业链试点示范

开展低碳产品的研发生产，加快推动低碳钢铁产品的认证和推广应用，从全生命周期角度评价产品碳足迹，充分彰显钢铁产品的低碳循环特征，积极开展绿色低碳发展示范。开展低碳园区创建活动，推动低碳产品、低碳工厂、低碳园区和低碳供应链全面发展。同时积极申请各级政府及有关方面的支持，选择典型城市和工程项目，在钢结构应用领域开展低碳产业链的试点示范工作。

（八）加强标准引领和智能化升级

制定单位产品碳排放限额标准，树立低碳产品领跑者标杆，推进企业碳排放对标达标，开展低碳诊断，加强配额计量，挖掘降碳空间；研究制定碳排放管理、低碳冶金、智能低碳等相关标准，引领和规范企业持续向绿色低碳方向发展。

建立钢铁企业碳排放及碳资产管理体系，加快推进智能制造，对现有生产线进行全面的智能化改造升级，以数字化和低碳化相结合，充分利用物联网、大数据、云计算、人工智能等先进技术手段，加强碳排放监管，进一步提高低碳水平。

四、结语

(1) 根据中国钢铁工业发展现状，遵循优化调整产能结构、科学压缩粗钢产量及钢铁行业高质量发展相关政策，预计钢铁工业将在碳达峰、碳中和“3060”目标内率先实现碳达峰，之后进入平台期并缓慢下降。

（2）当前钢铁工业碳减排的核心任务是控产量调结构，短期内粗钢产量达峰则碳达峰，调结构的核心是流程结构和能源结构的调整，并突破革命性低碳冶金技术，从而实现深度降碳，为尽早实现碳中和做好储备。

（3）钢铁企业作为行业发展的主体，企业应结合自身实际及周边市场环境，明确产品定位及发展方向，从源头开展节能低碳减排工作协同推进，加强过程控制管理和末端治理技术的突破，让低碳转型真正成为企业实现高质量发展、提高竞争力的重要引擎。

（4）碳达峰和碳中和要统筹考量，碳达峰峰值高低，取决于粗钢产量峰值和当时的碳排放系数，碳达峰峰值越低，则未来碳中和目标更容易实现，所以在碳达峰过程中，钢铁行业整体对碳排放总量的控制力度决定了未来实现碳中和难度的高低。

（5）实现碳达峰和碳中和并非一蹴而就，而是全社会的一场持久战，需要总体谋划，科学推进。单个企业、单个行业很难以个体形式实现碳中和，需要国家从宏观政策方面控制投资方向和投资强度，各行业协同推进碳减排，形成循环经济绿色产业链，最终实现全社会碳达峰目标和碳中和愿景。

智能制造篇

坚持推进先进制造与新兴技术融合发展 打造钢铁工业智能制造新格局①

张龙强

智能制造是制造强国建设的主攻方向。习近平总书记强调，要以智能制造为主攻方向推动产业技术变革和优化升级，推动制造业产业模式和企业形态根本性转变。过去十年，通过社会各界共同努力，我国智能制造发展取得长足进步，在世界范围内从“跟跑”进入到初步实现“并跑”、部分领域“领跑”的全新发展阶段。为学习贯彻党的二十大精神，推动我国智能制造再上新台阶，国家智能制造专家委员会特开设“学习贯彻二十大精神，深入推进智能制造”专栏，邀请相关委员撰写署名文章，多视角展现我国智能制造发展成就，多维度探讨智能制造发展的热点问题，为深入推进智能制造建言献策。

中国共产党第二十次全国代表大会，是在全党全国各族人民迈上全面建设社会主义现代化国家新征程、向第二个百年奋斗目标进军的关键时刻召开的一次十分重要的大会。党的十八大以来，中共中央、国务院先后印发《中国制造2025》《关于制定国民经济和社会发展第十四个五年规划和二〇三五年远景目标的建议》《国家标准化发展纲要》等重要文件，确立了智能制造对于巩固实体经济根基、建成现代产业体系、实现新型工业化的重要作用。党的二十大对全面建成社会主义现代化强国两步走战略安排进行了宏观展望，重点部署了未来5年的战略任务和重大举措，为加快建设制造强国指明了方向。

习近平总书记在党的二十大报告中指出，建设现代化产业体系，坚持把发展经济的着力点放在实体经济上，推进新型工业化，加快建设制造强国、质量强国、航天强国、交通强国、网络强国、数字中国。钢铁工业作为制造强国建设的重点行业，智能制造的发展水平关乎我国钢铁

① 本文2022年11月13日发表在国家智能制造专家委员会微信公众号，有删节。

行业未来的全球地位，对于巩固壮大实体经济根基、加快发展现代产业体系具有重要意义。一方面，推动钢铁行业智能制造可以带动相关大型机械设备、工业机器人、增材制造、工业软件等新兴产业发展，创造新的经济增长点，培育发展新动能；另一方面，智能制造能够融入钢铁企业运营的每一个环节，通过重构研发、生产、管理和服务等环节，产生放大、叠加、倍增作用，有力助推钢铁行业在全国制造业转型升级的浪潮中提质增效、焕发生机、走在前列。

“十四五”以来，钢铁行业将“打造典型场景、树立示范标杆、建设标准体系、研制应用标准”作为贯彻落实国家智能制造领域各项政策文件的发展思路，为推进新一代信息技术与流程工业先进制造技术的深度融合起到了表率作用。钢铁工业具有生产流程连续、工艺体系复杂、产品中间态多样化、大型高温高压设备集中、人因安全要求高等特征，属于典型的流程型制造业。与离散制造业有着显著差别，流程工业制造流程是一类由不同功能但又相互关联、相互支撑、相互制约的多种工序和多种装备及相关设施构成的、工序串联并集成运行的复杂过程系统。与制造强国相比，我国流程制造业存在着资源与能源利用率偏低、产品结构不尽合理、产能过剩较为严重、高端制造能力发展滞后、安全环保水平有待提升等问题，未来发展还面临更为严峻的资源、市场、环保、竞争等重大挑战，亟须通过智能制造先进技术和装备的场景应用，提升行业的绿色环保、安全保障、生产效率。国家大力推进智能制造以来，钢铁行业因体量庞大且自动化、信息化程度较高，具备推进流程型智能制造的优势条件，宝武、鞍钢等大中型钢铁企业纷纷投入大量资金实施数字化、网络化、智能化项目，在保障产业稳定运行、提升供应链韧性方面体现了巨大价值。

标准是经济活动和社会发展的技术支撑，是国家基础性制度的重要方面，是建成社会主义现代化强国的关键抓手。《国家标准化发展纲要》中明确提出 2025 年四个转变的中期目标和 2035 年三个方面的远景目标，从全文看，“推动高质量发展的标准体系基本建成，战略性新兴产业标准先导地位凸显”是国家标准化发展的主攻方向，具体包括：“健全智能制造、绿色制造、服务型制造标准，形成产业优化升级的标准群，部分领域关键标准适度领先于产业发展平均水平”；“建立健全大数据与产业融合标准，推进数字产业化和产业数字化”；“协同推进融合基础设施标准研制，建立工业互联网标准”。冶金工业信息标准研究院作为全国钢标准化技术委员会的秘书处承担单位，将按照《国家智能制造标准体系建设指南（2021 版）》的总体部署，落实《钢铁行业智能制造标准体系建设指南》的详细规划，牵头制定好《钢铁行业　智能制造术语》《钢铁行业　智能工厂评价导则》《钢铁行业　工业数据分类与编码》等支撑体系建设的重要基础标准，高质量完成已经下达计划的 105 项标准研制任务，继续挖掘遴选行业领先的智能制造技术方法、工艺装备和先进企业，推进科技创新成果向标准的转化，发挥标准的指导、规范、引领和保障作用。

“绿水青山就是金山银山”的理念，是习近平生态文明思想的重要内容，为推动绿色发展提供了行动指南。在生态文明建设上，要推进美丽中国建设，加快发展绿色转型方式，深入推进环境污染防治，积极稳妥推进碳达峰、碳中和。智能制造是钢铁行业落实习近平总书记这一先进理念要求的重要手段。近年来，大数据、云计算、区块链、人工智能等前沿技术日益融入钢铁行业，也重塑着钢铁业态，新的成果不断涌现并形成了《钢铁行业　加热炉智能燃烧控制系统技术要求》《钢铁行业　电网智能管控系统技术要求》《冶金水处理大数据平台技术要求》等一系列与碳达峰碳中和、绿色高质量发展相关的智能制造标准。通过标准宣贯等活动将这些先进技术和成果在行业内共享，能够快速提高钢铁行业在该领域智能化水平，为加快建成社会主义美丽中国做出应有的贡献。

我们要深刻领会新时代新征程中国共产党的使命任务，紧密团结在以习近平同志为核心的党中央周围，坚持深化改革开放，坚持发扬斗争精神，积极探索、努力深挖智能制造技术在钢铁行业的应用潜力，通过积极参与工业和信息化部智能制造试点示范揭榜任务、国家智能制造专家委员会钢铁行业智能制造优秀案例评选等活动，助力先进技术典型应用在行业内的快速推广，为推进新型工业、建设制造强国做出钢铁人的贡献！

标准领航　示范揭榜
智能制造引领钢铁工业“十四五”
高质量发展①

张龙强

2021年12月28日，工业和信息化部等八部门联合发布《“十四五”智能制造发展规划》（以下简称《规划》），要求相关行业组织要充分发挥桥梁和纽带作用，协同推动规划的贯彻落实，要求有关部门、各地方、相关行业组织要加强智能制造经验模式总结和宣传推广。为推进钢铁行业对《规划》的贯彻落实，结合近几年智能制造相关工作实践，从钢铁行业视角对《规划》相关内容进行解读分析，供参考。

一、“十三五”智能制造发展成效

（一）国家智能制造发展取得长足进步

智能制造是制造强国建设的主攻方向，其发展程度直接关乎我国制造业质量水平。发展智能制造对于巩固实体经济根基、建成现代产业体系、实现新型工业化具有重要作用。《规划》总结了“十三五”期间我国智能制造发展取得的成效，主要包括以下四个方面。

（1）供给能力不断提升：智能制造装备市场满足率超过50%，主营业务收入超10亿元的系统解决方案供应商达40余家。

（2）支撑体系逐步完善：构建了国际先行的标准体系，发布国家标准285项，牵头制定国际标准28项，培育工业互联网平台近80个。

（3）推广应用成效明显：试点示范项目生产效率平均提高45%，产品研制周期平均缩短35%，产品不良品率平均降低35%。

（4）新模式新业态逐步形成：涌现出离散型智能制造、流程型智

① 本文2022年1月4日发表在《中国工业报》，有删节。

能制造、网络协同制造、大规模个性化定制、远程运维服务等新模式新业态。

（二）钢铁行业智能制造场景应用取得显著成效

在“十三五”期间，钢铁行业作为典型的流程制造业，把智能制造作为“两化深度融合”的主要抓手，一批智能制造关键共性技术在钢铁生产场景的应用取得显著成效，推动一批优质钢铁企业品牌脱颖而出，促进中国钢铁工业创新能力和全球竞争力不断增强。主要表现在以下两个方面。

（1）创新领域成果丰硕。“十三五”期间，钢铁行业智能制造相关专利申请数量1500余项，国家重点研发计划专项项目8项，项目成果获得冶金科学技术奖一等奖5项、二等奖6项。

（2）示范项目成绩突出。冶金数字矿山、热轧智能车间等9个项目被工业和信息化部评为智能制造试点示范项目，5个项目被列入工业和信息化部智能制造新模式项目，“钢铁行业工业互联网平台”等14个项目被工业和信息化部评为工业互联网试点示范和大数据产业发展试点示范项目。

二、“十四五”智能制造发展方向和目标

（一）国家层面

《规划》提出，“十四五”及未来相当长一段时期，推进智能制造要立足制造本质，紧扣智能特征，以工艺、装备为核心，以数据为基础，依托制造单元、车间、工厂、供应链等载体，构建虚实融合、知识驱动、动态优化、安全高效、绿色低碳的智能制造系统，推动制造业实现数字化转型、网络化协同、智能化变革。《规划》提出了到2025年的四个量化目标：一是遴选500个以上引领行业发展的示范工厂；二是培育150家以上专业水平高、服务能力强的智能制造系统解决方案供应商；三是完成200项以上国家、行业标准的制修订；四是建成120个以上具有行业和区域影响力的工业互联网平台。

（二）钢铁行业层面

钢铁行业目前正处于产能产量双控、能效双控加严、“双碳”目标

约束的“三双”背景下，联合重组、绿色低碳和智能制造是行业转型升级的重要路径。“十四五”是钢铁行业智能制造发展的关键阶段，钢铁行业要从以下三方面重点推进：

（1）坚持“两化深度融合”，深入推进高端化、智能化、绿色化发展，实现钢铁强国的战略性转变。

（2）突出标准引领作用，从钢铁行业智能制造标准体系建设、标准研制、推广应用和国际合作四个方面，推动智能制造标准化工作走深走实，完成200项以上国家、行业、团体标准的制修订。

（3）深入实施智能制造工程，推动产业链和创新链深度融合，打造从标准、工艺、装备、产线、产品到系统解决方案供应商的完整生态环境。

三、钢铁行业“十四五”智能制造行动建议

智能制造是实现钢铁行业高质量发展的重要抓手。钢铁生产企业通过实施智能制造项目，可以提高生产效率、提高产品质量、降低生产成本、降低安全环保压力，进而提升钢铁企业全局的市场竞争力。钢铁行业应积极参与和落实《规划》提出的目标任务，突出“智能制造示范工厂遴选”和“国行标的制修订”两个重点，推动以下两项行动取得实效。

（一）标准领航，积极共建行业智能制造标准体系

建议供需两侧与全国钢标准化技术委员会冶金智能制造标准化工作组协同合作，将项目经验、优秀案例转化为钢铁行业智能制造标准，共建钢铁行业智能制造标准体系，为推动行业智能制造整体水平的提升贡献力量。根据《国家智能制造标准体系建设指南（2021版）》的指引，建议钢铁行业重点围绕以下三方面提出智能制造国家标准、行业标准、团体标准的立项申请：

（1）围绕生产场景的智能化技术应用，制定5G应用、无人行车、特种机器人应用等规范标准；

（2）围绕智能工厂建设，制定工厂数字化设计与交付、数字孪生模型等规范标准；

（3）围绕生产智能管理，制定质量、物流、能源、环保、设备、

供应链全局优化等规范标准。

（二）示范揭榜，打造国家级智能制造示范工厂

智能工厂是智能制造的实现载体，钢铁行业应充分发挥智能工厂标杆示范引领作用。通过评价遴选一批智能化改造成效突出、智能化水平高、具备复制推广价值的标杆工厂，为提升全行业的智能制造水平总结提炼标杆经验模型。建议行业企业积极参与工业和信息化部智能制造试点示范、智能制造标杆企业等项目申报，积极参与行业、区域工业互联网平台的建设行动，发挥领军企业的标杆效应。

建设智能制造标准体系
引领钢铁行业高质量发展[①]

张龙强

2021年11月17日，工业和信息化部、国家标准化管理委员会印发了《国家智能制造标准体系建设指南（2021版）》（以下简称《指南（2021版）》），要求各地区、各行业结合实际，抓好贯彻落实。作为国家智能制造标准化总体组的成员单位，冶金工业信息标准研究院和全国钢标准化技术委员会，为推进钢铁行业对《指南（2021版）》的贯彻落实，特组织行业智能制造领域标准化专家对其进行系列解读，供参考。

一、《指南（2021版）》总体思路

《指南（2021版）》是贯彻落实《中华人民共和国国民经济和社会发展第十四个五年规划和二〇三五年远景目标纲要》《国家标准化发展纲要》等相关决策部署的具体体现，是智能制造标准化工作踏上新征程、开启新篇章的行动纲领，对“十四五”智能制造标准化工作具有重要的指导意义。

《指南（2021版）》继续贯彻制造强国战略，加强标准化工作顶层设计，增加标准有效供给，强化标准应用实施，统筹推进国内国际标准化工作的目标。在持续完善国家智能制造标准体系的同时，进一步提出了指导建设各细分行业智能制造标准体系的更高要求，切实发挥标准对于智能制造高质量发展的支撑和引领作用。

《指南（2021版）》的核心内容是三张图，基本原则是加强统筹，分类施策；夯实基础，强化协同；立足国情，开放合作。其建设目标分为两个阶段：第一阶段，到2023年，制修订100项以上国家标准、行业标准，不断完善先进适用的智能制造标准体系；第二阶段，到2025

① 本文2021年12月6日发表在冶金工业信息标准研究院微信公众号，有删节。

年，在数字孪生、数据字典、智慧供应链等关键领域形成较为完善的标准簇，逐步构建起对标国际先进水平的智能制造标准体系。

二、《指南（2021版）》主要内容

《指南（2021版）》的主要内容是核心的三张图，分别从智能制造系统的集成要素、标准体系结构关系、标准体系分层框架等方面对国家智能制造标准体系的组成要素和逻辑结构进行了描述。

（一）智能制造系统架构图

2015年，各制造业强国纷纷制定智能制造领域的战略规划，积极向国际标准化组织输出研究成果，占领产业发展中的标准话语权，我国在2015年12月提出了智能制造体系架构（IMSA）。在《指南（2021版）》中，智能制造系统架构从生命周期、系统层级和智能特征等三个维度对智能制造所涉及的要素、装备、活动等内容进行描述，主要用于明确智能制造的标准化对象和范围，如图1所示。

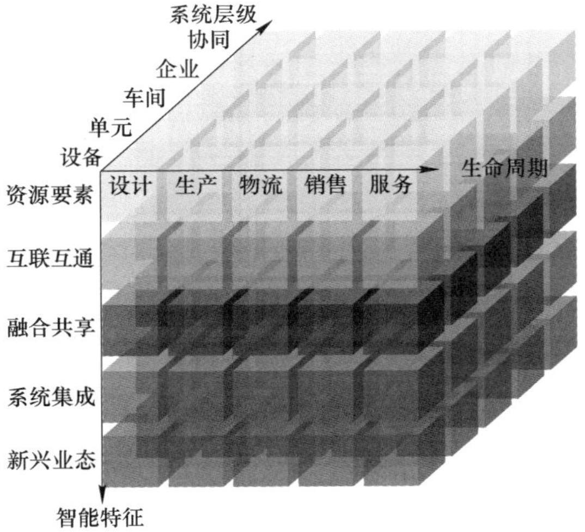

图1　智能制造系统架构

（二）智能制造标准体系结构图

智能制造标准体系结构包括“A 基础共性”“B 关键技术”“C 行业应用”三部分，主要反映标准体系各部分的组成关系，如图2所示。

《指南（2021 版）》相比 2018 版，有两处重要修订：

（1）新冠疫情引发的逆全球化危机，凸显出区域产业链、供应链的完整、稳定和可控至关重要，“B 关键技术”中增加了“BC 智慧供应链”，突出了供应链的重要性；

（2）在“C 行业应用”中，对钢铁、石化、建材、有色金属、纺织、汽车、电力装备等细分行业的标准体系建设和标准研制给出了指导建议。

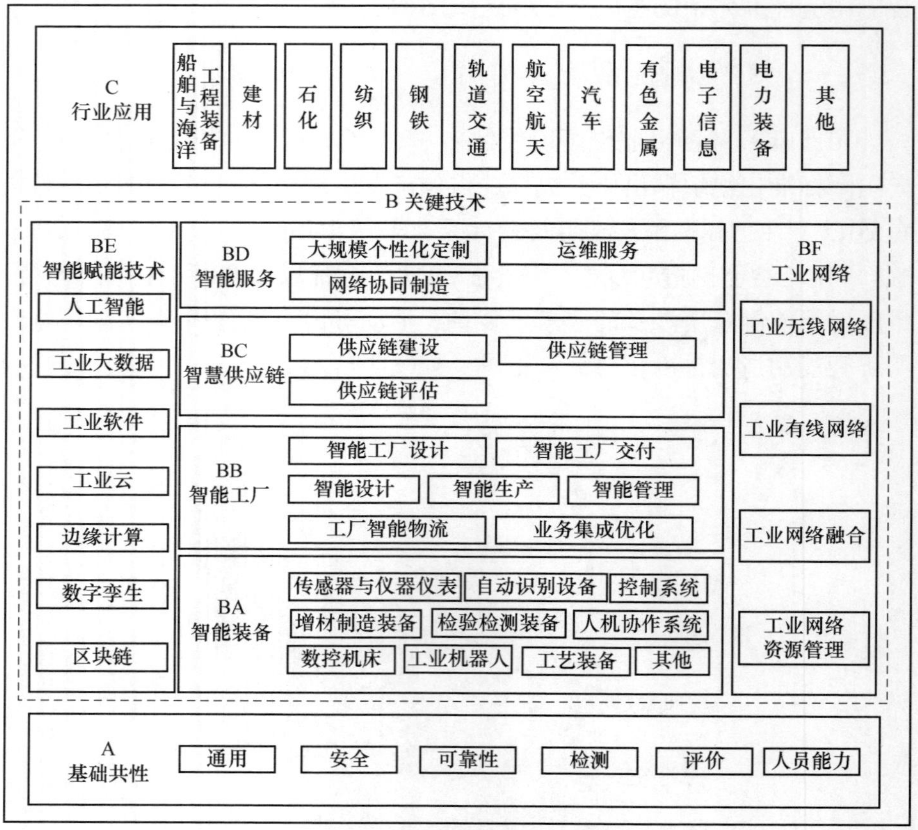

图 2　智能制造标准体系结构图

（三）智能制造标准体系框架图

智能制造标准体系框架由智能制造标准体系结构细化而成，包括“A 基础共性”“B 关键技术”“C 行业应用”三部分，以及各部分的进一步分解，如图 3 所示。具体而言：“A 基础共性标准”包括通用、安全、可靠性、检测、评价、人员能力 6 大类；“B 关键技术标准”包括智能装备、智能工厂、智慧供应链、智能服务、智能赋能技术、工业网络 6 大类；“C 行业应用标准”包括船舶与海洋工程装备、建材、石化、纺织、钢铁、轨道交通、航空航天、汽车、有色金属、电子信息、电力装备及其他 12 个部分。

三、钢铁行业智能制造标准化的重点方向

钢铁行业是我国国民经济的基础原材料产业，是新中国最早开展标准化工作的领域之一。钢铁行业标准化工作坚持与产业发展、质量提升相结合，有效支撑了我国钢铁工业的高质量发展。2020 年，工业和信息化部和国家标准化管理委员会将细分领域智能制造标准体系建设列为重点工作。在工业和信息化部、国家标准化管理委员会和中国钢铁工业协会的指导下，全国钢标准化技术委员会冶金智能制造标准化工作组于 2020 年 1 月正式成立，5 月完成《钢铁行业智能制造标准体系建设指南》的编写，6 月全面启动国行团标的征集、申报和研制工作。

《指南（2021 版）》中明确提出，钢铁行业要发挥基础共性标准和关键技术标准在行业标准制定中的指导和支撑作用，注重行业标准与国家标准间的协调配套，结合行业特点，重点制定规范、规程和指南类应用标准，进一步推进行业智能制造标准体系完善。重点针对钢铁生产流程连续、工艺体系复杂、产品中间态多样化的流程制造业特点，围绕生产场景的智能化技术应用，制定 5G 应用、无人行车、特种机器人应用等规范标准；围绕智能工厂建设，制定工厂设计与数字化交付、数字孪生模型等规范标准；围绕生产智能管理，制定质量、物流、能源、环保、设备、供应链全局优化等规范标准。

四、结语

钢铁行业正处于推进绿色低碳、高质量发展的关键时期，智能制造是实现两大目标的关键抓手，持续受到国家和行业的高度重视。智能制造领域已从标准治理入手，全面推进产业升级，行业企业应高度关注，在大力推进智能制造项目的同时，积极参与智能制造标准制修订工作。

《指南（2021 版）》为国家标准与行业标准的协调配套、智能技术供应侧与生产制造需求侧的标准体系跨领域融合指明了方向。作为国家

智能制造标准体系细分领域的重要组成部分，钢铁行业智能制造标准体系建设将进一步加强与《指南（2021版）》的统筹推进，保持基础标准、关键技术标准的协调配套，突出行业应用标准的鲜明特征。加强与各方的沟通合作，将行业领先的智能化技术和方法、具备智能制造能力的先进企业遴选出来，将行业的优势能量汇聚在标准研制的平台上，打造出更多新型、实用、易用的钢铁行业智能制造标准，为推进钢铁工业的高质量发展贡献力量。

钢铁工业机器人规模应用分析[①]

张龙强

2022 年 6 月 20 日，中国宝武召开万名“宝罗”上岗实施动员大会，宝罗云平台暨“宝罗之家”正式启用，1998 年投入使用的“宝钢股份 2050 热轧喷印机器人”在接受了“宝罗”标准化改造并接入云平台后，作为“宝罗 001 号员工”正式上岗。到 2026 年末，中国宝武计划引入超 1 万台套“宝罗”机器人。

一、全球工业机器人应用现状

工业机器人被誉为“制造业皇冠顶端的明珠”，其研发、制造、应用是衡量一个国家科技创新和高端制造业水平的重要标志。目前，我国工业机器人应用处于快速发展阶段，中国连续八年保持全球最大的工业机器人消费国，国际机器人联合会（IFR）的机器人密度统计数据显示，按照每万名员工拥有的工业机器人数量：2019 年，我国制造业机器人密度仅为 187 台/万人；2021 年，已增长至 246 台/万人。但另一方面，中国制造业的机器人密度目前全球排名第 9 位，距离先进制造业国家仍有显著差距，2021 年工业机器人密度最大的是韩国，为每万人 932 台，日本、德国、美国等传统制造业强国的数据也遥遥领先。

二、机器人规模化应用，推动“无人化”发展

新冠疫情虽然在中国被有效控制，但依然放大了部分劳动密集型产业用工短缺的问题，工业机器人“换人”，是很多制造企业实现工厂无人化、少人化的重要抓手。中国宝武陆续将有超 1 万台套“宝罗”机器人上岗，完成在制造业单元的应上尽上，在工业机器人新技术、新产品在新场景的应用取得突破。未来所有宝罗都将接入“宝罗”云平台，

① 本文 2022 年 7 月 31 日发表在冶金工业信息标准研究院公众号，有删节。

并达到“四个统一”的要求，即“统一标准、统一品牌、统一接入、统一服务”。万名“宝罗”上岗是宝武实现“操作岗位一律机器人”的重要举措，也将加快推进中国钢铁工业智能制造的前进步伐，“宝罗”装备生态圈如图1所示。

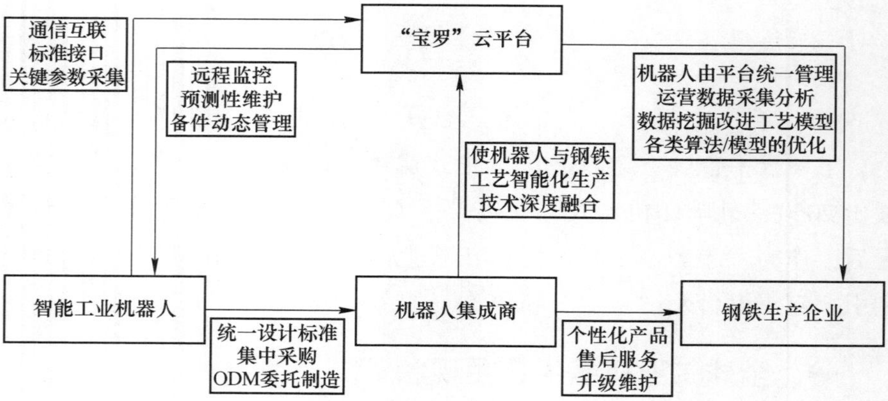

图1 “宝罗”装备生态圈

万名“宝罗”上岗是钢铁行业智能装备应用的新阶段，也是时代大势所趋。中国人口结构正在发生深刻变化，老龄化程度持续加深，与此同时，随着国家经济实力的增强与高等教育的快速发展，国人平均受教育程度大幅提高，年轻人拥有更高的学历和技术水平参与到高附加值的工作中。工厂中部分机械化、脏累险的岗位难觅新员工，因此钢铁行业低技术门槛岗位的劳动力短缺状况将会持续。利用工业机器人在环境恶劣、劳动强度大、危险系数高的岗位替代人，不仅能解决劳动力缺失的问题，还能提高劳动效率、降低人因风险、保证操作一致性、提升质量稳定性，还能改善员工工作环境、提高工作幸福指数。

工业互联网的快速发展，将带动工业机器人规模化应用。目前钢铁工业智能化发展过程中，存在现场投运的机器人缺乏统筹规划，没有统一的标准和整体的后台支撑服务，导致各装备运作相对独立。宝武积极研发“宝罗”机器人规模化应用技术，将原来单一基地一两个机器人的个性化运用，推广到标准化、规模化的全面应用，宝武集团的工业机器人未来将全方位连接宝罗云平台，借助先进的物联网、大数据和人工智能等技术为“宝罗”赋能。

三、未来机器人应用模式展望

钢铁行业“智能装备成套租赁+全生命周期服务”或将成为新的商业模式。智能装备规模化、成套化、系统化的发展，将促进成套租赁、成套销售的“套餐化”经营模式。未来可能出现“模块化成套自动轧制解决方案”，模块化方案包括轧钢产线智能化生产所需的所有智能装备及相关系统，实现产线级的“黑灯生产”。钢铁企业只需支付生产装备的租赁费用，当模块化组件需要检修时，无须停机待修，而是将设备进行“更替”，替换下来的设备返回装备供应商，在专业环境中运维后再送到其他钢铁生产企业提供租赁服务。该商业模式不仅能为重资产的钢铁生产企业大幅节约固定资产的投入成本，还能提高装备的运维效率。我国钢铁行业仍处在智能化水平高速发展的阶段，智能化相关技术日新月异，装备租赁的方式也可以缩短企业装备迭代周期，紧跟最新生产技术，间接促进装备制造企业加强装备研发，提高装备智能化水平。未来，装备制造企业还可能会加强联合开发、协同生产、共同投标等方面合作，作为“一套”解决方案的共同体为钢铁生产企业提供服务。

智能制造，标准引领。标准化对于新兴技术及前沿应用有着推广、促进技术升级以及标杆引领等作用，将对工业机器人在制造业的推广使用发挥重要作用。2021 年 10 月 10 日，中共中央、国务院联合印发《国家标准化发展纲要》，提出要大力发展标准化事业，标准是经济活动和社会发展的技术支撑，是国家基础性制度的重要方面，标准化在推进国家治理体系和治理能力现代化中发挥着基础性、引领性作用。目前钢铁行业智能制造领域 100 项标准中，工业机器人和无人运输装备控制系统技术要求的标准数量居多，包括自动焊牌、实验室检测、自动加渣等工业机器人应用标准发布或在研，企业不仅可以将标准作为技术转化的重要成果，更能为促进钢铁行业智能装备的良性竞争和高质量发展贡献一份力量。

资源研究篇

“废钢”进口属于违法①

张龙强

近日，有多家媒体通过互联网发布“中国公告全面开放进口废钢”“废钢进口不再受限”“废钢进口事宜已尘埃落定”等文章。笔者详细梳理了国家相关产业政策，认为以上说法不严谨，也不负责任，按照《中华人民共和国固体废物污染环境防治法》的有关规定，进口“废钢”属于违法行为。

一、相关政策梳理

（1）2017年7月27日，国务院办公厅印发《禁止洋垃圾入境推进固体废物进口管理制度改革实施方案》，要求2020年底我国原则上全面禁止进口固体废物，严格固体废物进口管理。

（2）根据生态环境部等四部委关于调整《进口废物管理目录》的公告（2018年第68号），自2019年7月1日起，将废钢铁等8个品种的固体废物从《非限制进口类可用作原料的固体废物目录》调入《限制进口类可用作原料的固体废物目录》。

（3）2020年4月29日，全国人大常委会通过了新修订的《中华人民共和国固体废物污染环境防治法》，其中第115条规定“将中华人民共和国境外的固体废物输入境内的，由海关责令退运该固体废物，处五十万元以上五百万元以下的罚款”。

（4）《中华人民共和国固体废物污染环境防治法》第124条规定“固体废物，是指在生产、生活和其他活动中产生的丧失原有利用价值或者虽未丧失利用价值但被抛弃或者放弃的固态、半固态和置于容器中的气态的物品、物质以及法律、行政法规规定纳入固体废物管理的物品、物质”。

① 本文2021年1月6日发表在《世界金属导报》微信公众号，有删节。

通过以上法律法规和相关用语的规定，“废钢”属于“固体废物”，是被明确禁止从境外输入境内的。如果将“废钢”进口到国内，属于违法行为。

二、《再生钢铁原料》标准的重要作用

（1）2020 年 12 月 14 日，国家市场监督管理总局（国家标准化管理委员会）批准发布《再生钢铁原料》（GB/T 39733—2020）推荐性国家标准，该标准已于 2021 年 1 月 1 日起正式实施。

（2）《再生钢铁原料》标准规定：“回收料”是指丧失原有利用价值或者虽未丧失利用价值但被抛弃或者放弃的钢铁制品或钢铁碎料，即相当于未加工的“废钢铁”。“再生钢铁原料”是“回收料”经过分类及加工处理，可以作为铁素资源直接入炉使用的炉料产品。再生钢铁原料经过分类及加工处理后，符合环保技术要求。加工处理如图 1 所示。

图 1　再生钢铁原料加工处理示意图

（3）2020 年 12 月 31 日，生态环境部等五部委印发的《关于规范再生钢铁原料进口管理有关事项的公告》明确了符合《再生钢铁原料》（GB/T 39733—2020）标准的再生钢铁原料，不属于固体废物，可自由进口，不符合该标准规定的，禁止进口。

三、“再生钢铁原料”与“废钢铁”的区别

《再生钢铁原料》（GB/T 39733—2020）与《废钢铁》（GB/T 4223—2017）国家标准的主要区别见表 1。

表 1　《再生钢铁原料》与《废钢铁》的主要区别

项目	《再生钢铁原料》（GB/T 39733—2020）	《废钢铁》（GB/T 4223—2017）
术语	“回收料”经过分类及加工处理，可以作为铁素资源直接入炉使用的炉料产品	丧失原有利用价值或者虽未丧失利用价值但被抛弃或者放弃的钢铁制品或钢铁碎料

续表 1

项目	《再生钢铁原料》（GB/T 39733—2020）	《废钢铁》（GB/T 4223—2017）
分类	分为 7 类：重型、中型、小型、破碎型、包块型、合金钢、铸铁再生钢铁原料。设 18 个牌号	分为 8 类：重型、中型、小型、轻薄料、打包块、破碎废钢、渣钢、钢屑。共设 10 个等级
加工方式	在分类要求中对每个牌号的加工方式有明确的说明	没有规定
夹杂物	对每个牌号的夹杂物含量有具体要求，其中夹杂物含量不大于 0.3%的牌号有 10 个；夹杂物含量不大于 0.8%的牌号有 5 个，夹杂物含量不大于 1.0%的牌号有 3 个	没有规定
表观特征	外观要求保持清洁，无明显废纸、废塑料、废纤维等物质	没有规定
放射性污染物	有详细的放射性污染物规定和检测方法	简单引用
金属属性	再生钢铁原料保证优质的金属属性，TFe 含量有说明	没有说明

《废钢铁》（GB/T 4223—2017）在“废钢铁”的分类和来源方面进行了概括，种类包括渣钢、钢屑等类别，但在加工方式、表观特征、牌号、夹杂物、危险废物、特征属性等方面没有做详细规定和说明。

《再生钢铁原料》（GB/T 39733—2020）针对优质的再生铁素资源，在术语和定义、加工方式、表观特征、分类、牌号、夹杂物、危险废物、取样检验等方面做了详细的规定和具体的要求。

“废钢铁”仅适用于国内废钢铁资源的回收及使用，不适用于作为原料进口。“再生钢铁原料”作为炉料产品，是在当前生产技术条件下，经过分类回收及加工处理，符合国家法律法规和环保技术要求，为满足我国相关行业高质量发展而提供的钢铁炉料产品。

四、加强行业自律，规范进口管理

（1）《关于规范再生钢铁原料进口管理有关事项的公告》明确规定

符合《再生钢铁原料》（GB/T 39733—2020）标准的再生钢铁原料可自由进口。不符合国家标准规定的，禁止进口。

（2）“废钢铁”属于固体废物，为限制进口类。企业应坚持行业自律，严把原料质量关，确保采购的货物符合国家标准要求。对于进口不符合标准的货物，将按照《中华人民共和国固体废物污染环境防治法》等法律法规相关规定实施退运。构成犯罪的，依法追究刑事责任。

（3）冶金工业信息标准研究院、中国废钢铁应用协会作为《再生钢铁原料》（GB/T 39733—2020）国家标准的牵头研制单位，将在中国钢铁工业协会的指导下，联合相关部门，加强标准宣贯，促进标准实施，为规范再生钢铁原料进口管理提供技术支持，为助力我国钢铁产业安全保障和更好地绿色发展提供支撑。

“双碳”背景下我国废钢资源供给分析[①]

张龙强

废钢作为一种重要的高载能绿色铁素资源，对钢铁产业降低能源消耗、减少环境污染、实现绿色低碳发展具有重要意义，被称为“城市矿藏”和“第二矿业”。在“双碳”背景下，废钢以独有的绿色低碳优势，其重要性在全球范围内愈发凸显，本文将就废钢资源利用现状、废钢发展面临的问题和废钢发展前景进行分析。

一、废钢的分类与资源利用现状

废钢约85%～90%用于炼钢，10%～15%用于铸造、炼铁和再生钢材等。废钢按用途划分，可分为熔炼用废钢和非熔炼用废钢。熔炼废钢按外形尺寸划分可分为重型废钢、中型废钢、小型废钢、统料废钢和轻料型废钢等。废钢按照来源划分，可分为自产废钢、社会采购废钢和进口再生钢铁原料（2021年以前称“进口废钢”）。社会采购废钢又分为加工废钢和折旧废钢。

自产废钢：是指金属材料在生产过程中产生的废钢，这些废钢通常只在本厂内部循环利用，不参与外部交易。自产废钢量的多少取决于钢材成材率，即成材率越高，自产废钢量越少。因此不同时期，因采取的工艺不同，废钢收得率也有所不同，20世纪90年代以前我国自产废钢收得率20%以上，随着连铸连轧技术应用，90年代我国自产废钢收得率降至14%～16%，2000年以来随着连铸连轧技术的普及，钢材成材率不断提升，来自粗钢成材的自产废钢收得率逐步降至目前的4%左右，再加上约1%的钢厂其他自产废钢（如渣钢、蹚道废钢等），由此计算得出，2020年我国自产废钢约为5000万吨，约占废钢总回收量的20%。

① 本文2021年6月22日发表在《世界金属导报》F01版，有删节。

加工废钢：是指制造加工工业在对金属产品进行机械加工时产生的废钢，大多是冲压边角料、车屑、料头等，通常在较短时间内就能返回钢铁工业，又称“短期废钢”。加工废钢与钢材消费量和加工收得率直接相关，即钢材消费量越大，加工收得率越低，加工废钢产生量就越大。根据文献记载，1995 年我国加工废钢收得率 11.9%，随着下料水平和自动化水平提升，加工废钢收得率逐步降低，2001 年降至约 6.1%，目前只有 5%左右，由此计算得出，2020 年我国加工废钢产生量约为 5000 万吨，约占废钢总回收量的 20%。

折旧废钢：是指各种金属制品、设备、建筑结构等使用一定年限后报废形成的废钢。如报废的汽车、机器设备、飞机、轮船、集装箱、容器以及日用物品等所获得的废钢，又称“长期废钢”。折旧废钢产生量取决于钢铁积蓄量、钢材回收周期，通常用折旧废钢产生量和钢铁积蓄量比值表示废钢折旧率，我国目前折旧率为 1.5%~1.6%，由此计算得出，2020 年社会折旧废钢量为 1.5 亿~1.6 亿吨，约占废钢总回收量的 60%。

进口再生钢铁原料：2019 年以前，我国一直是废钢净进口国，2009 年进口量达到峰值，为 1369.2 万吨。2019 年 7 月 1 日起，废钢铁从《非限制进口类可用作原料的固体废物目录》调入《限制进口类可用作原料的固体废物目录》，废钢进口急剧下降。《关于全面禁止进口固体废物有关事项的公告》发布后，2021 年 1 月 1 日起，包括废钢在内的固体废物全面禁止进口。同日，我国《再生钢铁原料》国家标准正式实施，经过筛选加工后的再生钢铁原料可以通过进口进入国内，2021 年 1—4 月我国进口再生钢铁原料约 13 万吨。

二、我国废钢发展特点及面临的问题

(1) 废钢产量居全球首位，但供应仍处紧缺状态。近年来，我国废钢资源量快速增长，据中国废钢铁应用协会数据，2020 年社会废钢资源总量为 2.6 亿吨，占全球废钢资源总量 50%以上，其中 2.5 亿吨为回收废钢，1000 万吨为废钢库存。但我国电炉钢产量占全球电炉钢产量却仅为 20%左右，且电炉废钢比只有 70%左右（因部分电炉流程加兑部分铁水），说明我国大量废钢资源流向了长流程而非全废钢电炉短流程。我国粗钢产量基数大和废钢流向问题，严重制约电炉短流程炼钢发展。

(2)建筑钢材消费占比较高，废钢回收周期相对较长。根据《中华人民共和国企业所得税法实施条例》，我国房屋、建筑物最低折旧年限是20年，生产设备折旧5~10年，不同行业折旧年限差别也较大，一般认为建筑物折旧年限约30年，设备折旧一般10~15年，综合来看，折旧年限平均在20~30年。受折旧年限和回收周期影响，废钢产出率也有所不同，经计算得出，废钢主要产出地区欧美和日本废钢折旧率（废钢产生量和钢铁积蓄比值）一般为2%~4%，我国因钢铁积蓄时间周期相对较短，且大量钢铁在建筑行业形成积蓄（约55%钢材用于建筑行业），回收周期相对较长，折旧率较低约为1.6%。

(3)全废钢电炉钢比例低，废钢比低于全球平均水平。我国废钢加工起步较晚，20世纪70—80年代至90年代中期，连铸技术快速发展之前，因钢材成材率较低使得自产废钢量较高，我国钢铁综合废钢比保持30%以上。但这一现象随着连铸技术普及显著提高了钢材成材率而改变，自产废钢大幅减少，废钢资源供应曾一度紧缺，进口开始大幅增长，从90年代末的300多万吨快速增长至2000年初的1000多万吨。受废钢供应不足、进口价格上涨，以及"地条钢"消耗分流等影响，我国综合废钢比统计口径显示开始下降，由90年代的30%以上降至2015年的10.2%。2016年以来，受益于供给侧结构性改革和取缔"地条钢"，废钢资源开始富余，长流程企业纷纷通过调整工艺和装备来提高废钢使用量，加之短流程炼钢比例也有小幅增长，综合废钢比快速回升，但仍远低于全球平均水平。

根据国际回收局（BIR）统计，2019年全球的炼钢废钢比约为37.7%，除中国以外，其他国家平均废钢比超过50%，而美国、欧盟、日本的炼钢废钢比分别为69.1%、54.8%、33.9%。2019年，我国炼钢废钢消耗总量达2.16亿吨，综合废钢比达到21.6%，2020年约为21.8%，如图1所示。我国钢铁产量基数大，电炉流程比例低（2020年约10%），且电炉废钢比较低（2020年约70%）的特点决定，我国综合废钢比明显低于全球平均水平，与发达国家相比差距更为明显。

(4)废钢价格居高不下，难以平抑铁矿石进口和价格上涨。2020年下半年以来，全球废钢价格普遍上涨，且国外上涨速度高于国内。我国目前大于6mm废钢吨钢价格在3000元以上，5月中旬最高达4000元以上。废钢价格高企导致全废钢电炉流程吨钢成本明显高于长流程，铁

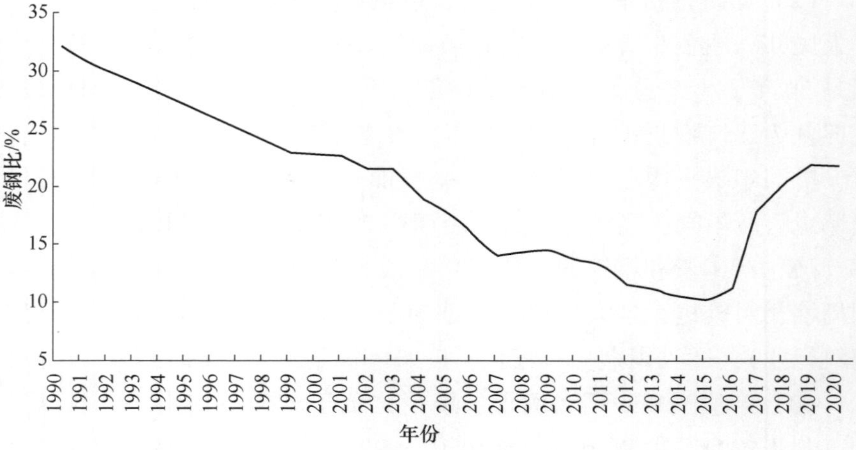

图 1　我国钢铁行业综合废钢比

矿石购买意愿高于废钢，制约了钢铁企业尤其是单体纯废钢电炉企业对废钢的利用，对铁矿石进口和价格上涨平抑作用也十分有限。历史上，日本曾因国内废钢供应不足导致价格过高，而暂缓电炉钢发展转而探索以铁水为来源的长流程工艺，直到 20 世纪 80 年代本土废钢资源供应相对富余后，电炉钢才得到发展。

(5) 废钢来源较为分散，开票困难仍然是制约因素。由于社会废钢中相当一部分来源于居民、个体商户、非经营性企事业单位及经营性工矿企业，这些企业到税务部门代开的普票或专用发票年销售额不超过 120 万元和 500 万元，严重制约了废钢回收工作。

(6) 再生钢铁原料进口成本较高，税收政策尚待优化。目前，韩国等国家和中国台湾地区对再生钢铁原料进口均不征收增值税，而我国境内则全额征收 13%的增值税，大幅提高了企业再生钢铁原料进口成本，不利于充分利用国际资源。期待适当提高废钢增值税退税比例，统一所得税核定方法，提高废钢资源进口量。

(7) 废钢回收加工企业规模较小，废钢稳定供应受限。废钢加工回收企业基本上分布在城市周边，单体规模较小，生产效率不高，具有较强的地域特点，布局上呈现出集中又分散的局面，不利于废钢加工成本和质量控制，也在一定程度上制约了废钢产量增长和稳定供应。

三、我国废钢发展前景广阔，潜力巨大

（1）“双碳”目标行动持续推进，废钢需求空间潜力巨大。废钢是一种可循环利用的高载能再生铁素资源，是钢铁工业的绿色原料，也是唯一可大量替代铁矿石的铁素资源。理论上，用废钢生产1t钢，可节约铁矿石（62%铁精粉）1.6t左右，减少约0.35t标准煤，减少约1.6t二氧化碳排放，减少约3t固体废弃物排放。在“双碳”背景下，充分利用废钢资源，提高废钢比，将有效降低能源消耗和二氧化碳排放。随着我国短流程炼钢比例和综合废钢比不断提升，废钢需求将进一步增长，需求空间潜力巨大。

（2）钢铁积蓄达到百亿吨量级，有效支撑废钢产量持续增长。20世纪90年代初期，我国粗钢表观消费量突破1亿吨并保持快速增长，钢铁积蓄自此进入快速增长阶段，年均积蓄增量超过8000万吨；90年代中期，我国积蓄总量超越日本达12亿吨左右（见图2）；90年代末，我国钢铁积蓄增量突破1亿吨，此后每隔几年积蓄增量增加1亿吨左右；2011年前后，我国钢铁积蓄总量超越美国达50亿吨左右；截至2020年底，我国钢铁积蓄达到105亿吨左右（考虑到不同时期钢材成材率不同，钢铁积蓄量计算时采用钢材实际消费量为基数进行加和，即

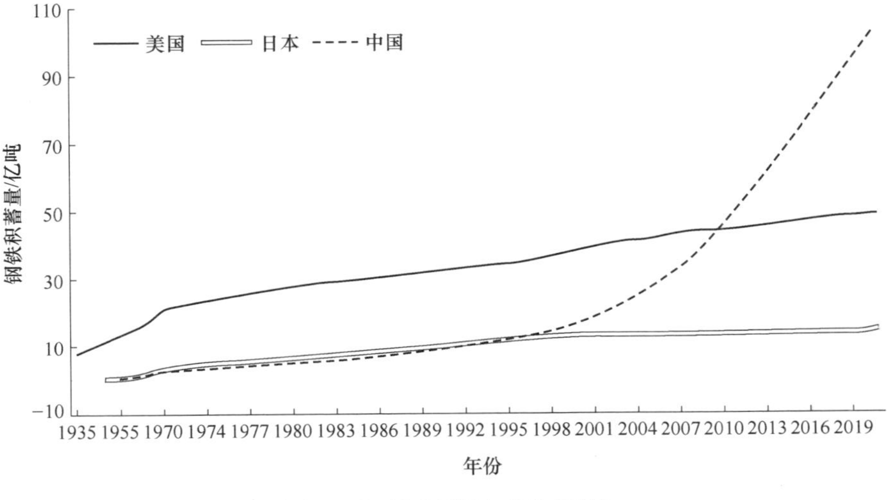

图2　钢铁积蓄量变化情况

（数据来源：1935—1995年美国、日本数据来自《日本铁钢年鉴》，1996—2020年美国、日本数据及中国钢铁积蓄数据为信息标准院统计测算数据）

钢铁积蓄量= $\sum$ 钢材实际消费量-间接净出口量-社会回收废钢量+进口再生钢铁原料)，人均钢铁积蓄量约7.5t，与20世纪40—50年代的美国和80年代末的日本较为接近。未来10年，我国钢铁积蓄量仍将以年均6亿吨左右的增速增长，预计到2025年，我国钢铁积蓄将近140亿吨左右，2030年将达到160亿吨左右，雄厚的钢铁积蓄资源将有效支撑废钢产量持续增长。

(3) 积蓄钢铁大规模进入回收期，折旧废钢将迎来较快增长。历史数据表明，美国自20世纪50年代开始成为废钢净出口国，日本自20世纪90年代初成为废钢净出口国，从粗钢产量达到千万级到成为废钢净出口国，美国用了50余年，日本仅用了37年。我国从粗钢产量达到千万级至今也已50余年，钢铁积蓄增量超过2亿吨已20余年，积蓄增量超过5亿吨也已10余年，大量积蓄钢铁已经进入回收周期，折旧废钢产量将迎来加速攀升期，预计到2025年我国废钢资源产生量将超过3.2亿吨，2030年将超过4亿吨。伴随粗钢产量的同步下降，到2025年，废钢资源量将可以支撑20%以上电炉流程比例。

(4) 废钢行业规范化水平逐步提升，产业竞争力不断增强。自2012年工业和信息化部颁布《废钢铁加工行业准入条件》以来，对废钢回收加工企业实行准入制管理，废钢回收加工行业逐步向规范化发展，废钢回收加工行业长期以来因企业规模小、门槛低、人员素质偏低、行业发展不规范等因素导致行业发展缓慢现象得到明显改善。据不完全统计，截至2020年4月，工业和信息化部已经累计公告了7批符合准入条件的废钢回收加工企业共379家，废钢加工能力约1.1亿吨，约占2020年社会回收废钢资源量的55%。目前，第八批101家企业也已公示，即将正式公告，正式公告后准入企业年加工能力将达1.3亿~1.4亿吨，符合准入条件的废钢回收加工产能进一步提升，将对提高废钢质量和稳定供应提供有力支撑。

(5)《再生钢铁原料》标准实施，实现国内外两种资源调节供给。据世界钢铁协会统计数据，2019年全球主要国家和地区废钢贸易量约1亿吨，这些废钢资源经加工成为符合国家标准的再生钢铁原料进口到中国，可有效调节国际国内市场有效供给，弥补国内铁素资源不足。《再生钢铁原料》国家标准的正式实施，为有效利用国际高品质再生钢铁原料畅通了渠道，实现国际国内两种资源有效供给，2021年1—4月，我国再生钢铁原料进口量约 13 万吨。

综上所述，“双碳”背景下，废钢资源重要性在全球范围内愈发凸显，废钢价格也将在较长时间内保持高位。随着我国电弧炉短流程炼钢比例和综合废钢比逐步提升，废钢需求大幅提升。另外，我国超过百亿吨的钢铁积蓄“矿藏”正在源源不断输送废钢资源，将满足不断增长的废钢需求，有效支撑钢铁工业绿色低碳发展。

国际四大矿铁矿石主要成本分析[①]

张龙强

2021年5月以来，进口铁矿石价格屡创新高，62%澳洲粉矿进口均价保持在200美元/t以上，5月12日更是创下了230.59美元/t的历史价格纪录。铁矿石价格居高不下不仅严重挤压我国钢铁企业利润，还将削减下游制造业整体竞争力，我国铁矿资源保障痛点再次凸显，对中国制造业产业链造成严重冲击。

铁矿石价格高企主要由全球铁矿石市场集中度高、全球经济恢复预期向好、定价机制不合理、资本炒作等多重因素共同作用导致。笔者通过回顾进入21世纪以来中国进口铁矿石价格的变化历程，针对力拓、淡水河谷、必和必拓、FMG等国际矿业巨头（以下简称国际四大矿）市场控制力和铁矿石主要成本进行分析，以期探究应对之策，促进全产业链健康发展。

一、中国进口铁矿石价格的变化历程

从20世纪80年代开始到21世纪初，国际铁矿石价格长期保持相对稳定，日本是当时国际铁矿石贸易的最大买家，铁矿石价格一直维持在20美元/t左右。从2004年开始，中国超过日本成为国际铁矿石贸易的最大买家，中国铁矿石需求开始成为影响铁矿石价格变动的主导因素，当时的力拓、淡水河谷、必和必拓凭借其在铁矿石市场的高集中度优势，在国际铁矿石价格长协谈判中表现强势，国际铁矿石价格也自此开始呈现大幅上涨趋势。

2010年，铁矿石价格长协谈判机制结束，沿袭多年的铁矿石年度定价方式被终止，国际四大矿采用与现货市场价格紧密挂钩的指数定价机制，铁矿石协议价格和现货价格的联系更加紧密，定价变得更加灵

① 本文2021年6月8日发表在《世界金属导报》F01版，有删节。

活，价格波动幅度和频率都远大于年度定价。

受2008—2009年国际金融危机影响，2011—2015年全球钢铁工业陷入产能过剩泥潭，中国钢铁业也未能幸免，钢材价格、行业利润率持续下滑，铁矿石价格也由2011年的高点193美元/t持续下跌，至2015年跌至38美元/t，为近10年来最低点。

2016—2020年，得益于中国钢铁行业化解过剩产能成效显著，引领全球钢铁行业持续快速发展，粗钢产量快速增长，铁矿石价格自2016年开始恢复性上涨，直到2020年三季度一直保持在100美元/t以下的合理区间，相对合理的矿价促进了全球钢铁行业的健康发展。2020年四季度，受新冠疫情、中澳关系、欧美量化宽松货币政策等综合因素影响，铁矿石价格非理性上涨开始抬头。

2021年以来，伴随着新型冠状病毒疫苗接种加快，疫情防控成效显著，全球经济恢复节奏加快。主要经济体持续实行量化宽松货币政策，经济通胀压力凸显，国际贸易不确定性加剧等众多因素助推大宗商品价格快速上涨。欧美地区生产复苏滞后造成供应短缺及贸易保护主义限制进口，导致国际钢材和原材料价格大幅上涨。我国经济稳中加固、稳中向好，高需求叠加原燃料成本高企、碳达峰、碳中和目标约束、产能产量双控、环保限产、减量预期、资本市场炒作等多因素共同作用下，钢铁行业迎来量价齐升，铁矿石价格也屡创新高，5月以来62%粉矿均价保持在200美元/t。

综合来看：一方面，短期的量化宽松货币政策主要为恢复经济而来，但全球经济仍未恢复到疫情前水平；另一方面，“双碳”背景下，作为全球钢铁总量过半的中国钢铁总体将呈减量发展趋势，对铁矿石的需求也将呈下降趋势，当前的高矿价明显脱离供需基本面，缺乏有效支撑。

二、国际四大矿市场控制力愈发加强

从供需关系基本面来看，铁矿石价格与钢铁工业发展高度相关，但表面现象背后隐藏着国际四大矿以优质资源总量和低成本优势构筑过高市场主导地位，获取更大商业利益的深层次布局。

（一）掌控优质资源，铁矿石金融化

国际四大矿掌控全球最优质铁矿资源，其铁矿石产量占全球总产量

约46%，铁矿石贸易量占全球约68%，市场集中度优势明显，铁矿石市场买卖双方力量显著不对等，再加上铁矿石定价的指数化和金融化，国际四大矿对铁矿石定价权的控制力愈发强化。

一方面，铁矿石长协、现货交易均以指数作为定价依据，但是其编制方法存在受期货市场影响大、样本数量小、不能客观准确全面反映真实供需情况等问题，造成了份额小（20%~30%）的现货市场价格决定了份额大得多（70%~80%）的长协价格。指数采集的样本提供者主要是贸易商和中小钢铁企业，大型钢铁企业基本上都是长协用户，较少通过现货采购，因此其交易价格不能在指数中得到有效反映。

另一方面，国际四大矿利用市场地位优势、大股东的金融背景，可以通过资本市场、海运市场、控制发货量等商业运作来控制铁矿石现货市场价格，进而影响铁矿石期货市场，使铁矿石价格脱离供求关系决定的合理价格区间。此外，掉期合约、指数期货等铁矿石金融衍生品也为投机资金提供了炒作途径，铁矿石金融产品价格在很大程度上左右现货市场的价格走势，国际四大矿成为铁矿石过度金融化的最大赢家。

（二）借助成本优势，扩大市场份额

2011年开始，国际四大矿凭借其优质矿产资源和集中度优势，开启以低成本挤压高成本矿，然后借助矿山复产和新投资矿山建设周期长，大幅涨价进一步获取更高商业利益的循环模式。

2011—2015年，在铁矿石需求萎靡、价格滑坡之际，国际四大矿却积极扩大产能，逆势提高产量以抵消矿价下滑带来的不利影响，并利用成本优势将高成本矿山（包括国内矿山）挤出市场，迅速扩大市场份额。受限于产业集中度低、税负重、经营效率低、高成本和环保压力，中小型矿山逐步退出市场，国产矿产量自2014年达到峰值后持续下降，国际四大矿对全球铁矿石市场的控制力进一步加强，中国钢铁业对进口铁矿石依存度进一步提升，国际四大矿为矿价新一轮上涨，获取更大商业利益奠定基础。

（三）精准预测需求，布局中国市场

21世纪以来，国际矿业巨头较好地把握了全球钢铁市场发展周期，精准预测市场需求，积极布局中国市场，即便经历了2008—2009年的

国际金融危机和2011—2015年的钢铁产能过剩，依然对中国铁矿石需求保持乐观。

2016—2020年，中国钢铁行业供给侧结构性改革成效显著，完成化解过剩产能超过1.5亿吨、出清地条钢超过1亿吨，提前完成“十三五”化解钢铁过剩产能上限目标任务。同时，2016年钢铁行业实现扭亏，企业经营效益开始好转，市场经营秩序持续改善。另外，行业效益好转也带动了投资冲动，粗钢产量持续快速增长，从2016年的8.08亿吨到2018年达到9.28亿吨，2020年达到10.65亿吨。铁矿石价格自2016年开始恢复上涨，中国进口铁矿石量也持续增长，铁矿石对外依存度连续五年超过80%，2020年中国进口铁矿石11.7亿吨，同比增长9.5%，进口铁矿石均价约101.65美元/t，同比增长7.2%，随着中国铁矿石进口量价齐升，国际四大矿对中国经济和中国铁矿石需求布局，获取更大商业利益的循环再次显现。

三、国际四大矿铁矿石主要成本分析

中国进口铁矿石到岸成本主要由离岸现金成本和海运成本两部分构成。表1~表4为2015—2020年国际四大矿铁矿石中国到岸现金成本构成情况（数据来源：AME），其中离岸现金成本由采矿成本、选矿成本、管理和维护费、特许权使用费和矿区到港口运费构成；中国到岸现金成本由离岸现金成本和到青岛港海运费构成；该成本数据仅为现金成本，不含国际四大矿的融资、折旧费用。

表1　2015—2020年淡水河谷铁矿石中国到岸现金成本构成

（美元/t）

年份	采矿成本	选矿成本	管理和维护费	特许权使用费	矿区到港口运费	**离岸现金成本**	**到青岛港海运费**	**中国到岸现金成本**
2015	5.13	3	0.84	0.92	6.44	**16.33**	**15.31**	**31.64**
2016	4.83	2.66	0.75	1.03	6.11	**15.38**	**12.85**	**28.23**
2017	4.95	3.22	0.85	1.51	6.99	**17.52**	**17.98**	**35.5**
2018	4.32	2.86	0.79	2.33	6.6	**16.9**	**21.79**	**38.69**
2019	5.57	3.31	0.98	2.96	6.72	**19.54**	**18.68**	**38.22**
2020	6.47	3.61	1.03	3.21	6.44	**20.76**	**15.7**	**36.46**

表 2　2015—2020 年力拓铁矿石中国到岸现金成本构成

（美元/t）

年份	采矿成本	选矿成本	管理和维护费	特许权使用费	矿区到港口运费	离岸现金成本	到青岛港海运费	中国到岸现金成本
2015	10. 2	3. 04	1. 47	3. 6	3. 35	**21. 7**	**6. 55**	**28. 25**
2016	8. 68	2. 5	1. 24	3. 95	3. 41	**19. 79**	**5. 79**	**25. 58**
2017	8. 44	2. 49	1. 2	4. 66	3. 42	**20. 2**	**7. 58**	**27. 78**
2018	8. 65	2. 59	1. 25	4. 23	3. 37	**20. 1**	**9. 27**	**29. 37**
2019	9. 28	2. 85	1. 43	5. 64	3. 43	**22. 63**	**7. 93**	**30. 56**
2020	9. 54	2. 99	1. 39	5. 73	2. 96	**22. 61**	**6. 83**	**29. 44**

表 3　2015—2020 年 FMG 铁矿石中国到岸现金成本构成

（美元/t）

年份	采矿成本	选矿成本	管理和维护费	特许权使用费	矿区到港口运费	离岸现金成本	到青岛港海运费	中国到岸现金成本
2015	13. 61	3. 52	1. 90	3. 18	2. 90	**25. 11**	**6. 51**	**31. 62**
2016	8. 74	2. 46	1. 20	3. 48	2. 92	**18. 83**	**5. 73**	**24. 56**
2017	6. 70	1. 87	0. 95	3. 06	2. 98	**15. 56**	**7. 47**	**23. 03**
2018	7. 24	1. 86	1. 01	2. 8	3. 03	**15. 95**	**9. 23**	**25. 18**
2019	7. 95	1. 82	1. 01	5. 52	2. 34	**18. 64**	**7. 83**	**26. 47**
2020	7. 34	1. 64	1. 00	5. 29	2. 24	**17. 51**	**8. 06**	**25. 57**

表 4　2015—2020 年必和必拓铁矿石中国到岸现金成本构成

（美元/t）

年份	采矿成本	选矿成本	管理和维护费	特许权使用费	矿区到港口运费	离岸现金成本	到青岛港海运费	中国到岸现金成本
2015	10. 36	2. 06	1. 38	3. 78	3. 29	**20. 88**	**4. 89**	**25. 77**
2016	9. 45	2. 18	1. 29	4. 05	3. 35	**20. 32**	**4. 37**	**24. 69**
2017	8. 84	1. 97	1. 2	4. 56	3. 32	**19. 88**	**5. 49**	**25. 37**
2018	7. 98	1. 77	1. 08	4. 27	3. 33	**18. 43**	**6. 6**	**25. 03**
2019	7. 54	1. 64	3. 3	6. 1	3. 38	**21. 96**	**5. 71**	**27. 67**
2020	7. 95	1. 82	1. 01	5. 52	2. 34	**18. 64**	**6. 6**	**25. 24**

从铁矿石离岸现金成本来看，国际四大矿铁矿石离岸现金成本均非常低，基本处于20美元/t左右，均未超过30美元/t。2020年，淡水河谷铁矿石平均离岸现金成本为20.76美元/t，力拓22.61美元/t，FMG为17.51美元/t，必和必拓18.64美元/t。近两年，国际四大矿的铁矿石平均离岸现金成本虽有不同程度的上涨，但仍处于较低水平。例如，2020年淡水河谷铁矿石平均离岸现金成本较2018年上涨22.8%，也仅为20.76美元/t，一方面，由于采矿年限增加，采矿、选矿成本会逐步提高，另一方面，近两年铁矿石价格大幅上涨，导致特许权使用费提高。

从海运成本来看，通常国际四大矿铁矿石海运费不会有太大波动，它们为了确保铁矿石的长期运输能力，一般都通过长期租船协议减弱海运费价格波动的影响，同时不产生与船舶建造、所有权和运营相关的成本。例如，2018年，淡水河谷完成了与船东的长期租船合同谈判，雇佣47艘新型超大矿砂船，容量为32.5万吨，该型船东计划在中国、韩国和日本建造新船，预计在2019—2023年交付。新船将配备与目前使用的第二代Val emax船相似的发动机，该类型发动机更省油，海运成本将更低。因此，预计淡水河谷铁矿石海运成本将保持相对稳定，并有降低的趋势。

从到岸平均现金成本来看，2015—2020年国际四大矿的铁矿石中国到岸平均现金成本均未超过40美元/吨，与铁矿石价格的波动相比，铁矿石成本波动较小，有效支撑了国际四大矿的巨额盈利。2020年以来，铁矿石价格持续处于高位，近期更是突破230美元/t，而国际四大矿的铁矿石成本变化较小，虽然2021年国际海运价格也大幅上涨，但因基数较小对铁矿石到岸成本的影响有限，国际四大矿非正常的高额利润严重压缩了下游钢铁企业的利润空间，不利于钢铁全产业链健康发展，更不利于下游制造业。

四、结语与建议

从国际四大矿铁矿石主要成本与铁矿石价格的巨大差额可以清晰看到，缺乏支撑的非理性矿价导致国际四大矿非正常的高额利润，对全球钢铁行业健康发展造成直接不良影响。中国钢铁行业正在加快适应新发展阶段、贯彻新发展理念、构建新发展格局，也必将对钢铁行业未来发展带来相应变化和影响，铁矿资源战略安全也必将成为新发展阶段中国钢铁行业必须解决的重要课题。

主要建议：一是国家相关部门做好铁矿资源战略安全长效机制的顶层设计和政策引导，强化铁矿石市场监管，严厉打击资本炒作；二是统筹研究择优推进海外铁矿基地建设，并提高权益矿比重；三是研究建立国家铁矿资源战略储备，打造价格“稳定器”；四是进一步加大国内矿勘探力度同时降低矿山税费负担，鼓励矿山企业兼并重组和绿色智能发展，较大幅度提高国内矿的供给保障能力；五是引导建立科学合理有利于上下游长期合作共赢的定价机制和订货模式，共同打造健康发展、长期繁荣的钢铁产业链。

2021 年我国钢铁行业铁元素资源分析及展望[①]

张龙强

据国家统计局数据，2021 年上半年，全国累计生产粗钢 5.63 亿吨，同比增加 5912.1 万吨，增长 11.80%；生产生铁 4.56 亿吨，同比增加 2369.5 万吨，增长 4.0%。粗略测算，上半年生铁产量增量对粗钢产量增量的贡献占比约 40%，废钢铁贡献占比约 60%。2021 年上半年铁矿石价格处于历史高位，笔者认为有必要对铁元素增量来源进行研究，分析铁元素增量与进口铁矿石、国产铁矿石及废钢铁用量的关系，并对下半年铁矿石、废钢铁用量及价格走势进行预判。

一、2021 年上半年中国铁元素增量来源分析

我国铁元素来源主要包括进口铁矿石、国产铁矿石、废钢铁等资源，其铁元素增量来源分析如下。

（一）进口铁矿石

据海关总署数据，2021 年上半年我国进口铁矿石 56071 万吨，同比增加 1380 万吨，增长 2.6%。由于 2021 年 6 月底进口铁矿石港口库存与年初基本持平，2021 年上半年铁矿石进口量可近似等于铁矿石消费量，为 56071 万吨；而 2020 年 6 月底的进口铁矿石港口库存较 2020 年初减少约 1732 万吨，因此，2020 年上半年铁矿石消费量为铁矿石进口量和港口库存减少量，为 56423 万吨。由数据对比可知，2021 年上半年我国进口铁矿石消费量同比减少 352 万吨，按照 62%品位测算，进口铁矿石对 2021 年上半年生铁产量增量的铁元素贡献为-218.24 万吨，贡献占比为-9.21%。可以看出，2021 年上半年，在生铁产量同比增长的情况

① 本文 2021 年 9 月 7 日发表在《世界金属导报》F01 版，有删节。

下，平均到岸价格高达 182.77 美元/t 的进口铁矿石对中国钢铁行业的铁元素增量贡献为负。这进一步说明，在中国钢铁对进口铁矿石需求减少的情况下，进口铁矿石价格大幅上涨明显背离了市场供需的基本规律。

（二）国产铁矿石

据国家统计局数据，2021 年上半年我国铁矿石原矿产量 49081.10 万吨，同比增加 7685.8 万吨，增长 15.9%，折合成 62%品位铁精矿的同比增量约 2195.94 万吨。忽略库存因素后，国产铁矿石对铁元素增量的贡献为 1361.48 万吨，占 2021 年上半年生铁同比增量的 57.46%，说明国产铁矿石是 2021 年上半年中国生铁铁元素增量的第一大来源。

（三）废钢铁及其他铁元素资源

按生铁和粗钢增量测算，废钢铁占 2021 年上半年粗钢同比增量中铁元素增量贡献约 60%，同时，废钢铁也是上半年生铁铁元素增量的第二大来源。据中国废钢铁应用协会统计，2021 年上半年全国废钢铁消耗量约为 13795 万吨，同比增加 4420 万吨，增长 47.15%。由于 2021 年上半年用钢需求旺盛，钢材价格高位运行，钢铁企业出于增产、高炉顺行等考虑，不仅在转炉、电炉中加入废钢铁，在高炉工序也添加部分废钢铁和氧化铁皮等铁元素资源。据测算，高炉工序添加废钢铁和氧化铁皮等对生铁铁元素增量的贡献约 51.75%，略低于国产铁矿石对生铁铁元素增量的贡献。

总体来看，2021 年上半年在生铁、粗钢产量同比增长的情况下，中国钢铁行业对进口铁矿石的需求呈下降趋势，国内铁元素资源供应保障能力正在提升。一是粗钢同比增量方面，在废钢铁供应偏紧，再生钢铁原料进口量（2021 年上半年进口再生钢铁原料 32.72 万吨）有限的情况下，废钢铁资源对上半年粗钢同比增量贡献占比约 60%，是第一大铁元素来源，而生铁增量贡献占比仅约 40%。二是生铁同比增量方面，国产铁矿石、废钢铁等是生铁铁元素增量的主要来源，贡献度达 109.21%。而进口铁矿石对生铁铁元素增量的贡献为−9.21%。

二、下半年中国铁元素资源市场展望

2021 年 7 月 30 日，中共中央政治局会议提出，要做好宏观政策跨周期调节，保持宏观政策连续性、稳定性、可持续性，统筹做好今明两年宏观政策衔接，保持经济运行在合理区间。8 月 16 日召开的国务院常务会议，要求抓好政策落实，针对经济运行新情况加强跨周期调节。钢铁行业具有周期性特征，宏观政策跨周期调节有助于钢铁需求在逆周期调节后的稳定过渡，熨平周期性波动对钢铁供需、价格和产业链的影响。

（一）宏观政策跨周期调节助力钢铁市场供需平衡

从钢铁供需角度看，随着逆周期调节政策逐步减弱，跨周期调节政策逐渐成为主角，经济增长将由快速增长向平稳增长过渡，作为钢材消费主体的房地产和基础设施建设投资将进一步放缓，下游用钢需求增速总体呈现较大幅度回落态势。据国家统计局数据，2021 年 1—7 月全国固定资产投资、制造业投资、房地产开发投资等增幅均有所收窄，钢铁作为国民经济发展的重要原材料，在跨周期政策调节影响下，供需趋于平衡。

（二）压减粗钢产量促使铁元素资源需求总量下降

去产能“回头看”和粗钢产量压减是 2021 年钢铁行业的两项重点工作，属于逆周期调节政策措施。从 7 月开始，粗钢产量压减已进入实质性推进阶段①。考虑国家压减任务和上半年已有增量，粗略测算，下半年全国粗钢产量将同比减少 8000 万吨以上，对铁元素资源的总需求量较上半年显著下降。由于短流程钢铁企业承担的压减任务相对较少，甚至不压减，再加上能耗“双控”和降低碳排放目标约束，下半年铁元素资源总需求量下降对废钢铁需求的影响较小，主要影响的是铁矿石需求，即铁矿石需求将较大幅度下降。海关总署数据显示，2021 年 1—7 月中国进口铁矿砂及其精矿 6.5 亿吨，同比减少 1.5%。7 月进口量为 8850.6 万吨，环比减少 1.0%，连续 4 个月下降。

（三）国内铁元素资源供应保障能力持续增强

一是国内废钢铁供应方面，截至 2020 年底，我国钢铁积蓄达到 105

① 详见世界金属导报 2021 年 8 月 17 日刊登的《粗钢产量压减进展与影响分析》一文。

亿吨左右，人均钢铁积蓄量约 7.5t，雄厚的钢铁积蓄将有效支撑废钢铁产量持续增长①。二是废钢铁消耗方面，据中国废钢铁应用协会数据，2021 年 1—7 月，全国废钢铁消耗总量 15285 万吨，同比增加 3969 万吨，增幅 35.1%。预计下半年铁元素资源需求总量将显著下降，废钢铁消耗将有所降低，但受短流程钢铁企业压产任务较少、能耗“双控”、降低碳排放影响，废钢铁消耗降幅不会很大，预计全年废钢铁消耗总量约 2.6 亿吨，比 2020 年增加 2700 万吨左右。三是国产铁矿石方面，据国家统计局数据，2021 年 1—7 月，全国生产铁矿石 57018 万吨，同比增长 14.5%，预计下半年国产铁矿石产量仍将保持增长态势。总体来看，国产铁矿石与废钢铁产量持续增长将增强我国铁元素资源的供应保障能力，有助于降低对进口铁矿石的依赖。

（四）铁元素资源成本降低有利于提升行业整体经营效益

随着压减粗钢产量工作有序推进，抑制铁矿石价格快速上涨的效果已经显现。截至 2021 年 8 月 23 日，62%进口粉矿价格与 7 月初相比降幅接近40%。由于铁元素资源总需求下降，下半年铁矿石和废钢铁价格均呈震荡下行态势符合市场供需基本规律，预计铁矿石价格调整的幅度将大于废钢铁，铁元素资源成本的降低，有助于稳定和提升行业整体经营效益。

未来 10 年，我国钢铁积蓄量仍将以年均 6 亿吨左右的数量增长，大量积蓄钢铁已进入回收期，折旧废钢铁产量正在加速攀升，废钢铁产生量增速超预期，按照 2021 年废钢铁增速测算，预计到 2025 年我国废钢铁资源产生量将超过 3.2 亿吨。随着我国将铁矿资源保障和钢铁产业链安全提升到战略层面，国产铁矿开发力度将不断加大。可以预测，废钢铁资源和国产铁矿石对我国铁元素资源的贡献占比将持续提高，有效提升我国铁元素资源安全水平。

三、结语与建议

“十四五”是我国钢铁行业全面达峰（包括产量、消费、碳排放）、全面建设钢铁强国、全面引领世界，实现高质量发展的关键期。坚持对

① 详见财新传媒文章《张龙强：双碳背景下废钢资源供给何时破题?》。

钢铁行业实施跨周期调节，有序推进压减粗钢产量工作，有助于促进流程结构调整、能耗“双控”和“双碳”目标实现，有助于钢铁全产业链的利润合理分配，更有助于国内铁元素资源保障能力提升。

各有关方面应充分了解和研判“十四五”我国钢铁行业面临的形势和任务，正确认识和理解宏观政策跨周期调节和压减粗钢产量的意义和内涵，从中长期角度考虑，全面支持压产工作部署，持续提升国内铁元素资源自主可控能力。两项重点工作建议包括：一是在全国鼓励、支持和培育一批废钢铁加工贸易基地，增强废钢铁资源的回收、拆解、加工、分类和配送一体化能力，加快提高废钢铁资源供应水平；二是通过国内矿企联合重组，加大国内铁矿资源开发力度，增强国内铁元素资源保障能力，充分发挥好国内铁矿资源基础性、关键性及“压舱石”的作用。

中国宝武资源布局分析①

张龙强

钢铁工业是我国经济发展的“压舱石”和“稳定器”，是建设现代化强国的重要支撑，对国家战略安全意义重大。矿产资源，尤其铁素资源，是钢铁工业关键重要的原材料，以铁矿为主的铁素资源保障问题是影响我国钢铁行业安全稳定运行和健康发展的首要问题。

一、坚持系统观念，持续强化矿产资源统筹布局

中国宝武钢铁集团有限公司（简称“中国宝武”）自2017年成为国有资本投资公司试点企业以来，聚焦钢铁主业所需矿产资源的开发、交易和物流等业务，创新商业模式，不断加强资源产业布局，持续加大开发国内铁矿、稳步增加境外权益铁矿、推进开发废钢资源，统筹布局战略性矿产资源，积极构建全供应链的世界一流矿产资源综合服务平台，着力推动实现铁矿石供给和价格话语权提升。

（一）一体化布局矿产资源开发

宝武资源有限公司（以下简称“宝武资源”）倾力构筑国际矿产资源产业贸易及投资合作平台，实现资源开发贸易一体化发展，逐步成为国内矿产资源领域头部企业。宝武资源注册成立于2021年11月，为矿产资源供应链公司，涉及平台与贸易、物流、境内矿山、海外矿山等四大板块业务，包括马钢矿业、武钢资源等矿山企业。其中，境内矿山板块主要开展铁精矿、球团矿、冶金熔剂矿及建材产品的生产、加工和销售，致力于构建“勘查、设计、建设、运营”于一体的冶金矿山产业体系；海外矿山板块主要从事海外优质矿产资源的投资和开发业务。截至2021年9月末，拥有境内铁矿山采矿权证内保有资源量近40亿

① 本文2022年8月16日发表在《世界金属导报》A07版。

吨，探矿权资源量30亿吨。

（二）系统布局废钢资源中心和卫星基地

欧冶链金再生资源有限公司（以下简称“欧冶链金”）在全国构建中心基地和卫星基地的网络型布局，2022年有望达到5000万吨废钢资源量，助力我国废钢行业形成有序格局。欧冶链金由马鞍山马钢废钢有限责任公司于2020年2月更名而来，是中国宝武在废钢资源领域的产业运营平台，整合中国宝武旗下钢铁生产基地废旧金属资源、汽车拆解、轮船拆解、废旧钢铁回收、加工、仓储、配送基地以及废钢国际贸易业务，面向全球金属再生资源端和客户端，承接中国宝武“网络钢厂”战略，在“一总部、多基地”模式下，积极布局建设金属再生资源中心基地和卫星基地。

（三）统筹布局铬、锂等战略性矿产资源

西藏矿业资产经营有限公司（以下简称“西藏矿业”）拥有国内最优的锂、铬资源，是中国宝武资源环境产业一级子公司，于2020年通过增资改制纳入中国宝武管理体系。西藏地区铬铁储量占全国的半数以上，国内能够直接入炉冶炼铬铁合金和用于铬盐化工的高品位铬矿都集中于西藏，西藏矿业旗下上市公司铬铁矿资源储量201万吨，产量位于国内同行业前列，2021年铬矿石（不含高碳铬铁）产量14万吨；同时拥有独家开采权的西藏扎布耶盐湖是世界第三大、亚洲第一大锂矿盐湖，是富含锂、硼、钾固、液并存的特种综合性大型盐湖矿床。西藏矿业战略目标是建设成为中国宝武资源环境重要产业，充分利用宝武生态圈资源，积极开拓，极致专业化聚焦锂、铬业务。西藏矿业的铬、锂资源的开发有助于完善中国宝武原料供应体系，与钢铁产业、新材料产业形成战略协同，助推公司聚焦主业。同时，中国宝武所托管的中钢集团掌控海外优质铬资源10.6亿吨、铬铁产能260万吨，资源和产能规模均居世界第一。

（四）协同布局矿产资源交易和智慧物流

宝武原料供应有限公司（以下简称“宝武原料”）借助铁矿石集中采购平台，大力推动大宗原料的资源平衡、谈判签约、金融服务、物

流配送、混配矿及现货交易的“六统一”，优化稳定产业链，全面提升产业链供应链现代化水平。宝武原料主要从事以大宗原燃料为主的货物及技术的进出口业务，通过“六统一”管理，持续提升中国宝武在大宗原料采购方面的话语权及市场影响力，使之成为中国宝武钢铁生态圈大原料体系的重要组成部分。同时，宝武资源的平台与贸易板块主要从事矿石、煤炭和合金等钢铁冶金主要原燃料、辅料的贸易及平台交易业务；物流板块主要从事远洋、沿海、沿江运输和港口运营、船代和货代等全程物流服务，通过打造一流的智慧物流平台，构建“港航货”一体化智慧物流体系。

二、立足新发展阶段，加快构建新发展格局

中国宝武功能定位准确、资本运作能力突出、布局结构调整成效显著，相关工作获充分肯定，于2022年6月正式转为国有资本投资公司，是其发展史上具有里程碑意义的大事件，标志着中国宝武进入新发展阶段。

（一）有助于钢铁产业链长期稳定可持续发展

中国宝武正式转为国有资本投资公司，一是进一步提升了品牌价值，助力公司实现铁素资源保障目标。中国宝武将不断提升投资运营能力、产融结合服务能力、市场影响力、竞争力，加快构建产业生态圈，加快实现企业铁素资源保障目标。二是进一步强化了中国宝武产业链链长责任，助力提高我国钢铁行业铁素资源保障能力。中国宝武将更加积极推进资本运作，充分发挥行业龙头企业作用，重塑钢铁产业发展格局，促进“基石计划”落实、落细，切实提升我国钢铁行业铁素资源保障能力。三是进一步增强了创建世界一流伟大企业的能力和信心，助力全球钢铁矿业产业链条更健康、更可持续。中国宝武将积极搭建世界一流资本运营体系，加快海外产业布局，推动铁矿石市场回归以供需关系、促进上下游合作共赢为原则的价格形成机制，维护全球钢铁矿业产业链、供应链的长期稳定、可持续发展。

（二）新形势新定位背景下面临的机遇和挑战

从机遇看，党中央、国务院高度重视矿产资源安全，着眼于用好国

内国际两个市场、两种资源，增强我国重要矿产资源供应保障能力，组建中国矿产资源集团有限公司。2021 年，中国钢铁工业协会提出旨在加强铁素资源保障的“基石计划”。中国宝武正式转为国有资本投资公司，紧扣国有资本投资公司定位，以服务国家战略、优化国有资本布局、提升钢铁产业竞争力为目标，不断加强前瞻性思考、全局性谋划、战略性布局和整体性推进，强化资本运作，将进一步提高铁素资源安全保障能力。从挑战看，“十三五”时期，我国铁矿石对外依存度连续五年超过 80%。国际四大矿业公司控制全球 70%左右的供应量。2021 年，我国进口铁矿石 11.24 亿吨，国产铁精粉 2.85 亿吨，废钢消耗量约 2.3 亿吨，对粗钢产量的贡献率分别为 61%、16%和 20%。我国铁矿石对外依存度高、议价能力弱的根本性问题没有改变，铁素资源保障问题是我国钢铁行业高质量发展的重大议题。2021 年，中国宝武粗钢产量 1.2 亿吨，位居全球第一大钢铁集团，铁精粉产量 4000 万吨左右，铁矿石自给率仅 36%左右。

（三）中国宝武着力构建资源产业新发展格局

作为全球最大的铁矿石采购方，中国宝武高度重视产业链供应链安全，资源环境业是其“一基五元”业务组合中重要“一元”。通过不断强化国内矿产基础保障能力，不断加强国际铁矿石资源开发，不断完善废钢回收加工配送体系，着力推进矿产资源产业整合融合，推动实现铁素资源战略目标。在铁矿石资源方面，“十四五”时期，中国宝武规划铁矿石总产能达到 1.4 亿吨，其中境外 7000 万吨、境内 7000 万吨，铁矿石自给率从目前的 36%提高到 50%以上，使得宝武资源成为世界一流矿业公司；在废钢资源方面，未来几年，欧冶链金规划建设 20~30 家大型区域性废钢加工中心基地，以合资合作运营的方式设立 200~300 个卫星基地，国内市场占有率达到 20%以上，“十四五”时期实现 1 亿吨资源目标。

三、结语及建议

中国宝武成为国有资本投资公司试点企业以来，围绕以铁素资源为主的矿产资源安全保障能力建设，聚焦资源开发、交易和物流等业务，积极构建全供应链的世界一流的矿产资源大格局。从钢铁产业集团正式转为国有资本投资公司之后，中国宝武必将对中国钢铁行业发展产生重大影响。对未来中国宝武在矿产资源布局的建议如下。

一是进一步加强与国内矿产资源行业企业协同。着眼于国家资源战略的大局，着眼于产业高质量发展的全局，发挥国有资本投资公司作用，带头践行“基石计划”，协同矿产资源有关中央企业集团，共建可持续的矿产资源保障体系。

二是进一步加强国际矿产资源领域的基础工作。提高在矿产资源领域的品牌国际影响力，强化品牌战略，提高品牌美誉度，助力中国宝武国际矿产资源开发；强化矿产资源基础数据保障，扎实做好海外矿产资源项目基础调研，构建投资风险评价体系，有效支撑重大矿产资源项目决策。

三是进一步加强矿产资源领域国际标准化工作。积极参与矿产资源相关领域的国际标准化活动，加强与相关地区的标准化对话，深化标准化合作，充分发挥标准在构建全球矿产资源产业链供应链中的基础性、引领性作用。

参考文献

［1］中华人民共和国工业和信息化部．关于印发钢铁工业调整升级规划（2016-2020年）［EB/OL］．2016 年 10 月．

［2］中华人民共和国工业和信息化部，中华人民共和国国家发展和改革委员会，中华人民共和国生态环境部．关于促进钢铁工业高质量发展的指导意见［EB/OL］．2022 年 2 月．

［3］中共中央，国务院．关于完整准确全面贯彻新发展理念做好碳达峰碳中和工作的意见［EB/OL］．2021 年 9 月．

［4］国务院．2030 年前碳达峰行动方案［EB/OL］．2021 年 10 月．

［5］中华人民共和国工业和信息化部，中华人民共和国科学技术部，中华人民共和国自然资源部．“十四五”原材料工业发展规划［EB/OL］．2021 年 12 月．

［6］中华人民共和国工业和信息化部．全国工业和信息化工作会议［EB/OL］．2020 年．

［7］国务院．关于钢铁行业化解过剩产能实现脱困发展的意见［EB/OL］．2016 年 2 月．

［8］中华人民共和国国家发展和改革委员会，中华人民共和国工业和信息化部．关于完善钢铁产能置换和项目备案工作的通知［EB/OL］．2020 年 1 月．

［9］中华人民共和国国家发展和改革委员会，中华人民共和国工业和信息化部．2021 年钢铁去产能“回头看”、粗钢产量压减等工作部署［EB/OL］．2021 年 4 月．

［10］中华人民共和国工业和信息化部．钢铁行业产能置换实施办法［EB/OL］．2021 年 5 月．

［11］中华人民共和国工业和信息化部．钢铁行业产能置换实施办法［EB/OL］．2018 年 1 月．

［12］中华人民共和国国家发展和改革委员会．关于钢铁冶炼项目备案管理的意见［EB/OL］．2021 年 5 月．

［13］何文波．坚持创新引领 全面推进钢铁工业高质量发展——在中国钢铁工业协会六届二次理事（扩大）会议上的讲话［J］．中国钢铁业，2020（8）：13-19．

［14］金琳．对发展我国钢铁工业的几点战略思考［J］．冶金经济与管理，1994：12-15．

［15］殷瑞钰．90 年代的钢铁工业［J］．钢铁，1992，27（10）：1-11．

［16］陈克新．1994 年钢材形势分析及 1995 年展望［J］．中国物资，1994，6：8-9．

［17］李松青．对钢铁行业限产保价的思考［J］．冶金经济与管理，1999，6：46-47．

［18］陈一．再谈钢铁工业总量控制问题［J］．冶金管理，1999，10：7-25．

［19］张建中．钢铁行业特征与钢铁企业的管理重心［J］．冶金管理，1999，2：7-29．

［20］戚向东．坚决贯彻“控制总量、提高效益”的方针 进一步提高冶金行业经济运行质量和效益［J］．冶金财会，2000，9：3-5．

[21] 戚向东．钢铁行业经济运行质量提高企业盈利能力进一步增强［J］．冶金财会，2001，8：7-9.
[22] 王晓齐，李忠娟．20世纪90年代以来若干关键共性技术对中国钢铁工业发展的影响与思考［J］．河北冶金，2003，4：61-63.
[23] 国际货币基金组织（IMF）．世界经济展望［C］．2021年4月．
[24] 世界银行．全球经济展望［C］．2022年6月．
[25] 国际货币基金组织（IMF）．世界经济展望［C］．2022年7月．
[26] 李文龙，张国力．新冠肺炎疫情与非典疫情的对比及对中国经济的影响［J］．第一财经，2020年2月．
[27] 国家能源局．关于做好疫情防控期间煤炭供应保障有关工作的通知［EB/OL］．2020年2月．
[28] 中华人民共和国国家发展和改革委员会等部门．关于严格能效约束推动重点领域节能降碳的若干意见［EB/OL］．2021年10月．
[29] 中华人民共和国国家发展和改革委员会．高耗能行业重点领域能效标杆水平和基准水平［EB/OL］．2021年11月．
[30] 中华人民共和国国家发展和改革委员会．高耗能行业重点领域节能降碳改造升级实施指南（2022年版）［EB/OL］．2022年2月．
[31] 刘树洲．2015年废钢铁消耗量再次出现负增长［J］．中国废钢铁，2016，1：20-24.
[32] 李健．国内外废钢利用及我国废钢业现状论述［J］．中国废钢铁，2015，5：9-13.
[33] 李致平，冯璐．美日中三国废钢利用现状研究［J］．安徽工业大学学报（社会科学版），2011，28（6）：17-21.
[34] 徐曙光，曹新元．我国废钢的利用现状与分析［J］．国土资源情报，2006，6：25-28.
[35] 冯建英．我国废钢市场发展概述［J］．冶金管理，2014，3：14-26.
[36] 徐宗亮．我国废钢铁资源的预测及其再生产业的展望［J］．煤粉灰综合利用，1997，3：41-44.
[37] 国际能源署．2022年世界能源展望［EB/OL］．2022年10月．
[38] 中华人民共和国生态环境部．关于做好2022年企业温室气体排放报告管理相关重点工作的通知［EB/OL］．2022年3月．
[39] 中华人民共和国生态环境部．全国碳市场第一个履约周期顺利结束［EB/OL］．2021年12月．
[40] European Commission. Proposal for a regulation of the European parliament and of the council establishing a carbon border adjustment mechanism [EB/OL]. 2021-07-14.
[41] Council of the EU. Council agrees on the carbon border adjustment mechanism (CBAM)

[EB/OL]. 2022-03-15.

[42] European Parliament. CBAM: Parliament pushes for higher ambition in new carbon leakage instrument [EB/OL]. 2022-06-22.

[43] 王英，董赢．标准化助力中国智能制造发展 [J]. 质量与标准化，2020，8 (2)：1-4.

[44] 邹红．关于国内钢铁工业推进智能制造的认识与思考 [J]. 山东冶金，2018，4 (4):61-64.

[45] 白俊丽．钢铁行业智能制造现状及发展途径 [J]. 天津冶金．2020 (1)：64-67.

[46] 王瑞锋，刘惠玲．智能制造标准化现状研究 [J]. 质量与认证，2020 (11)：52-53.

[47] 徐钢，刘斓冰，徐金梧．钢铁行业智能制造标准体系建设的必要性及建议 [J]. 世界金属导报，2021，2：B06.

[48] 安梦越，王兴艳．以智能制造助力中国钢铁行业高质量发展 [J]. 冶金经济与管理，2022 (2)：1-2.

[49] 石建勋．顺应科技革命和产业变革大趋势，加快推动数字产业化和产业数字化 [N]. 人民日报，2021-10-15.

[50] 赵建萍，李朝霞．标准是人类文明进步的成果 用标准构建产业生态 [J]. 条码与信息系统，2016 (5)：8-11.

[51] 高士艳，李涵．以智能制造标准化体系助力"中国制造 2025" [C]. 标准化助力供给侧结构性改革与创新——第十三届中国标准化论坛论文集．中国标准化协会，2016.

[52] 滕珊．中国宝武发出万名宝罗上岗实施动员令 到 2026 年末上岗机器人将超 1 万台套 [N]. 中国冶金报，2022-06-29.

[53] 李瑞峰．中国工业机器人产业化发展战略 [J]. 航空制造技术，2010：32-37.

[54] 王世伟．钢铁行业中工业机器人的应用分析 [J]. 现代制造技术与装备，2020，56 (8)：2.

[55] 巫宇翔．宝武资源矿山现状及未来展望 [R]. 厦门：中国国际贸易促进委员会冶金行业分会、冶金工业国际交流合作中心和上海钢联电子商务股份有限公司，2021.

[56] 中钢海外资源：聚焦主业 开拓国际化经营新局面．中国宝武钢铁集团有限公司官方微信，2021.

[57] 欧冶链金走访记 整合融合，为了单打独斗无法到达的梦想．中国宝武钢铁集团有限公司官方微信，2020.

[58] 中共中央，国务院．国家标准化发展纲要 [EB/OL]. 2021 年 10 月．

[59] 田世宏．我国标准化工作实现三个历史性转变 [EB/OL]. 2019 年 9 月．

[60] T/CISA 293—2022，钢铁企业重点工序能效标杆对标指南 [S].

[61] 国家市场监督管理总局．国家标准管理办法［EB/OL］. 2022 年 9 月．

[62] 左更．从“亿吨宝武”的形成 思考未来中国钢铁工业兼并重组及建议［J］. 中国钢铁业．2020（11）：39-41，44.

[63] 李拥军．企业重组对 2019 年中国钢铁产业集中度指标的影响［J］. 中国钢铁业，2020（4）：33-36.

[64] Dieter Ameling. 在欧共体框架下的德国钢铁工业［C］. 2005 中国钢铁年会论文集，2005（4）：7-37.